孙中山大元帅府纪念馆 贰

可移动文物普查编目

孙中山大元帅府纪念馆 编
程存洁 主编

五、纸 类

（五）照 片 名 片

1. 0007.Z5.001,民国孙中山遗嘱纪念镜框,25.3 cm×20.8 cm×1.9 cm,民国
2. 0070.Z3.009,民国孙中山半身画像,38.3 cm×53 cm,民国
3. 0076.Z3.015,1966年宋庆龄寄给区塏烘的丰收图贺年卡,15.3 cm×12.5 cm,1966年
4. 0119.Z5.002,清末 Sixty Pictures of Canton,16.1 cm×23.3 cm×4.5 cm,清末
5. 0186.Z3.076,1912年孙总统夫人及女公子回国过叻同志欢迎会之合照,14.2 cm× 20.4 cm,1912年
6. 0274.Z3.132,1924年10月15日商团叛乱后广州市被焚掠区域摄影图,60.5 cm×45.5 cm,1套3件,1924年
7. 0490.Z5.003,民国广州大新公司映相放大老翁照片,照片 23.1 cm×15.2 cm,相袋 24.5 cm×18.5 cm,1套2件,民国
8. 0491.Z5.004,民国二妇人在广州的合影,15.9 cm×12.4 cm,民国
9. 0492.Z5.005,民国三女子在广州河南俏生园映相馆的留影,15.6 cm×12.1 cm,民国
10. 0493.Z5.006,民国二女子在广州十五甫昌盛映相馆的合影,15.5 cm×11.8 cm,民国
11. 0494.Z5.007,1924年广州培英一九二□年级会第五届职员摄影,23.3 cm×30.4 cm,1924年
12. 0495.Z5.008,1936年广东光华医学院晔社全体社员合影,21 cm×27 cm,1936年
13. 0496.Z5.009,民国广州国立中山大学医学院民二五年班全体同学毕业摄影,28.1 cm× 34.9 cm,民国
14. 0497.Z5.010,民国人物景象英文明信片,13.7 cm×8.8 cm,民国
15. 0647.Z5.011,民国美国华侨邓廷栋(柱臣)的名片,10.9 cm×7.3 cm,民国
16. 0648.Z5.012,民国中年男子半身正面坐像,8 cm×6 cm,民国
17. 0649.Z5.013,民国广东开平关泳棠名片,10.2 cm×4.8 cm,民国
18. 0650.Z5.014,民国广东开平邓相业名片,10.2 cm×4.8 cm,民国
19. 0651.Z5.015,民国广东开平县县长沈秉强名片,10.2 cm×4.3 cm,民国
20. 0652.Z5.016,民国广东人邓汉章(文业)名片,10.2 cm×6.3 cm,民国
21. 0653.Z5.017,民国广东开平人邓有年(春泉)名片,9.2 cm×5.6 cm,民国
22. 0654.Z5.018,民国王居白的名片,11.3 cm×5.6 cm,民国

23. 0655.Z5.019,民国美国华侨邓廷栋(柱臣)的名片,9.7 cm×6 cm,民国
24. 0656.Z5.020,民国邓世端的名片,8.9 cm×5.2 cm,民国
25. 0657.Z5.021,民国邓文炳的名片,10.2 cm×4.6 cm,民国
26. 0658.Z5.022,民国中国国民党斐匿分部部长邓贻栋的名片,8.8 cm×5 cm,民国
27. 0659.Z5.023,民国陈祀桂(九如)的名片,8 cm×4.3 cm,民国
28. 0660.Z5.024,清光绪廿一年高密公所发给广东开平人邓相业的出港凭证,13.7 cm×7.4 cm,清光绪廿一年
29. 0661.Z5.025,清光绪三十年南阳堂发给邓柱臣的出港票,12.1 cm×8.3 cm,清光绪三十年
30. 0662.Z5.026,清光绪廿六年合和会馆发给邓柱臣的为驳诬疫筹经费票,19.8 cm×7.8 cm,清光绪廿六年
31. 0663.Z5.027,清戊子年南阳堂致各员公电,24.4 cm×10.9 cm,清戊子年
32. 0664.Z5.028,清末冈州会馆红纸名片拜帖,23.3 cm×10.7 cm,清末
33. 0665.Z5.029,清末恩开会馆红纸名片拜帖,24.4 cm×10.9 cm,清末
34. 0666.Z5.030,清末中华会馆红纸名片拜帖,24.3 cm×10.8 cm,清末
35. 0667.Z5.031,清末三邑会馆红纸名片拜帖,24.2 cm×10.8 cm,清末
36. 0668.Z5.032,清末阳和会馆红纸名片拜帖,21.1 cm×10.8 cm,清末
37. 0669.Z5.033,清末人和会馆红纸名片拜帖,24.7 cm×10.8 cm,清末
38. 0670.Z5.034,清末肇庆会馆红纸名片拜帖,24.8 cm×10.8 cm,清末
39. 0671.Z5.035,清末伍廷芳红纸名片拜帖,23.8 cm×10.3 cm,清末
40. 0672.Z5.036,清末谭培森红纸名片拜帖,24.6 cm×10.8 cm,清末
41. 0673.Z5.037,清末黄天民红纸名片拜帖,20 cm×9.9 cm,清末
42. 0674.Z5.038,民国广东银行中山分行行长欧阳南红纸名片拜帖,19.5 cm×9.8 cm,民国
43. 0675.Z5.039,清末梁丕荃红纸名片拜帖,20.1 cm×9.1 cm,清末
44. 0676.Z5.040,清末谢寿康红纸名片拜帖,19.6 cm×9.9 cm,清末
45. 0677.Z5.041,清末赵宗坛红纸名片拜帖,20.4 cm×9.6 cm,清末
46. 0678.Z5.042,清末黎荣耀红纸名片拜帖,23.7 cm×10.3 cm,清末
47. 0679.Z5.043,清末孙士颐红纸名片拜帖,23.8 cm×11.1 cm,清末
48. 0680.Z5.044,清末邝文光红纸名片拜帖,19.9 cm×9.9 cm,清末
49. 0681.Z5.045,清末邓有壬红纸名片拜帖,20 cm×9.9 cm,清末
50. 0682.Z5.046,清末汤定赞红纸名片拜帖,20.4 cm×9.6 cm,清末
51. 0683.Z5.047,清末黄卫廷红纸名片拜帖,19.5 cm×9.8 cm,清末
52. 0684.Z5.048,清末许炳榛红纸名片拜帖,20.0 cm×12.0 cm,清末
53. 0685.Z5.049,清末梅耀文红纸名片拜帖,19.8 cm×9.3 cm,清末
54. 0686.Z5.050,清末欧阳庚红纸名片拜帖,19.4 cm×9.8 cm,清末
55. 0687.Z5.051,清末雷喜红纸名片拜帖,19.8 cm×9.6 cm,清末
56. 0688.Z5.052,清末廖衡红纸名片拜帖,20.2 cm×9.7 cm,清末
57. 0689.Z5.053,清末邓有源红纸名片拜帖,19.8 cm×9.6 cm,清末
58. 0690.Z5.054,清末周凤藻红纸名片拜帖,19.5 cm×9.5 cm,清末
59. 0691.Z5.055,清末林赓韶红纸名片拜帖,23.3 cm×10.5 cm,清末
60. 0692.Z5.056,清末刘航红纸名片拜帖,19.7 cm×9.8 cm,清末

61. 0693.Z5.057,清末李遇春红纸名片拜帖,20.4 cm×9.7 cm,清末
62. 0694.Z5.058,清末关文光红纸名片拜帖,19.7 cm×9.2 cm,清末
63. 0695.Z5.059,清末黄灿卿红纸名片拜帖,19.9 cm×9.9 cm,清末
64. 0696.Z5.060,清末黄子安红纸名片拜帖,22.5 cm×10.8 cm,清末
65. 0697.Z5.061,清末戴永祥红纸名片拜帖,23.3 cm×10.8 cm,清末
66. 0698.Z5.062,清末谭天培红纸名片拜帖,20.4 cm×9.8 cm,清末
67. 0699.Z5.063,清末甄天保红纸名片拜帖,19.4 cm×9.4 cm,清末
68. 0700.Z5.064,清末李才红纸名片拜帖,19.7 cm×9.9 cm,清末
69. 0701.Z5.065,清末顾廷聪红纸名片拜帖,24.3 cm×10.8 cm,清末
70. 0702.Z5.066,清末杨建辉红纸名片拜帖,19.7 cm×9.8 cm,清末
71. 0703.Z5.067,清末黄华煦红纸名片拜帖,19.9 cm×9.9 cm,清末
72. 0704.Z5.068,清末欧阳庚、赵宗坛、邝文光联名宴客请帖,19.8 cm×9.8 cm,清末
73. 0705.Z5.069,民国关朝振之子关泽樑与邓相业之女婚宴请帖,23.0 cm×10.1 cm,民国
74. 0706.Z5.070,民国永美堂学生贺寿礼单,22.8 cm×10.4 cm,民国
75. 0707.Z5.071,民国赓国敬贺开业礼单,23.4 cm×10.4 cm,民国
76. 0708.Z5.072,民国梁庆桂、许炳榛宴客请帖,19.0 cm×10.0 cm,民国
77. 0709.Z5.073,民国中华会馆绅商谢寿赉、甄天保等宴客请帖,20.0 cm×9.9 cm,民国
78. 0710.Z5.074,民国唐祖德恭辞旋粤饯行宴席贴,24.3 cm×10.8 cm,民国
79. 0711.Z5.075,民国邓相业致合和会馆宴席请帖,22.9 cm×24.3 cm,民国
80. 0712.Z5.076,民国余朝礼婚宴请帖,19.9 cm×10.0 cm,民国
81. 0713.Z5.077,民国中华会馆宴席请帖,19.8 cm×9.8 cm,民国
82. 0714.Z5.078,民国则隆等人贺寿礼单,22.9 cm×10.4 cm,民国
83. 0715.Z5.079,清末美国俄勒冈州砵仑聚和号红纸名片拜帖,24.0 cm×10.8 cm,1套2件,清末
84. 0716.Z5.080,民国新利源邓毓亭贺寿礼单,23.6 cm×10.3 cm,民国
85. 0717.Z5.081,民国广东银行宴席请帖,19.8 cm×9.8 cm,民国
86. 0718.Z5.082,民国邓相业携家恭祝义侄新婚之喜拜帖,23.3 cm×10.5 cm,民国
87. 0719.Z5.083,民国振隆等敬贺开业礼单,23.5 cm×10.4 cm,民国
88. 0720.Z5.084,民国合和会馆宴席请帖,19.6 cm×9.9 cm,民国
89. 0756.Z5.085,清末宁阳会馆红纸名片拜帖,24.4 cm×10.8 cm,清末
90. 0757.Z5.086,民国驻金山中华总会馆图章的红纸印拓,24.7 cm×10.6 cm,1套2件,民国
91. 0758.Z5.087,清末谭家讚红纸名片拜帖,24.7 cm×11.0 cm,清末
92. 0759.Z5.088,清末岑和红纸名片拜帖,19.6 cm×9.7 cm,清末
93. 1564.Z5.089,清末香山县师范传习所毕业纪念摄影,21.2 cm×28.3 cm,清末
94. 1565.Z5.090,民国广东香山某族家长与族童合影,14.0 cm×20.1 cm,民国
95. 1566.Z5.091,民国身穿长旗袍的四女子在西式尖顶木屋前的合影,16.6 cm×12.1 cm,民国
96. 1567.Z5.092,民国青年男子身穿西式学士学位服半身像,17.6 cm×12.6 cm,民国
97. 1568.Z5.093,民国青年男子身穿西式硕士学位服半身像,17.7 cm×12.5 cm,1套3件,民国
98. 1569.Z5.094,民国身穿马褂长袍的青年男子与身穿改良旗袍的青年女子合影,19.9 cm×13.9 cm,民国
99. 1570.Z5.095,民国身穿西式礼服的青年男女结婚像的明信片,13.6 cm×8.0 cm,民国

100. 1571.Z5.096,民国青年齐耳短发女子半身像,9.2 cm×6.2 cm,民国
101. 1572.Z5.097,民国青年平头男子半身像,9.5 cm×6.5 cm,民国
102. 1573.Z5.098,民国维汉赠予文铎之博士毕业照,20.1 cm×12.7 cm,民国
103. 1574.Z5.099,民国中年男子摄于广东中山石岐大马路全真相馆之正面黑白半身像,10.5 cm×8.0 cm,民国
104. 1575.Z5.100,1935年槐廷赠予周梯云之正面黑白半身像,18.1 cm×12.0 cm,1935年
105. 1576.Z5.101,民国某家族之合影,18.2 cm×23.5 cm,民国
106. 1577.Z5.102,民国"驻金山中华总会馆图章"印拓,23.9 cm×12.6 cm,民国
107. 2328.Z5.103,民国新广州大旅店照片,10.8 cm×6.6 cm,民国
108. 2486.Z5.104,1935年广东省自治工作人员训练所照片,19.7 cm×36 cm,1935年
109. 2516.Z5.105,民国广州羊城十八甫黎镛映相馆摄的母子五人像,芯13.8 cm×20.1 cm,裱24 cm×31.3 cm,民国
110. 3191.Z5.106,民国梅宗超红纸名片拜帖,19.6 cm×9.9 cm,1套3件,民国
111. 3192.Z5.107,民国香港顺天昌红纸名片拜帖,19.8 cm×9.8 cm,民国
112. 3193.Z5.108,民国青年梅宗超黑白半身照,8.8 cm×6.8 cm,1套2件,民国
113. 3194.Z5.109,民国中年梅宗超黑白半身照,7.5 cm×5.5 cm,民国
114. 3195.Z5.110,民国中年梅宗超黑白半身照,9.2 cm×5.6 cm,民国
115. 3196.Z5.111,民国老年梅宗超黑白半身照,8.5 cm×6.2 cm,民国
116. 3197.Z5.112,民国迺杏的照片明信片,14 cm×8.1 cm,民国
117. 3198.Z5.113,1963年11月2日梅李联婚宴客14人合照,8.5 cm×13.5 cm,1963年
118. 3199.Z5.114,现代梅宗超25人家族大合照,8.5 cm×13.4 cm,现代
119. 3215.Z5.115,民国梅爵生名片,7.7 cm×3.9 cm,民国
120. 3216.Z5.116,民国梅裹迺名片,10.3 cm×6.5 cm,7.3 cm×3.8 cm,1套2件,民国
121. 3231.Z5.117,民国广昌种植公司新年贺卡,11.3 cm×6.8 cm,民国
122. 3234.Z5.118,1942年子宗给梅宗超的大埠唐人街夜景明信片(六月十七日),14 cm×9 cm,1942年
123. 3250.Z5.119,民国美国沃特敦市大街明信片,8.8 cm×13.3 cm,民国
124. 3267.Z5.120,民国青年某人的黑白半身照,9.5 cm×6.6 cm,民国
125. 3268.Z5.121,民国四人家庭合照,8.8 cm×12.9 cm,民国
126. 3269.Z5.122,民国瑞芬乡海阳英武堂国技团的拜帖,23.3 cm×9.6 cm,民国
127. 3277.Z5.123,1934年成员医师信用局明信片,8 cm×15.7 cm,1934年
128. 3278.Z5.124,民国美国明信片,8.2 cm×14 cm,民国
129. 3458.Z5.125,民国陈明沛黑白半身照,10.2 cm×7 cm,民国
130. 3472.Z5.126,民国林先民寄给方声洞的明信片,14 cm×9 cm,民国
131. 3473.Z5.127,民国方与□寄给方声洞的明信片,14 cm×9 cm,民国
132. 3637.Z5.128,清末菲律宾小吕宋四姓公司名片,7.8 cm×10.5 cm,清末
133. 3638.Z5.129,清末菲律宾小吕宋依路埠广源和祯记名片,6.5 cm×10.1 cm,清末
134. 3839.Z5.130,民国收据、卖田契等照片,14 cm×8.9 cm,14 cm×8.9 cm,8.1 cm×13.5 cm,1套3件,民国
135. 3856.Z5.131,1924年广州世光置业按揭储蓄有限公司给刘尊城的新年贺卡,14.9 cm×

19.3 cm,1924 年
136. 3877.Z5.136,前美国金山中华会馆总董合和会馆董事邓廷栋名片,11 cm×7.3 cm,民国
137. 3882.Z5.137,民国大东亚飞机嗰制造影画有限公司摄影主任邓焕名片,9.9 cm×5.6 cm,民国
138. 3926.Z5.138,民国上海商业储蓄银行广州分行、中国旅行社广州分社名片,11 cm×6.7 cm,民国
139. 4084.Z5.139,1927 年"广州东山培正学校董事暨全体员生摄影"长卷照片,20 cm× 156 cm,1927 年
140. 4238.Z5.209,民国郑俊的墨西哥移民卡片照片,10.5 cm×6.7 cm,1 套 2 件,民国
141. 4342.Z5.140,民国两名年轻男子的全身照(附底片),14.6 cm×10 cm,16.3 cm×11.9 cm,1 套 2 件,民国
142. 4343.Z5.141,民国三名中年妇女的全身照(附底片),10.5 cm×14.3 cm,11.9 cm×16.4 cm,1 套 2 件,民国
143. 4344.Z5.142,民国一名中年妇女的半身照,14.2 cm×10.2 cm,民国
144. 4345.Z5.143,民国一名年轻男子的全身照(附底片),16 cm×10.7 cm,16.2 cm×12 cm,1 套 2 件,民国
145. 4351.Z5.144,民国何焯贤全家照,芯 21.8 cm×15.5 cm,裱 26.5 cm×18.2 cm,民国
146. 4354.Z5.145,1938 年何焯贤与友人的合照(11 月),芯 23.5 cm×19.2 cm,裱 31 cm× 35.2 cm,1938 年
147. 4356.Z5.146,民国何焯贤与陈公博等人的合照,6.1 cm×10.5 cm,民国
148. 4378.Z5.147,民国广州艳芳照相馆雷家宏肖像,芯 8.1 cm×6 cm,裱 17.3 cm×11.2 cm,民国
149. 4379.Z5.148,民国广州艳芳照相馆青年男子肖像,芯 8.5 cm×6 cm,裱 16.9 cm×11.4 cm,民国
150. 4411.Z5.149,民国羊城西关黎镛影相男青年黑白半身相片,芯 13.9 cm×9.2 cm,裱 22.5 cm×16.5 cm,民国
151. 4424.Z5.150,民国广州大安鞋厂贺卡,14.6 cm×8.8 cm,民国
152. 4464.Z5.183,民国广州市机器工业税务协进会请柬,16.9 cm×11 cm,民国
153. 4466.Z5.151,民国中国农民银行余锦堂名片,10.3 cm×4.8 cm,民国
154. 4467.Z5.152,民国天香化妆制造厂名片,6.3 cm×10.3 cm,民国
155. 4468.Z5.153,民国远源行经营谷米杂货黎泽名片,10.3 cm×5 cm,民国
156. 4469.Z5.154,民国广州昌兴号名片,6.5 cm×10.3 cm,民国
157. 4470.Z5.155,民国昌盛泰宝记名片,10.3 cm×6.5 cm,民国
158. 4471.Z5.156,民国佛山成发祥记料木店名片,6 cm×9.6 cm,民国
159. 4472.Z5.157,民国广州厚诚绸缎庄黎世举名片,9.3 cm×5.8 cm,民国
160. 4473.Z5.158,民国克鲁夫植物纤维制造厂名片,6.5 cm×10.1 cm,民国
161. 4474.Z5.159,民国李三记名片,6.5 cm×10.3 cm,民国
162. 4475.Z5.160,民国广州艺坚机器铁工厂名片,6.5 cm×10.3 cm,民国
163. 4606.Z5.161,民国谢氏家人合照,芯 23.5 cm×17.6 cm,裱 35.5 cm×26 cm,民国
164. 4656.Z5.162,民国广州生源号名片,10.8 cm×7.3 cm,民国
165. 4657.Z5.163,民国广盛源名片,7.4 cm×11 cm,民国
166. 4658.Z5.164,民国广州德记号恭贺新禧名片,10.3 cm×6.5 cm,民国
167. 4659.Z5.165,民国梁时泰名片,11 cm×7.4 cm,民国
168. 4660.Z5.166,民国广州泗隆号名片,11 cm×7.5 cm,民国

169. 4661.Z5.167,民国广州赵义兴号名片,7.2 cm×11.4 cm,民国
170. 4662.Z5.168,民国广州陈祥盛云石号,7.4 cm×11 cm,民国
171. 4663.Z5.169,民国丽明制镜公司名片,11 cm×7.5 cm,民国
172. 4664.Z5.170,民国钟南和酸枝柏椅发客名片,10.3 cm×6.5 cm,民国
173. 4665.Z5.171,民国大盛染厂名片,10.3 cm×6.6 cm,民国
174. 4666.Z5.172,民国广州市东盛和席庄名片,11 cm×7.3 cm,民国
175. 4667.Z5.173,民国兆和号名片,7.4 cm×11 cm,民国
176. 4668.Z5.174,民国广州华兴号名片,10.9 cm×7.4 cm,民国
177. 4669.Z5.175,民国广州万泰隆名片,10.8 cm×7 cm,民国
178. 4670.Z5.176,民国广州和盛老铺名片,7.3 cm×11 cm,民国
179. 4671.Z5.177,民国和盛老金号名片,7.3 cm×11 cm,民国
180. 4672.Z5.178,民国马良孙药房名片,6.5 cm×10.4 cm,民国
181. 4673.Z5.179,民国新发祥雀牌号名片,7.5 cm×11 cm,民国
182. 4674.Z5.180,民国林裔记名片,7.4 cm×10.8 cm,民国
183. 4675.Z5.181,民国广州利昌号名片,7.4 cm×11.2 cm,民国
184. 4717.Z5.182,民国男青年全身黑白照,14.4 cm×9.4 cm,民国
185. 4896.Z5.184,民国初辛亥革命汉口民军炮队之射击明信片,9 cm×14 cm,民国
186. 4897.Z5.185,民国红十字会在汉口战场运尸明信片,9 cm×14 cm,民国
187. 4898.Z5.186,民国武昌总督署被毁后之景况明信片,9 cm×14 cm,民国
188. 4899.Z5.187,民国民军占领上海后各报馆门前之景况明信片,14 cm×9 cm,民国
189. 4900.Z5.188,民国上海民军保卫沪宁车站明信片,9 cm×14 cm,民国
190. 4901.Z5.189,民国上海闸北民军操场明信片,9 cm×14 cm,民国
191. 4902.Z5.190,民国吴淞军队由沪宁车站赴江宁(前队)明信片,9 cm×14 cm,民国
192. 4904.Z5.191,民国反对帝制在旧金山遇害者黄远庸先生像,14.1 cm×9 cm,民国
193. 4905.Z5.192,民国反对帝制在旧金山遇害者黄远庸先生像,芯 10.5 cm×7.8 cm,裱 13.7 cm×9 cm,民国
194. 4906.Z5.193,民国反对帝制在旧金山遇害者黄远庸先生像,14.1 cm×9.6 cm,民国
195. 4914.Z5.194,民国胡适名片,8.2 cm×4.5 cm,民国
196. 4915.Z5.195,民国胡适半身照,8.7 cm×5.6 cm,民国
197. 4916.Z5.196,1938年胡适与友人熊克武的合照,6.1 cm×8.4 cm,1938年
198. 5039.Z5.197,民国广州博物院旧照片,12.1 cm×16.4 cm,民国
199. 5040.Z5.198,民国广州中山纪念堂旧照片,12 cm×15.4 cm,民国
200. 5041.Z5.199,民国广州大码路旧照片,12 cm×16.5 cm,民国
201. 5042.Z5.200,民国广州观音山全景旧照片,12 cm×16.4 cm,民国
202. 5043.Z5.201,民国广州中山公园旧照片,12 cm×16.5 cm,民国
203. 5044.Z5.202,民国广州海珠寺旧照片,12 cm×16.5 cm,民国
204. 5045.Z5.203,民国广州西岸旧照片,12 cm×16.5 cm,民国
205. 5142.Z5.204,民国黎元洪在汉口列国领事馆历访明信片,9.1 cm×13.9 cm,民国
206. 5143.Z5.205,民国黎元洪在汉口列国领事馆历访明信片,9.1 cm×13.9 cm,民国
207. 5435.Z5.206,民国赵宗壇给邓柱臣的贺年卡,19.5 cm×9.5 cm,民国

208. 5436.Z5.207,民国赵宗壇名片,4.3 cm×7.7 cm,民国
209. 5523.Z5.208,民国林励黑白半身照,6.2 cm×4.5 cm,民国
210. 6964.Z5.210,民国德国出版的孙中山手书"邦交雅会"明信片,12.5 cm×17.7 cm,民国
211. 6965.Z5.211,1912年美国印刷的中华民国花车参加波特兰玫瑰节游行明信片,8.8 cm×14.2 cm,1912年
212. 6966.Z5.212,1940年日本人在青岛寄回日本的中华民国邮政明信片,9 cm×13.8 cm,1940年
213. 7002.Z5.213,民国贴有孙中山像邮票的明信片,9 cm×14 cm,民国
214. 7003.Z3.3744,民国孙中山像画片,6.2 cm×5 cm,民国
215. 7339.Z5.214,民国王棠黑白西服相片,19.9 cm×15.1 cm,民国
216. 7346.Z5.215,1946年王棠、王夫人(黄爱群)为其子结婚的请柬,20.8 cm×25.0 cm,1946年
217. 7401.Z5.216,民国老年王棠半身寸照,5.9 cm×4.6 cm,民国
218. 7402.Z5.217,民国老年王棠与友人杨显文摄于美国纽约之合影,8.9 cm×13.7 cm,民国
219. 7403.Z5.218,民国孙科等7人合影,7.6 cm×9.8 cm,民国
220. 7404.Z5.219,民国老年王棠与王颂明、李树庭、李树槐合影于美国芝加哥市政府前,8.8 cm×13.8 cm,民国
221. 7405.Z5.220,民国中年王棠夫妇与其家人等13人合影,15.4 cm×20.4 cm,民国中年
222. 7407.Z5.221,民国中国国民党中央执行委员会海外部给王棠的秘密函件(照片),13.8 cm×9.0 cm,民国
223. 7408.Z5.222,1936年国民党中央革命债务委员会为偿还孙中山借款的收据(照片),14.6 cm×9.5 cm,1936年
224. 7409.Z5.223,民国王家女眷8人、小孩1人在酒席间合影,7.8 cm×10.4 cm,民国
225. 7410.Z5.224,民国香港"伦敦新闻"机构的照片,10.1 cm×15.0 cm,民国
226. 7411.Z5.225,民国香港"伦敦新闻"机构的照片(13寸),20.3 cm×25.7 cm,民国
227. 7412.Z5.226,民国王棠归国前与友人在三藩市合影,17.1 cm×11.3 cm,民国
228. 7413.Z5.227,现代王棠与友人黄澄霖一家在美国罗省的合影,8.8 cm×8.9 cm,现代
229. 7414.Z5.228,现代王棠与友人黄澄霖在罗省的合影,8.8 cm×8.9 cm,现代
230. 7415.Z5.229,现代王棠与小女孩合影(十二月廿三日),13.8 cm×9.0 cm,现代
231. 7416.Z5.230,现代王棠在美国与侨领陈尧振合影,12.9 cm×9.0 cm,现代
232. 7417.Z5.231,现代老年王棠与家人合影,5.2 cm×5.3 cm,现代
233. 7418.Z5.232,现代王棠与族人等17人合影,12.5 cm×9.8 cm,现代
234. 7419.Z5.233,1938年王颂明的私立岭南大学附设中学的高中毕业证(照片),14.2 cm×19.6 cm,1938年
235. 7420.Z5.234,1931年招萃的断卖契纸与广州市工务局管业执照(照片),11.1 cm×16.0 cm,1931年
236. 7421.Z5.235,1932年黄群的断卖契纸与1931年招萃的手写断卖契约(照片),11.1 cm×16.0 cm,1932年
237. 7422.Z5.236,1925年葡人招萃其的广东财政厅发的永租契纸(照片),11.1 cm×15.4 cm,1925年
238. 7423.Z5.237,1928年广东省财政厅给业户黄敬慎堂的断卖契纸(照片),15.7 cm×10.2 cm,1928年
239. 7424.Z5.238,1945年钟孟谋致王棠函(照片),9.2 cm×13.4 cm,1945年

240. 7425.Z5.239,1933年中山县人王鼐麟抵押民生北路六十号房给锦秀堂的揭单(照片),16.3 cm×11.5 cm,1933年
241. 7426.Z5.240,1933年中山县政局土地局建筑物登记确定簿标示簿(民生北路六十号),16.0 cm×11.2 cm,1933年
242. 7427.Z5.241,1932年招萃的广州市政局土地局不动产登记确定证(照片),11.1 cm×16.1 cm,1932年
243. 7428.Z5.242,1935年李同的广东财政厅颁发的铺底执照和广州市土地局铺底顶手登记证,11.2 cm×15.4 cm,1935年
244. 7429.Z5.243,1917年广东省香山县公署公开拍卖李若珩房产的公文(照片),16.3 cm×11.4 cm,1917年
245. 7430.Z5.244,1942年彭绍浓写给黄敬慎德断卖契约及1948年广州市财政局发卖契本契,11.9 cm×15.7 cm,1942年
246. 7431.Z5.245,民国老年王棠半身寸照,7.1 cm×6.9 cm,民国
247. 7432.Z5.246,民国老年(王棠之妻)黄爱群半身照(彩色),13.6 cm×8.5 cm,民国
248. 7433.Z5.247,民国香港"伦敦新闻"机构的照片,10.3 cm×15.1 cm,民国
249. 7434.Z5.248,现代老年王棠与其子王颂明与友人等四人合影,5.8 cm×6.0 cm,现代
250. 7435.Z5.249,现代王颂明与家人等5人合影,6.0 cm×5.8 cm,现代
251. 7436.Z5.250,民国中年王棠佩戴勋章的照片,10.5 cm×6.2 cm,民国
252. 7437.Z5.251,民国中年王棠寸照,4.7 cm×3.4 cm,民国
253. 7438.Z5.252,民国老年王棠半身寸照,5.9 cm×4.5 cm,民国
254. 7439.Z5.253,民国老年王棠与家人、友人等10人合影,4.9 cm×6.6 cm,民国
255. 7440.Z5.254,民国老年王棠与友人等6人合影,5.0 cm×6.8 cm,民国
256. 7441.Z5.255,1946年胡文致戴笠函照片,3.3 cm×8.2 cm,1946年
257. 7442.Z5.256,1947年广州市政府地政局发给黄敬慎德土地所有权状照片,15.5 cm×11.7 cm,1947年
258. 7443.Z5.257,民国广东中山县测量建筑物登记确定簿膳本封面照片,16.0 cm×11.2 cm,民国
259. 7444.Z5.258,1932年黄群的广州市政府土地局发的不动产登记确定证,7.5 cm×10.1 cm,1932年
260. 7445.Z5.259,民国关于1888年10月10日尤列、孙文等合影于省港雅氏医院的照片说明,5.0 cm×7.6 cm,1888年
261. 7446.Z5.260,1925年广州市财政局局长王棠签发的管业执照照片,8.0 cm×10.3 cm,1925年
262. 7447.Z5.261,1947、1948年广州市政府地政局长李朴生签发的土地所有权状,8.0 cm×10.3 cm,1947、1948年
263. 7553.Z5.262,民国林严致王万年新年元旦明信片,14.1 cm×9.1 cm,民国
264. 7590.Z5.263,1964年黄强赠焯贤先生的照片,8.9 cm×8.5 cm,1964年
265. 7591.Z5.264,1966年10月9日黄强赠焯贤先生半身黑白照,12.8 cm×8.8 cm,1966年
266. 7592.Z5.265,1963年2月9日黄强赠□□先生明信片,15.0 cm×10.3 cm,1963年
267. 7593.Z5.266,1966年黄强赠焯贤先生明信片,9.1 cm×14.0 cm,1966年
268. 7594.Z5.267,1955年10月26日戴高乐在其战争回忆录上给黄强的签名照片,11.6 cm×

8.8 cm,1955年

269. 7595.Z5.268,现代戴高乐给黄强的复函照片,11.8 cm×7.9 cm,现代
270. 7596.Z5.269,1965年、1966年戴高乐给黄强亲笔签署的贺年卡照片,12.4 cm×8.8 cm,1965年
271. 7597.Z5.270,1958年9月27日法国普选前戴高乐给黄强的签名照,12.7 cm×8.7 cm,1958年
272. 7598.Z5.271,现代戴高乐致黄强的回函照片,11.3 cm×8.9 cm,现代
273. 7599.Z5.272,1966年10月9日黄强在马达加斯加Ambatondrazaka入教前照片,8.9 cm×12.7 cm,1966年
274. 7600.Z5.273,1948年沈载和等十六人撰黄强(莫京)六十寿序照片,8.9 cm×12.4 cm,1套4件,1948年
275. 7601.Z5.274,1948年罗浮张友仁撰黄强(莫京)六十寿序照片,12.1 cm×9.0 cm,1948年
276. 7602.Z5.275,1966年10月9日黄强与天主教牧师在马达加斯加Ambatondrazaka合影,8.7 cm×12.7 cm,1966年
277. 7603.Z5.276,现代黄强与众女眷等14人合照,8.8 cm×12.5 cm,现代
278. 7604.Z5.277,现代黄强历获奖章之大合照(彩色),8.6 cm×11.9 cm,现代
279. 7605.Z5.278,现代陈泽沚为黄强(莫京)八十岁诞撰序照片,12.6 cm×8.9 cm,现代
280. 7606.Z5.279,现代翻拍外文照片,8.9 cm×12.7 cm,现代
281. 7668.Z5.280,民国孙中山在英国伦敦被囚之屋照片,10.7 cm×8.1 cm,民国
282. 7670.Z5.281,1925年孙中山追悼会照片,15.2 cm×20.4 cm,1925年
283. 7671.Z5.282,1925年4月12日刘纪文在伦敦使馆追悼总理会堂留影,8.1 cm×10.7 cm,1925年
284. 7672.Z5.283,1916年孙中山与华侨讨袁敢死队在上海徐园的合影,芯20.4 cm×26.7 cm,裱25.3 cm×30.6 cm,1916年
285. 7673.Z5.284,1934年广州市政府新署落成典礼刘纪文伉俪与众嘉宾合影,32.0 cm×52.3 cm,1934年
286. 7866.Z5.285,1924年春孙中山在大元帅府的留影,21.7 cm×16.9 cm,1924年
287. 7867.Z5.286,1924年孙宋伉俪视察岭南大学时的留影,20.5 cm×15.7 cm,1924年
288. 7868.Z5.287,民国驻伪满洲国日本军官寄往日本的明信片,9.3 cm×14.3 cm,民国
289. 7869.Z5.288,民国日本发行的南京阜头明信片,9.1 cm×14.1 cm,民国
290. 7870.Z5.289,民国日本陆军恤兵部发行的大陆风景明信片,9.3 cm×14.3 cm,民国
291. 7871.Z5.290,民国日本发行的中国风景明信片,9.3 cm×14.3 cm,1套6件,民国
292. 7872.Z5.291,民国日本陆军恤兵部发行的哈尔滨芜湖明信片,9.4 cm×14.3 cm,1套2件,民国
293. 7873.Z5.292,民国日本发行的汉口日本租界吴淞炮台风景明信片,8.9 cm×14 cm,1套3件,民国
294. 8086.Z5.293,1935年总队长刘纪文骑马检阅第三大队照片,11.4 cm×16.1 cm,1935年
295. 8087.Z5.294,1926年刘纪文、陈辩愚等十八在加拿大维多利亚合影,12.4 cm×17.5 cm,1926年
296. 8088.Z5.295,1935年刘纪文检阅第三大队时训话照片,24 cm×30 cm,1935年
297. 8089.Z5.296,1935年刘纪文检阅第三大队训话照片,23.9 cm×30.8 cm,1935年

298. 8090.Z5.297,1935年总队长刘纪文骑马检阅第三大队照片,21.1 cm×28.4 cm,1935年
299. 8091.Z5.298,1935年总队长刘纪文在主席台检阅第三大队照片,11.4 cm×15.9 cm,1935年
300. 8092.Z5.299,1929年从日本运送孙中山铜像(梅屋庄吉赠)前八人合影,26.7 cm×20.9 cm,1929年
301. 8094.Z5.300,1918年3月孙中山、宋庆龄、古应芬、刘纪文等在广州大元帅府后花园合影,20.3 cm×22.1 cm,1918年
302. 8155.Z5.301,民国岑春煊红纸名片拜帖,22.6 cm×10.9 cm,民国
303. 8156.Z5.302,民国两广都司令岑春煊像明信片,14.0 cm×8.9 cm,民国
304. 8390.Z5.303,民国孙中山致廖仲恺古应芬函影印件的照片,11.4 cm×8.2 cm,8.1 cm×5.7 cm,1套2件,民国
305. 8476.Z5.305,1919年11月16日朱执信致古应芬的明信片,8.8 cm×13.1 cm,1919年
306. 8511.Z5.306,民国邓刚名片,11 cm×7.4 cm,民国
307. 8513.Z5.307,民国古应芬的照片,13.9 cm×8.9 cm,民国
308. 8520.Z5.308,民国邵元冲西服半身照,8.8 cm×16.5 cm,民国
309. 8524.Z5.309,民国孙中山赠古应芬的孙中山半身照,16 cm×11 cm,民国
310. 8541.Z5.310,民国古应芬先生半身像,25.5 cm×20.4 cm,民国
311. 8542.Z5.311,民国古应芬先生中年半身像,10.9 cm×7.8 cm,民国
312. 8565.Z5.312,民国徐连胜照片明信片,封6.8 cm×9.7 cm,明信片13.9 cm×9 cm,1套2件,民国
313. 8631.Z5.313,民国伍自强名片,10.2 cm×6.5 cm,民国
314. 8665.Z5.314,民国明太祖遗像拓片,27.8 cm×19 cm,民国
315. 8711.Z5.315,民国刘纪文从比利时寄给古应芬的明信片,28.8 cm×13.8 cm,9 cm×14 cm,1套2件,民国
316. 8760.Z5.316,民国周演明名片,10.8 cm×7 cm,民国
317. 8787.Z5.317,民国杜建勋、金乐如给李仙根夫人的贺年卡,封22 cm×10.4 cm,页10.7 cm×7.2 cm,1套3件,民国
318. 8795.Z5.318,民国中央陆军医院院长李济汶的名片,10 cm×6.6 cm,民国
319. 8815.Z5.319,1923年刘纪文与赴德之北京留学生留影,10.5 cm×15.6 cm,1923年
320. 8832.Z5.320,民国刘纪文致古应芬明信片(6月21日),8.9 cm×13.8 cm,民国
321. 8889.Z5.321,民国古应芬像,23.6 cm×18 cm,民国
322. 8896.Z5.322,民国古应芬家庭合影,19.2 cm×14.4 cm,21.5 cm×27 cm,1套2件,民国
323. 8903.Z5.323,民国杜之枕名片,10.2 cm×6.4 cm,民国
324. 8904.Z5.324,民国洪承德名片,11.6 cm×5.6 cm,民国
325. 8905.Z5.325,民国冯轶裴名片,9.5 cm×4.5 cm,民国
326. 8906.Z5.326,民国杜少甫名片,10.3 cm×4.8 cm,民国
327. 8907.Z5.327,民国李庆琛名片,9.1 cm×5.6 cm,民国
328. 8914.Z5.328,民国古应芬、林云陔、刘纪文等在广东省财政厅前的合影,14.7 cm×19.5 cm,民国
329. 8916.Z5.329,民国唐开元时期佛碑拓片,151.5 cm×83 cm,94.8 cm×44.6 cm,60.5 cm×41.1 cm,110 cm×40.1 cm,1套4件,民国

330. 8958.Z5.330,民国正心楼名帖,23.5 cm×10.3 cm,民国
331. 9127.Z5.304,1918年3月孙中山、宋庆龄、古应芬、刘纪文等在广州大元帅府后花园合影,1918年
332. 9381.Z5.331,民国五卅运动之受伤者纪念明信片,13.9 cm×9.2 cm,民国
333. 9409.Z5.332,1947年冯执正签名照片,36.2 cm×27 cm,1947年
334. 9436.Z5.333,民国刘纪文名人题字相册,24.8 cm×30.8 cm,民国
335. 9440.Z5.334,民国刘纪文各时期照片及名人题字相册,16.9 cm×22.2 cm,民国
336. 9445.Z5.335,民国刘纪文许淑珍结婚大合照,25.4 cm×128.5 cm,民国
337. 9446.Z5.336,民国南京刘纪文官邸旧照,8.5 cm×11.8 cm,民国
338. 9470.Z5.337,1924年3月江孔殷送给王棠的签名照,20.6 cm×14 cm,1924年
339. 9471.Z5.338,1924年4月25日吴铁城送给王棠的签名照,23.5 cm×27.8 cm,1924年
340. 9472.Z5.339,民国李福林送给王棠的签名照,23.2 cm×15.8 cm,民国
341. 9473.Z5.340,1930年12月30日蔡廷锴送给王棠的签名家人照,8.4 cm×13.5 cm,1930年
342. 9474.Z5.341,1923年6月25日大本营外交部伍朝枢暨全体职员就职纪念照,27.8 cm×31.8 cm,1923年
343. 9475.Z5.342,1927年3月17日王棠母亲七十一大寿全家合影,29.5 cm×22.2 cm,1927年
344. 9476.Z5.343,1928年10月9日王棠与黄子辉等同游小吕宋硫磺山合影,14.2 cm×9.3 cm,1928年
345. 9477.Z5.344,民国王棠半身像,16 cm×11.1 cm,民国
346. 9478.Z5.345,1934年5月1日广东陆军军医公立医药校友会合影,33 cm×40.5 cm,1934年
347. 9545.Z5.346,民国日本尚美堂制印孙逸仙伍廷芳唐绍仪像明信片,9.1 cm×14.1 cm,民国
348. 9546.Z5.347,民国日本尚美堂制印黎元洪黄兴像明信片,9 cm×14.2 cm,民国
349. 9547.Z5.348,民国孙文半身像,24.3 cm×15.7 cm,民国
350. 9571.Z5.349,1912年刘纪文赴日本留学前与兄弟五人合影,25.3 cm×31.1 cm,1912年
351. 9572.Z5.350,民国刘纪文与志成学校同学的合影,25.3 cm×31.3 cm,民国
352. 9573.Z5.351,1914年底刘纪文与私立志成中学师生的毕业合影,25.3 cm×31.6 cm,1914年
353. 9574.Z5.352,民国刘纪文与私立志成中学师生的毕业合影,25.4 cm×32 cm,民国
354. 9575.Z5.353,民国刘纪文与日本私立法政大学师生的毕业合影,25.3 cm×30.3 cm,民国
355. 9576.Z5.354,1917年刘纪文学成归国与兄嫂及弟弟们的合影,25.4 cm×30.4 cm,1917年
356. 9577.Z5.355,民国刘纪文与友人在埃及胡夫金字塔和狮身人面像前的留影,25.3 cm×30.5 cm,民国
357. 9578.Z5.356,民国刘纪文与英国剑桥大学师生欢宴合影,25.3 cm×30.5 cm,民国
358. 9579.Z5.357,民国刘纪文、蔡元培与留英同学的合影,25.4 cm×30.3 cm,民国
359. 9580.Z5.358,1921年4月3日广州市市政厅宣誓典礼纪念合影,25.3 cm×30.9 cm,1921年
360. 9581.Z5.359,1921年4月3日刘纪文就职广州市审计处长合影,25.3 cm×30.6 cm,1921年
361. 9582.Z5.360,1926年7月刘纪文就职广东农工厅厅长的典礼合影,25.3 cm×30.6 cm,1926年
362. 9583.Z5.361,1928年2月25日中国国民党南京特别市执行委员会合影,20.8 cm×26.9 cm,1928年
363. 9584.Z5.362,1928年4月19日国民革命军总司令部经理处党代表就职纪念合影,

25.3 cm×30.6 cm,1928 年

364. 9585.Z5.363,民国刘纪文、许淑珍夫妇参加南京中山路开路剪彩仪式留影,10.2 cm×16 cm,民国

365. 9586.Z5.364,民国刘纪文许淑珍夫妇参加南京中山路开路剪彩仪式留影,20.7 cm×27 cm,民国

366. 9587.Z5.365,民国刘纪文许淑珍夫妇参加南京中山路开路剪彩仪式留影,21.3 cm×26.8 cm,民国

367. 9588.Z5.366,1930 年蒋介石、宋美龄、胡汉民、孙科、古应芬、刘纪文等接待丹麦王储夫妇来访南京时合影,21.3 cm×30 cm,1930 年

368. 9589.Z5.367,1930 年刘纪文等陪同丹麦王储一行拜谒南京中山陵时留影,11.7 cm×16.3 cm,1930 年

369. 9590.Z5.368,1930 年 3 月 14 日刘纪文迎接丹麦王储工作时留影,11 cm×15.6 cm,1930 年

370. 9591.Z5.369,民国刘纪文主持南京市中山路破土典礼时留影,20.6 cm×27.3 cm,民国

371. 9592.Z5.370,民国刘纪文在南京市中山路开路典礼时留影,21.5 cm×27 cm,民国

372. 9593.Z5.371,民国刘纪文主持南京市中山路开路典礼时留影,25.3 cm×31.1 cm,民国

373. 9594.Z5.372,民国刘纪文、戴季陶、张治中等赴河南、湖北慰劳时合影,30.3 cm×22.5 cm,民国

374. 9595.Z5.373,1929 年 1 月南京特别市市政府暨各局职员庆祝元旦时合影,23.1 cm×29.7 cm,1929 年

375. 9596.Z5.374,民国刘纪文诰其祖父祖母照,15.2 cm×10 cm,15.2 cm×10.2 cm,1 套 2 件,民国

376. 9597.Z5.375,1934 年刘纪文与广州第二次耆英大会老人合影,15.5 cm×21.5 cm,1934 年

377. 9598.Z5.376,1934 年刘纪文与广州第二次耆英大会老人合影,15.2 cm×20.5 cm,1934 年

378. 9599.Z5.377,民国刘纪文之父刘泰全半身像,21.2 cm×16.2 cm,民国

379. 9600.Z5.378,民国刘纪文与留日同学四人合影,9.1 cm×13.4 cm,民国

380. 9601.Z5.379,1923 年 9 月 25 日中秋节刘纪文乘船行经地中海与周船友人合影,12.1 cm×16.5 cm,1923 年

381. 9602.Z5.380,民国刘纪文藏蒋介石在日本的留影,9.7 cm×7.9 cm,民国

382. 9603.Z5.381,民国蒋介石刘纪文访日期间合影,15 cm×10 cm,民国

383. 9604.Z5.382,民国国民革命军追悼北伐阵亡将士大会照,9.8 cm×14 cm,民国

384. 9605.Z5.383,民国刘纪文在南京中山路建设拆迁旧房舍前合影,12.3 cm×16.0 cm,民国

385. 9606.Z5.384,民国刘纪文在南京中山路建设拆迁旧院墙前合影,12.3 cm×16 cm,民国

386. 9607.Z5.385,民国刘纪文珍藏廖仲恺西服半身像,13.7 cm×8 cm,民国

387. 9608.Z5.386,1933 年广州市第一次耆英大会合影,17.3 cm×19 cm,1933 年

388. 9609.Z5.387,1933 年广州市第一次耆英大会合影,18.3 cm×30.3 cm,1933 年

389. 9610.Z5.388,1933 年 2 月 1 日刘纪文许淑珍夫妇与广州市第一次耆英大会老人合影,15.1 cm×18.7 cm,1933 年

390. 9611.Z5.389,1933 年广州市海珠桥建成开通当日照,16.4 cm×29 cm,1933 年

391. 9612.Z5.390,1933 年广州市海珠桥建成照,9 cm×29.7 cm,1933 年

392. 9613.Z5.391,1933 年刘纪文主持广州市海珠桥建成开通仪式留影,19 cm×31.8 cm,1933 年

393. 9614.Z5.392,1934年刘纪文等五人在其为博济医院题字前留影,22.3 cm×29.4 cm,1934年
394. 9615.Z5.393,1934年刘纪文等三人在唐绍仪为博济医院题字碑前留影,22 cm×29.5 cm,1934年
395. 9616.Z5.394,1934年10月10日广州市政府合署大楼落成开幕合影,21.9 cm×29.1 cm,1934年
396. 9617.Z5.395,1934年11月6日刘纪文与东莞同乡游净慧公园后合影,21.1 cm×26.8 cm,1934年
397. 9618.Z5.396,1933年刘纪文在广州河南电力分厂开幕仪式上留影,21.5 cm×28.8 cm,1933年
398. 9619.Z5.397,1935年刘纪文为广州市电力厂奠基揭幕时留影,11.8 cm×15 cm,1935年
399. 9620.Z5.398,1935年刘纪文等五人在广州市电力厂建架地址前合影,6.2 cm×8.5 cm,1935年
400. 9621.Z5.399,1935年植树节刘纪文、许淑珍夫妇与广州市政府官员的合影,23.7 cm×30.1 cm,1935年
401. 9622.Z5.400,民国刘纪文在广州市政府大楼前右侧植树的照片,28.7 cm×20.5 cm,民国
402. 9623.Z5.401,1935年刘纪文在广州市气象台开幕典礼前接待外宾时留影,13.6 cm×19.4 cm,1935年
403. 9624.Z5.402,1935年孔诞刘纪文与纪念活动代表在中山纪念堂的合影,15.5 cm×21.9 cm,1935年
404. 9625.Z5.403,1935年刘纪文等市领导与广州市政府公余同乐会篮球组的合影,30.2 cm×24.1 cm,1935年
405. 9626.Z5.404,1935年广州市政府公余同乐会篮球队与美国水师舰队比赛前合影,21.9 cm×28.8 cm,1935年
406. 9627.Z5.405,1935年广州市政府公余同乐会篮球队与美国水师舰队比赛时照片,11.5 cm×15.2 cm,1935年
407. 9628.Z5.406,民国刘纪文藏1924年孙中山宋庆龄夫妇北上时合影,13.8 cm×8.7 cm,民国
408. 9629.Z5.407,1923年廖仲恺、许崇智、刘纪文等六人合影,11.3 cm×19.1 cm,1923年
409. 9630.Z5.408,民国刘纪文与邵元冲在英国伦敦的合影,13.7 cm×8.5 cm,民国
410. 9631.Z5.409,1928年11月刘纪文、许淑珍夫妇在北京西山碧云寺前与马湘等人合影,27.2 cm×21.5 cm,1928年
411. 9750.Z5.410,1935年2月15日广州市政府成立十四周年纪念合影,29.9 cm×20.6 cm,1935年
412. 9751.Z5.411,1936年2月15日广州市政府成立十五周年纪念合影,30.3 cm×24.1 cm,1936年
413. 9752.Z5.412,1934年10月10日刘纪文与市政府八名局长在新市政府大楼合影,21.7 cm×29.1 cm,1934年
414. 9753.Z5.413,1936年12月12日余汉谋、黄慕松、曾养甫、刘纪文等人欢迎菲律宾总统宴会留影,30.4 cm×24.2 cm,1936年
415. 9754.Z5.414,1928年9月20日南京特别市市长刘纪文欢迎中央各委员合影,27 cm×20.7 cm,1928年
416. 9755.Z5.415,1948年6月刘纪文等人在重修建国粤军阵亡将士公墓竣工处纪念合影,

21.3 cm×16.6 cm,1948 年

417. 9756.Z5.416,1942 年 7 月 18 日审计部甘肃省审计处补行成立典礼暨欢迎刘纪文合影,19.9 cm×14.1 cm,1942 年
418. 9757.Z5.417,1935 年 6 月 15 日广州市新电力厂奠基典礼合影,28.7 cm×20.9 cm,1935 年
419. 9758.Z5.418,1933 年 2 月 15 日广州市政府电力分厂开幕典礼合影,28.9 cm×21.6 cm,1923 年
420. 9759.Z5.419,民国广州市疗养院落成典礼合影,29.5 cm×22.3 cm,民国
421. 9760.Z5.420,民国刘纪文与市政府要员在市政府大楼门前合影,30.5 cm×23.7 cm,民国
422. 9761.Z5.421,民国刘纪文戴勋章半身像,34.8 cm×27.1 cm,民国
423. 9762.Z5.422,1935 年刘纪文骑马检阅市政府职员军训照,11.4 cm×16.1 cm,1935 年
424. 9763.Z5.423,民国刘纪文与许淑珍夫妇照,37.5 cm×28.4 cm,民国
425. 9764.Z5.424,民国广州市政府大楼照,21.8 cm×29 cm,民国
426. 9765.Z5.425,何应钦赠刘纪文半身照,31 cm×22.9 cm,民国
427. 9766.Z5.426,1936 年元旦广州市政府全体职员纪念合影,23.9 cm×30.1 cm,1936 年
428. 9767.Z5.427,民国刘纪文与市政府要员在市政府大楼前合影,21.8 cm×29 cm,民国
429. 9768.Z5.428,民国古应芬之女古婉仪像,13.6 cm×9.1 cm,13.7 cm×8.6 cm,9.2 cm×5.8 cm,1 套 3 件,民国
430. 9769.Z5.429,民国古应芬半身像,12.5 cm×9 cm,民国
431. 9770.Z5.430,1942 年志诚技工训练班开学典礼合影,16 cm×29.2 cm,1942 年
432. 9771.Z5.431,1947 年刘纪文赴江西视察纪念合影,16.7 cm×29.2 cm,1947 年
433. 9772.Z5.432,1948 年邮政储金汇业局业务会议合影,22.7 cm×28.6 cm,1948 年
434. 9773.Z5.433,1936 年广东各界政要就职典礼摄影纪念,24.2 cm×27 cm,1936 年
435. 9774.Z5.434,1928 年河南省政府欢迎蒋介石纪念合影,25.3 cm×29.9 cm,1928 年
436. 9775.Z5.435,民国广州市政府机关军事训练班检阅纪念合影,23.7 cm×29.8 cm,民国
437. 9776.Z5.436,1951 年刘纪文夫妇在东京庆贺何应钦华诞纪念合影,22 cm×27.8 cm,1951 年
438. 9777.Z5.437,1935 年元旦广州市政府全体机关职员在市政府大楼前纪念合影,18.9 cm×30.3 cm,1935 年
439. 9778.Z5.438,1935 年元旦刘纪文与市政府要求在市政府大楼前纪念合影,24 cm×30 cm,1935 年
440. 9779.Z5.439,民国藤山雷太赠予刘纪文的半身像,30.9 cm×20.8 cm,民国
441. 9780.Z5.440,民国刘纪文与许淑珍在婚礼上与亲朋好友合影,17.3 cm×25.3 cm,民国
442. 9781.Z5.441,民国刘纪文与许淑珍在婚礼上与伴郎伴娘的合影,18.1 cm×27 cm,民国
443. 9782.Z5.442,1928 年刘纪文着军装像,27.6 cm×17.8 cm,1928 年
444. 9783.Z5.443,民国刘纪文像,21.5 cm×16.4 cm,民国
445. 9784.Z5.444,1924 年伦敦孙中山先生追思会留影,25.3 cm×30.4 cm,1924 年
446. 9785.Z5.445,1929 年南京特别市市政府欢迎国际联盟副秘书长亚文努先生留影,21.7 cm×27.6 cm,1929 年
447. 9786.Z5.446,1950 年刘纪文出席纪念大会留影,22.2 cm×30.4 cm,1950 年
448. 9787.Z5.447,1936 年广州市第四次耆英大会留影,23.8 cm×30 cm,1936 年
449. 9788.Z5.448,1935 年刘纪文与高寿老人在广州市第三次耆英大会留影,21 cm×28.7 cm,1935 年

450. 9789.Z5.449,1933年广州市立银行新行奠基典礼留影,25 cm×30 cm,1933年
451. 9790.Z5.450,民国广州市市政府职员公余同乐会游泳部在省立一中学校练习纪念留影,24.3 cm×30.2 cm,民国
452. 9791.Z5.451,1948年第一届国民大会广州市代表合影,14.3 cm×19.7 cm,1948年
453. 9792.Z5.452,1949年东莞同乡欢迎王宠惠、刘纪文等合影,22.5 cm×28.1 cm,1949年
454. 9793.Z5.453,1935年刘纪文等在清远藏霞古洞纪念合影,20.5 cm×28.3 cm,1935年
455. 9794.Z5.454,1934年国际妇女会社在刘纪文花园开会纪念合影,22 cm×29.5 cm,1套2件,1934年
456. 9795.Z5.455,民国刘纪文赴山东视察合影,10 cm×14 cm,1套5件,民国
457. 9796.Z5.456,民国刘纪文与日本友人合影,11.9 cm×9 cm,民国
458. 9797.Z5.457,民国刘纪文慰劳薛岳部纪念合影,7.1 cm×10 cm,1套2件,民国
459. 9798.Z5.458,民国刘纪文与全国慰劳总会欢送行都各界慰劳团出发前线纪念合影,5.4 cm×8.1 cm,民国
460. 9799.Z5.459,民国刘纪文在广州市政府前植树纪念照片,13.2 cm×17.6 cm,民国
461. 9800.Z5.460,1923年刘纪文等在取访丸号途经印度洋时纪念合影,11.4 cm×15.8 cm,1923年
462. 9801.Z5.461,1923年刘纪文等人由香港赴英国途中在取访丸上合影,12 cm×16.5 cm,1923年
463. 9802.Z5.462,民国刘纪文与廿介侯及友人合影,19.3 cm×25.2 cm,1套2件,民国
464. 9803.Z5.463,民国广州市市立第五十一小学校照,15.5 cm×10.7 cm,民国
465. 9804.Z5.464,1956年5月刘纪文飞离台湾赴美就医前留影,6.6 cm×8.6 cm,1956年
466. 9889.Z5.470,1928年刘纪文与许淑珍的订婚照,34.4 cm×25.3 cm,1928年
467. 9890.Z5.471,1928年9月戴季陶赠刘纪文的签名半身照,照23.5 cm×17.9 cm,框33 cm×22.1 cm,1928年
468. 9891.Z5.472,1918年孙中山宋庆龄赠刘纪文的签名合影照,23.8 cm×15.5 cm,27.9 cm×39.7 cm,1套2件,1918年
469. 9892.Z5.473,民国广州市政府军训第三大队刘纪文等五人在市府前合影,21.6 cm×14.7 cm,民国
470. 9893.Z5.474,1946年白崇禧家庭十二人合影,20.9 cm×24.2 cm,1946年
471. 9894.Z5.475,1941年3月白崇禧夫人在重庆的留影,29.5 cm×19.4 cm,1941年
472. 9896.Z5.476,1915年3月梅屋庄吉夫妇与孙中山合影,32.9 cm×25.5 cm,1915年
473. 9897.Z5.477,民国犬养健赠刘纪文、犬养毅七十八岁像,27.7 cm×33.4 cm,民国
474. 9898.Z5.478,民国犬养毅赠刘纪文签名照,26 cm×17.8 cm,民国
475. 9899.Z5.479,1929年床次竹二郎赠刘纪文签名照,33.1 cm×24.7 cm,1929年
476. 9900.Z5.480,1948年4月蒋介石赠刘纪文签名军服照,38.5 cm×30.4 cm,1948年
477. 9901.Z5.481,民国蒋介石在日本穿西服留影,9.8 cm×7.7 cm,10.0 cm×7.4 cm,7.7 cm×9.7 cm,1套3件,民国
478. 9902.Z5.482,民国蒋介石、宋子文、张乐怡、刘纪文等人合影,7.5 cm×10.2 cm,7.6 cm×10.3 cm,1套2件,民国
479. 9903.Z5.483,民国刘纪文摄蒋介石、戴季陶合影,11.9 cm×8.8 cm,11.6 cm×8.7 cm,1套2

件,民国

480. 9904.Z5.484,1922年蒋介石在桂林合影,10.8 cm×15.2 cm,1922年
481. 9905.Z5.485,民国蒋介石着军服半身像,16.1 cm×11.3 cm,民国
482. 9906.Z5.486,现代陈诚、蒋经国至台湾杨梅村慰问检阅留影,15 cm×15.5 cm,现代
483. 9907.Z5.487,1954年11月19日台湾第一届第二次国民大会开幕式蒋介石、宋美龄等留影,14.1 cm×14.6 cm,1954年
484. 9914.Z5.494,民国十七年刘纪文、许淑珍结婚照,25.3 cm×20.3 cm,民国
485. 9915.Z5.495,民国许淑珍外祖母像,17.8 cm×12.5 cm,10.7 cm×7.1 cm,8.7 cm×5.6 cm,1套3件,民国
486. 9916.Z5.496,1925年何炽昌赠刘纪文签名照,20.3 cm×12.5 cm,14.2 cm×9.5 cm,1套2件,民国
487. 9925.Z5.497,民国刘纪文岳父许鸿文像,18.4 cm×13.2 cm,8.3 cm×5.3 cm,20.8 cm×12 cm,8.4 cm×5.3 cm,1套4件,民国
488. 9930.Z5.498,民国朱执信遗像,14.3 cm×9.1 cm,民国
489. 9969.Z5.499,民国许淑珍与李仙根夫妇合影,8.7 cm×11.2 cm,民国
490. 9970.Z5.500,1933年10月许淑珍在西南航空公司"天狼""长庚""启明""北斗"四机的命名典礼上留影,6.1 cm×8.7 cm,1933年
491. 9971.Z5.501,民国许淑珍围狐狸皮围脖与家人合影,19.3 cm×13.9 cm,民国
492. 9972.Z5.502,1938年中国妇女慰劳会香港分会职员合影,20.6 cm×27.7 cm,1938年
493. 9973.Z5.503,1929年刘纪文、许淑珍夫妇与同仁在南京市举行的"婴孩比赛会"合影,20.9 cm×27.4 cm,1929年
494. 9974.Z5.504,1930年许淑珍与妇女提倡国货会筹备委员会同仁的合影,21 cm×27.2 cm,1930年
495. 9975.Z5.505,1928年7月8日许淑珍改良旗袍照,26.2 cm×16.7,27.2 cm×17.2 cm,1套2件,1928年
496. 9976.Z5.506,民国许淑珍旗袍照,21.8 cm×16.2 cm,20.2 cm×13.5 cm,14.8 cm×10.1 cm,1套3件,民国
497. 9977.Z5.507,民国许淑珍与同仁合影,7.8 cm×10.5 cm,8.6 cm×11.6 cm,8.9 cm×13.8 cm,1套3件,民国
498. 9978.Z5.508,现代许淑珍与前南京市卫生局长梅贻琳等人合影,20.5 cm×25.4 cm,现代
499. 9979.Z5.509,现代许淑珍在自己画展上留影,20.5 cm×25.4 cm,现代
500. 9980.Z5.510,1951年许淑珍、赵少昂等五人在日本东京日光山合影,13.6 cm×8.7 cm,1951年
501. 9981.Z5.511,现代许淑珍与友人合影,11.5 cm×16.4 cm,11.8 cm×16.1 cm,1套4件,现代
502. 9982.Z5.512,现代许淑珍与亲朋合影,8.0 cm×12.2 cm,8.3 cm×12.7 cm,9.0 cm×8.9 cm,1套3件,现代
503. 9983.Z5.513,1935年刘纪文、许淑珍夫妇与同仁在清远飞霞寺合影,20.1 cm×28.3 cm,1925年
504. 9984.Z5.514,民国刘纪文、许淑珍与日本友人聚会合影,20.8 cm×26.9 cm,民国
505. 9985.Z5.515,民国刘纪文、孙科等在日领事招待会合影,21.4 cm×28.4 cm,民国
506. 9986.Z5.516,民国孙科、汪精卫、古应芬、陈济棠、刘纪文等与广州日领事合影,22.4 cm×

27.3 cm,民国

507. 9987.Z5.517,民国刘纪文、甘介侯、许淑珍等与外国友人合影,21 cm×15 cm,民国
508. 9988.Z5.518,1936年刘纪文、陈自康、李仲振、刘秉刚等与外国友人合影,13.8 cm×18.7 cm,9.1 cm×13.4 cm,1套2件,民国
509. 9989.Z5.519,民国戴季陶像及其与家人合影,10 cm×15.2 cm,8.6 cm×13.4 cm,1套2件,民国
510. 9990.Z5.520,民国张寿镛像,18.8 cm×13.2 cm,民国
511. 9991.Z5.521,民国刘纪文像明信片,16.5 cm×24.2 cm,民国
512. 9992.Z5.522,1925年6月黄健中赠刘纪文签名照,13.7 cm×8.7 cm,1925年
513. 9993.Z5.523,1954年张道藩赠刘纪文签名照,12 cm×14.7 cm,1954年
514. 9994.Z5.524,民国陈其美像,10.2 cm×7.1 cm,民国
515. 9995.Z5.525,民国邵元冲像,14.7 cm×9.7 cm,民国
516. 9996.Z5.526,民国叶熙春赠刘纪文签名照,13.6 cm×8.6 cm,民国
517. 9997.Z5.527,民国萧佛成像,15.5 cm×10.2 cm,民国
518. 9998.Z5.528,1930年李仙根签名照,19.6 cm×13.9 cm,1930年
519. 9999.Z5.529,民国特派调查欧美市政专员刘纪文在墨西哥留影,12.7 cm×7.7 cm,民国
520. 10000.Z5.530,民国刘纪文与英国同学叶熙春、龚光远等四人合影,8.3 cm×13.5 cm,民国
521. 10001.Z5.531,民国刘纪文与邵洵美合影,16.1 cm×11.1 cm,民国
522. 10002.Z5.532,民国刘纪文、邵洵美等五人合影,12.3 cm×15 cm,民国
523. 10003.Z5.533,民国刘纪文、许淑珍及孩子的家庭合影,16.6 cm×14.1 cm,19.3 cm×14.2 cm,1套2件,民国
524. 10004.Z5.534,民国许崇智、许崇灏、刘纪文三人合影,14.8 cm×19 cm,民国
525. 10005.Z5.535,现代晚年刘纪文与友人合影,10.7 cm×14.8 cm,现代
526. 10006.Z5.536,1926年刘纪文由英赴美与同船孩童合影,9.1 cm×11.6 cm,1926年
527. 10007.Z5.537,民国刘纪文在蒋介石检阅南京市警察仪式上留影,9.9 cm×14.2 cm,民国
528. 10008.Z5.538,民国许淑珍与妇女慰劳会同仁合影,21.1 cm×27.7 cm,民国
529. 10009.Z5.539,民国刘纪文、许淑珍等与藤山雷太合影,21.5 cm×27.7 cm,民国
530. 10010.Z5.540,民国胡汉民像,8.6 cm×5.8 cm,19.7 cm×13.9 cm,1套2件,民国
531. 10011.Z5.541,民国刘纪文、褚民谊等八人合影,8.5 cm×11.1 cm,民国
532. 10012.Z5.542,民国刘纪文、钟荣光等四人合影,10.1 cm×12.3 cm,民国
533. 10013.Z5.543,民国何键戎装像,20.6 cm×14.7 cm,民国
534. 10014.Z5.544,1934年刘纪文在意制快艇上留影,13.2 cm×14.5 cm,1934年
535. 10015.Z5.545,民国刘纪文与英国同学合影,12 cm×15.1 cm,民国
536. 10016.Z5.546,1954年7月14日刘纪文、李穆堂在日本东京合影,13.6 cm×8.4 cm,1954年
537. 10017.Z5.547,1954年8月刘纪文在王公馆与朋友合影,7.6 cm×5.7 cm,1954年
538. 10018.Z5.548,民国李宗仁、刘纪文、林云陔等与外国军政人员合影,14.6 cm×20.9 cm,民国
539. 10019.Z5.549,民国刘纪文、许淑珍等与日本友人合影,21.5 cm×28.4 cm,民国
540. 10020.Z5.550,现代刘纪文与某友人合影,8 cm×11.7 cm,1套2件,现代
541. 10021.Z5.551,民国刘纪文与同仁合影,10.4 cm×11.9 cm,8.8 cm×13.9 cm,1套2件,民国
542. 10022.Z5.552,1954年刘纪文与友人合影,17.7 cm×9.7 cm,11 cm×14.9 cm,1套2

件,1954年

543. 10023.Z5.553,1954年刘纪文坐像,7.4 cm×10.7 cm,1954年
544. 10024.Z5.554,1952年7月5日国民党驻东京直属支部改造委员会成立暨委员宣誓就职典礼摄影,13.9 cm×19.1 cm,1952年
545. 10025.Z5.555,1953年6月6日国民党驻东京直属支部第一届执监委员宣誓就职留影,15.5 cm×20.4 cm,1953年
546. 10026.Z5.556,现代刘纪文与国大代表研究院廿一期同学合影,10.4 cm×14.6 cm,14.2 cm×19.6 cm,1套2件,现代
547. 10027.Z5.557,现代蒋介石与职员们合影(台湾励志社胡崇贤摄),23.4 cm×29 cm,23.5 cm×28.9 cm,1套2件,现代
548. 10028.Z5.558,民国刘纪文与日本友人合影,21.5 cm×28.5 cm,民国
549. 10029.Z5.559,现代刘纪文与友人合影,22.8 cm×27.9 cm,现代
550. 10030.Z5.560,1938年6月刘纪文、林云陔等三人在汉口洞庭街二十三号摄影,8.3 cm×11.8 cm,民国
551. 10031.Z5.561,民国青年刘纪文立像,27.1 cm×20.7 cm,民国
552. 10032.Z5.562,民国刘纪文、林云陔在泰山玉皇顶合影,25.2 cm×19.8 cm,民国
553. 10033.Z5.563,1929年国联副秘书长亚文努与朋友合影,22.6 cm×17.3 cm,民国
554. 10034.Z5.564,现代刘纪文及家人在日本留影,7.8 cm×5.7 cm,1套4件,现代
555. 10035.Z5.565,1957年刘纪文追悼会现场布置照,12.9 cm×10.2 cm,8.5 cm×11.5 cm,1套5件,1957年
556. 10036.Z5.566,1957年刘纪文追悼会革命实践研究院二十一期同学会公祭照,11.5 cm×8.5 cm,1957年
557. 10037.Z5.567,1957年刘纪文追悼会朱怀水公祭照,12.4 cm×8.5 cm,1957年
558. 10038.Z5.568,1957年刘纪文追悼会东莞同乡会公祭照,8.4 cm×11.2 cm,1957年
559. 10039.Z5.569,1957年刘纪文追悼会前广州市政府职员公祭照,8.5 cm×11.24 cm,1957年
560. 10040.Z5.570,1957年刘纪文追悼会勤勤大学校友会公祭照,8.5 cm×11.1 cm,1957年
561. 10041.Z5.571,1957年刘纪文追悼会前审计部职员公祭照,8.5 cm×11.3 cm,1957年
562. 10042.Z5.572,1957年刘纪文追悼会广东同乡会公祭照,8.4 cm×11.4 cm,1957年
563. 10043.Z5.573,1957年刘纪文追悼会陈自康公祭照,8.5 cm×11.2 cm,1957年
564. 10044.Z5.574,1957年刘纪文追悼会筹备委员会张群读祭文照,8.5 cm×11.2 cm,1957年
565. 10045.Z5.575,1949年10月28日刘纪文与友人在东京合影,6.9 cm×11.2 cm,1949年
566. 10046.Z5.576,1953年留日广东会馆暨各团体代表欢迎香港排球队在横滨留影,7.9 cm×11.5 cm,1953年
567. 10047.Z5.577,1953年7月16日横滨华商贸易公会欢迎丘资政等人留影,8 cm×11.8 cm,1953年
568. 10048.Z5.578,1949年10月17日刘纪文与同仁在日本京都御所紫宸殿前合影,11.1 cm×15.2 cm,1949年
569. 10049.Z5.579,1953年3月29日留日广东会馆首届会员大会合影,10.8 cm×15.5 cm,1953年
570. 10050.Z5.580,1954年刘纪文在留日广东会馆新馆落成典礼上发言留影,9.8 cm×

12.1 cm,1954 年

571. 10051.Z5.581,现代刘纪文在留日广东会馆发言席留影,10.9 cm×15.3 cm,17.9 cm×12.6 cm,1 套 2 件,现代
572. 10052.Z5.582,1953 年留日广东会馆成立典礼摄影,10.8 cm×15.4 cm,1 套 2 件,1953 年
573. 10053.Z5.583,1957 年刘纪文追悼会陈诚公祭照,12.5 cm×8.4 cm,1957 年
574. 10054.Z5.584,1957 年刘纪文追悼会马超俊主祭照,12 cm×8.5 cm,1957 年
575. 10055.Z5.585,1957 年刘纪文追悼会蒋经国致祭照,12.5 cm×8.4 cm,1957 年
576. 10056.Z5.586,1957 年刘纪文追悼会于右任致祭照,12.3 cm×8.5 cm,1957 年
577. 10057.Z5.587,1957 年刘纪文追悼会国大联谊会公祭何应钦主祭照,12 cm×8.5 cm,1957 年
578. 10058.Z5.588,1957 年刘纪文追悼会筹备委员公祭张群主祭照,8.3 cm×11.1 cm,1957 年
579. 10059.Z5.589,1957 年刘纪文追悼会何应钦献花照,8.5 cm×11.1 cm,1957 年
580. 10060.Z5.590,1957 年刘纪文追悼会张道藩张群马超俊致祭照,10.2 cm×13.1 cm,1957 年
581. 10061.Z5.591,1957 年刘纪文追悼会礼堂照,12.9 cm×10.2 cm,8.5 cm×11.1 cm,1 套 2 件,1957 年
582. 10062.Z5.592,民国刘纪文着军训服照,21 cm×12.5 cm,民国
583. 10063.Z5.593,民国刘纪文侧像,24.5 cm×36.8 cm,民国
584. 10064.Z5.594,民国刘纪文任广州市长时像,26 cm×15.8 cm,民国
585. 10065.Z5.595,民国青年刘纪文签名照,30.5 cm×20.9 cm,26.8 cm×16.8 cm,1 套 6 件,民国
586. 10066.Z5.596,民国刘纪文穿中山装像,19.7 cm×14.3 cm,24.4 cm×14.9 cm,1 套 2 件,民国
587. 10067.Z5.597,民国中年刘纪文胡须像,19.4 cm×14.7 cm,25.0 cm×14.7 cm,25.0 cm×16.9 cm,27.8 cm×22 cm,1 套 4 件,民国
588. 10068.Z5.598,民国刘纪文像(上海宝记摄),25 cm×17.2 cm,1 套 5 件,民国
589. 10069.Z5.599,民国青年刘纪文西服照,19—23.6 cm×12.8 cm—17 cm,1 套 5 件,民国
590. 10070.Z5.600,民国刘纪文像明信片,14 cm×9 cm,民国
591. 10071.Z5.601,民国刘纪文在广州留影,19.7 cm×13.9 cm,民国
592. 10072.Z5.602,民国刘纪文戎装照,16.9 cm×11.8 cm,民国
593. 10073.Z5.603,民国刘纪文在广州市政府楼前植树照,18.4 cm×11.4 cm,民国
594. 10074.Z5.604,1929 年 3 月 12 日刘纪文植树照,29.4 cm×24.4 cm,1929 年
595. 10075.Z5.605,民国刘纪文全家七人合影,14.6 cm×10 cm,民国
596. 10076.Z5.606,1933 年 2 月 1 日许淑珍在广州市第一次耆英大会与老人们合影,22.4 cm×15.1 cm,1933 年
597. 10077.Z5.607,1935 年 3 月 28 日刘纪文在广州市合署大楼前植树照,28.7 cm×20.5 cm,民国
598. 10078.Z5.608,1938 年元旦刘纪文在汉口摄影,12.7 cm×10.3 cm,民国
599. 10079.Z5.609,1937 年刘纪文在南京摄影,14.1 cm×9.4 cm,民国
600. 10080.Z5.610,1927 年刘纪文在美国纽约摄影,16.6 cm×11.4 cm,民国
601. 10081.Z5.611,1935 年 3 月 28 日刘纪文在广州市合署大楼前留影,20.9 cm×28.8 cm,民国
602. 10082.Z5.612,民国青年刘纪文工作照,14.5 cm×19.9 cm,14 cm×19.5 cm,1 套 2 件,民国
603. 10083.Z5.613,民国刘纪文像,20.1 cm×12.6 cm,23.9 cm×19 cm,28.5 cm×22 cm,1 套 3 件,民国

604. 10084.Z5.614,民国刘纪文、许淑珍夫妇合照,11—33 cm×16—24.8 cm,1套8件,民国
605. 10085.Z5.615,1933年4月23日刘纪文在石牌中山公园举行野餐会照片,19.2 cm×25.3 cm,民国
606. 10086.Z5.616,1928年2月17日蒋介石冯玉祥在河南省政府合影,19.7 cm×14 cm,民国
607. 10087.Z5.617,民国曾养甫赠刘纪文签名照,24.5 cm×15.5 cm,民国
608. 10088.Z5.618,1927年秋蒋介石刘纪文在日本盐原合影,14 cm×9.8 cm,民国
609. 10089.Z5.619,民国蒋介石与日本友人宴会照,9.6 cm×13.5 cm,民国
610. 10091.Z5.620,民国蒋介石在日本留影,9.7 cm×7.7 cm,民国
611. 10092.Z5.621,1938年刘纪文与君佩同游武昌蛇山公园照,9 cm×11.8 cm,民国
612. 10093.Z5.622,民国许淑珍与李捷才罗翼群夫妇在日本合影,8.5 cm×11.5 cm,民国
613. 10094.Z5.623,1942年刘纪文与同仁在天水伏羲庙前合影,6 cm×1.6 cm,民国
614. 10095.Z5.624,民国卅五年刘纪文与同仁在长春中正公园合影,11.2 cm×7.4 cm,民国
615. 10096.Z5.625,民国卅五年刘纪文在沈阳摄影,6.6 cm×4.3 cm,民国
616. 10097.Z5.626,民国刘纪文游峨嵋山时留影,5.7 cm×5.6 cm,民国
617. 10098.Z5.627,民国刘纪文在法国巴黎摄影,23.1 cm×17 cm,民国
618. 10099.Z5.628,民国刘纪文佩戴"中央党部"和"中国国民党第五次全国代表大会"证章留影,25.1 cm×19.6 cm,民国
619. 10100.Z5.629,民国刘纪文五弟刘秉纲及其子刘良彝像,24.5 cm×15.0 cm,21.9 cm×12.1 cm,1套2件,民国
620. 10101.Z5.630,民国刘纪文坐像,8.6 cm×11.7 cm,7.4 cm×10.1 cm,10.6 cm×8 cm,1套3件,民国
621. 10102.Z5.631,民国刘纪文半身像,7—14.8 cm×5.2—10.4 cm,1套5件,民国
622. 10103.Z5.632,民国刘纪文像,6.5—11.9 cm×4.8 cm—8.9 cm,1套15件,民国
623. 10104.Z5.633,民国刘纪文戎装像,6.8 cm×4.6 cm,11 cm×8.5 cm,1套2件,民国
624. 10105.Z5.634,1935年3月16日刘纪文、许淑珍、刘秉纲等游清远藏霞古洞合影,8.6 cm×6 cm,8.6 cm×6 cm,8 cm×11 cm,8.2 cm×11.4 cm,1套4件,民国
625. 10106.Z5.635,1935年6月15日刘纪文为广州市电力厂奠基留影,8.8 cm×5.9 cm,8.7 cm×5.8 cm,1套2件,民国
626. 10107.Z5.636,1934年12月文树声摄刘纪文、许淑珍等在虎门炮台留影,11.8 cm×13.1 cm,1套4件,民国
627. 10108.Z5.637,民国刘纪文在南京雪地留影,8.5 cm×11.6 cm,1套2件,民国
628. 10109.Z5.638,民国国民党中央通讯社摄影部为刘纪文所摄照片,8.7 cm×6 cm,1套2件,民国
629. 10110.Z5.639,民国刘纪文在轮船上留影,11.2 cm×8.6 cm,8.6 cm×11.3 cm,1套2件,民国
630. 10111.Z5.640,民国刘纪文、许淑珍像明信片,11.9 cm×8.9 cm,13.5 cm×8.2 cm,13.9 cm×9.1 cm,1套3件,民国
631. 10112.Z5.641,民国卅五年刘纪文、韩骏杰、吴瀚涛等人游沈阳北陵合影,5.8 cm×4.4 cm,4.4 cm×5.7 cm,1套11件,民国
632. 10113.Z5.642,1934年10月刘纪文、许淑珍等游博罗县白鹤观华首台的留影,6.1 cm×8.8 cm,1套2件,民国

633. 10114.Z5.643,民国许淑珍与友人在黄花岗烈士陵园前合影,7.7 cm×11.2 cm,民国
634. 10115.Z5.644,民国刘纪文、许淑珍与友人外出游泳留影,6—9 cm×8.8 cm—10.5 cm,1套5件,民国
635. 10116.Z5.645,1933年4月23日刘纪文在石牌中山公园举行野餐会照片,6—14 cm×8.4—19.4 cm,1套5件,民国
636. 10117.Z5.646,民国许淑珍在日本留影,8.5 cm×11.4 cm,民国
637. 10118.Z5.647,民国许淑珍与女性友人合影,11.9 cm×13.3 cm,4.7 cm×6.1 cm,1套2件,民国
638. 10119.Z5.648,民国刘纪文、许淑珍蜜月合影,19 cm×13 cm,1套2件,民国
639. 10120.Z5.649,民国刘纪文、许淑珍在相馆合影,15.2 cm×10.8 cm,11 cm×16.1 cm,1套2件,民国
640. 10121.Z5.650,民国刘纪文、许淑珍合影明信片,14 cm×8.9 cm,民国
641. 10122.Z5.651,民国刘纪文穿军训服与许淑珍合影,10.2 cm×8.6 cm,民国
642. 10123.Z5.652,民国刘纪文穿长袍与许淑珍合影,6.3—10.5 cm×5.6—11.1 cm,1套7件,民国
643. 10124.Z5.653,民国刘纪文、许淑珍在轮船上合影,7—11.4 cm×4.4—9.9 cm,1套4件,民国
644. 10125.Z5.654,民国邓光夏摄刘纪文、许淑珍泳装照,6 cm×8.8 cm,5.8 cm×8.4 cm,1套2件,民国
645. 10126.Z5.655,民国吴文华摄赠刘纪文、许淑珍合影,7.7 cm×9.5 cm,10.7 cm×8.3 cm,1套2件,民国
646. 10127.Z5.656,民国刘纪文穿西服与许淑珍合影,8.4—10.7 cm×5.5—12.9 cm,1套7件,民国
647. 10128.Z5.657,民国刘纪文、许淑珍夫妇合影,6.1 cm×4.2 cm,6.8 cm×6.1 cm,7.4 cm×10.7 cm,1套3件,民国
648. 10129.Z5.658,民国刘纪文、许淑珍与友人在轮船上合影,8.1—8.7 cm×10.8 cm—11.4 cm,1套6件,民国
649. 10130.Z5.659,民国刘纪文、许淑珍结婚资料相册,14.5 cm×21.4 cm×0.7 cm,民国
650. 10131.Z5.660,1935年3月12日广州市气象台开幕典礼合影,21.9 cm×28.3 cm,民国
651. 10134.Z5.661,民国刘纪文与同学张道藩、邵洵美、常玉、谢寿康合影,16.8 cm×21.4 cm,民国
652. 10135.Z5.662,民国廖梦醒赠三哥的孙中山、宋庆龄视察岭南大学照片,8.5 cm×11.8 cm,民国
653. 10136.Z5.663,1951年许淑珍在日本东京参加敬公六十三岁寿辰宴会照,14.8 cm×11 cm,1951年
654. 10186.Z5.664,1954年3月20日国民党第一届国民大会第二次会议粤籍出席代表合影,21.7 cm×88.5 cm,1954年
655. 10190.Z5.665,民国摄刘纪文1930年拟《首都道路系统图》照片,35.1 cm×28.7 cm,民国
656. 10191.Z5.666,1936年广东省会党政机关军事训练第三总队第九大队全体官长队员会操摄影,46.2 cm×59.6 cm,1936年
657. 10234.Z5.667,现代刘纪文中英文名片,10.2 cm×6.6 cm,10.2 cm×6.6 cm,8.8 cm×

5.5 cm,8.8 cm×5.5 cm,5.4 cm×9.1 cm,1套5件,现代

658. 10236.Z5.668,民国刘纪文、许淑珍与家人合影,32 cm×18.7 cm,民国
659. 10237.Z5.669,1947年10月世界基督教女青年会大会中国扩大会议合影,12.6 cm× 26.6 cm,1947年
660. 10238.Z5.670,1938年8月中国妇女慰劳会香港分会一周年纪念联欢大会合影, 20.7 cm×27.7 cm,1938年
661. 10239.Z5.671,民国广州市长刘纪文与夫人许淑珍与外国友人在广州市政府大楼前合影,24.2 cm×30.4 cm,民国
662. 10240.Z5.672,民国刘纪文、林云陔、许淑珍等与外国友人合影,22.3 cm×39.3 cm,民国
663. 10241.Z5.673,民国南京特别市公私立中学第一次演说竞进会优胜学生合影,14.5 cm× 20.3 cm,民国
664. 10242.Z5.674,1928年许淑珍与上海宴摩女校同学在毕业礼上合影,21.3 cm× 27.5 cm,16.8 cm×28.1 cm,15.2 cm×28.4 cm,1套3件,1928年
665. 10243.Z5.675,民国许淑珍与上海宴摩女校同学及老师的合影,21 cm×27.4 cm, 21.4 cm×27.6 cm,1套2件,民国
666. 10244.Z5.676,民国许淑珍与上海宴摩女校同学及老师的合影,8.6 cm×11.7 cm, 7.9 cm×10.6 cm,1套2件,民国
667. 10245.Z5.677,民国许淑珍与上海宴摩女校同学乐器表演合影,14.7 cm×20.7 cm,民国
668. 10246.Z5.678,1938年中国妇女慰劳将士后援会香港分会代表邓颖超、何香凝等人合影,20.5 cm×27.7 cm,1938年
669. 10354.Z5.679,民国孙中山身穿海陆军大元帅服像,像23.6 cm×15 cm,框30.8 cm× 18.2 cm,民国
670. 10355.Z5.680,民国中山先生治丧处赠给区垟烘的孙中山像,像22.2 cm×14.8 cm,框 28.2 cm×20.5 cm,民国

(六) 书 法 字 画

1. 0025.Z2.001,民国孙中山炭画像,107 cm×53 cm,民国
2. 0034.Z2.002,民国叶恭绰画竹石图,85 cm×31.8 cm,民国
3. 0035.Z2.003,民国章士钊书法,66 cm×33 cm,民国
4. 0036.Z2.004,民国朱庆澜书法,64 cm×27.3 cm,民国
5. 0037.Z2.005,民国陆幼刚画作,126.7 cm×67.3 cm,民国
6. 0038.Z2.006,民国田桓书法,49 cm×104 cm,民国
7. 0039.Z2.007,民国黎元洪书法对联,132.2 cm×31.8 cm,1套2件,民国
8. 0040.Z2.008,民国冯玉祥书法,120 cm×52.5 cm,民国
9. 0041.Z2.009,民国叶恭绰书法对联,131 cm×30.5 cm,1套2件,民国
10. 0042.Z2.010,民国戴季陶书法对联,132.2 cm×32 cm,1套2件,民国
11. 0043.Z2.011,民国马超俊书法,118 cm×34.7 cm,民国
12. 0044.Z2.012,民国邹鲁书法,77.5 cm×37.7 cm,民国
13. 0045.Z2.013,民国叶恭绰书法对联,130 cm×31.5 cm,1套2件,民国

14. 0046.Z2.014,民国唐绍仪书法,120 cm×42 cm,民国
15. 0047.Z2.015,民国李仙根书法,109.5 cm×37.4 cm,民国
16. 0048.Z2.016,民国孙中山书法"博爱",33.5 cm×58.6 cm,民国
17. 0049.Z2.017,民国胡毅生书法对联,83.8 cm×26.2 cm,1套2件,民国
18. 0050.Z2.018,民国林直勉书法对联,123 cm×20.8 cm,1套2件,民国
19. 0051.Z2.019,民国林直勉书法,88.3 cm×45 cm,1套2件,民国
20. 0052.Z2.020,民国李济深于"西南事变"时写的诗稿,88.3 cm×30.5 cm,民国
21. 0063.Z2.021,民国袁世凯半身画像,65.4 cm×45 cm,民国
22. 0064.Z2.022,民国胡毅生隶书条幅,47 cm×84 cm,民国
23. 0065.Z2.023,民国徐谦行书八言联,164 cm×35 cm,1套2件,民国
24. 0066.Z2.024,民国李仙根行书条幅,131 cm×31 cm,民国
25. 0067.Z2.025,民国金曾澄行书条幅,136 cm×34 cm,民国
26. 0068.Z2.026,2006年李卓祺隶书书法"帅府华辉"立轴,131 cm×65 cm,2006年
27. 5421.Z2.030,民国谢英伯楷书对联"说佳话鸳鸯共命,谱新词鱼水相欢",芯115 cm×33.8 cm,裱125 cm×37.3 cm,1套2件,民国
28. 5422.Z2.031,民国谢英伯楷书对联"画眉郎试画眉笔,薄媚娘添薄媚妆",145 cm×37.6 cm,1套2件,民国
29. 6238.Z2.032,1966年黄居素泛舟鲤鱼门外图,芯111.5 cm×34 cm,裱156 cm×43.5 cm,1966年
30. 6239.Z2.033,1968年黄居素山水画,芯57.6 cm×32.8 cm,裱111.5 cm×44 cm,1968年
31. 6240.Z2.034,民国邓龙光行草七言绝句,芯98.8 cm×34 cm,裱182.8 cm×43.5 cm,民国
32. 6241.Z2.035,1965年莫纪彭和旧金山《少年中国日报》黄绍汉诗句,43.8 cm×19 cm,1965年
33. 6242.Z2.036,现代莫纪彭行草七言绝句未定稿,67.5 cm×34.5 cm,现代
34. 6243.Z2.037,民国白崇禧赠祝常先生楷书书法条,66.7 cm×33 cm,民国
35. 6244.Z2.038,1948年孙科赠祝常先生行书乐府《长歌行》,125.5 cm×42.3 cm,1948年
36. 6245.Z2.039,1979年杜从戎行草于右任七言绝句,68.8 cm×25.5 cm,1979年
37. 6973.Z2.040,民国孙中山画像,25.5 cm×18.5 cm,民国
38. 7505.Z2.041,丙午年梁寒操赠伯平先生书法卷,芯130 cm×35.2 cm,裱165 cm×49.7 cm,丙午年
39. 7506.Z2.042,现代梁寒操赠文秀女士行草书法条幅,芯94.7 cm×28.8 cm,裱115.8 cm×40.7 cm,现代
40. 7507.Z2.043,中华人民共和国成立后梁寒操赠鸿儒先生行草书法条幅,芯100.6 cm×38.4 cm,裱121.0 cm×49.0 cm,中华人民共和国成立后
41. 7569.Z2.044,1947(丁亥)年居正致佑民先生行书条幅,芯68.0 cm×38.0 cm,裱116.5 cm×53.7 cm,1947年
42. 7570.Z2.045,民国梁寒操致许沾行草条幅,芯68.0 cm×33.3 cm,裱98.2 cm×43.8 cm,民国
43. 7571.Z2.046,民国于右任赠张敬之(字翰卿)《中庸》语录草书条幅,芯69.5 cm×34.8 cm,民国
44. 7572.Z2.047,民国张墨君题郑思肖(号所南)诗草书条幅(《写愤三首》其三),芯68.1 cm×45.8 cm,裱73.2 cm×49.2 cm,民国
45. 7573.Z2.048,民国梁寒操赠永堂先生行草条幅"庄敬自强",芯73.1 cm×39.8 cm,裱159.2 cm×51.1 cm,民国
46. 7625.Z2.049,民国关麟征草书五言联,148.4 cm×39.4 cm,1套2件,民国

47. 7626.Z2.050,民国叶公超赠明沛先生之子楷书条幅,89.5 cm×42.7 cm,民国
48. 7630.Z2.051,民国胡毅隶书节临夏承碑,20.2 cm×57.5 cm,民国
49. 7631.Z2.052,现代薛岳行草七言联,100.6 cm×23.1 cm,1套2件,现代
50. 7632.Z2.053,民国黄季陆行草蒋介石语录条幅,86.7 cm×46.8 cm,民国
51. 7633.Z2.054,1939年李仙根致敬堂隶书立轴(临汉简),芯67.1 cm×33.3 cm,裱153.5 cm×43.7 cm,1939年
52. 7634.Z2.055,1962年钱大钧致吉安篆书立轴,芯88.4 cm×21.1 cm,裱183.2 cm×37.5 cm,1962年
53. 7665.Z2.056,1979年田恒《墨竹图》条幅,芯71.4 cm×35.8 cm,裱94.5 cm×47.5 cm,1979年
54. 7675.Z2.057,民国黄杰录陆游诗赠墨南先生行书条幅,芯63.9 cm×28.9 cm,裱85.0 cm×38.0 cm,民国
55. 7779.Z2.027,1932年陈少白行书《别华山》七言诗斗方,26.2 cm×29.5 cm,1932年
56. 7780.Z2.028,民国叶恭绰草书苏轼词《观棋》条幅,88.5 cm×37.6 cm,民国
57. 7781.Z2.029,民国胡汉民手书"海珠桥"横匾,芯50.0 cm×149.1 cm,裱57.8 cm×214.0 cm,民国
58. 7799.Z2.058,清末通草画和尚敲钟,框19.6 cm×14.1 cm,芯12.4 cm×7.5 cm,清末
59. 7800.Z2.059,清末通草纸画农夫,框10.0 cm×7.5 cm,芯7.5 cm×5.0 cm,清末
60. 7801.Z2.060,清末通草纸画樵夫,框10.0 cm×7.6 cm,芯7.4 cm×5.0 cm,清末
61. 8003.Z2.061,民国廖青赠梁照林行草七言联,裱200.0 cm×43.5 cm,芯131.0 cm×30.8 cm,1套2件,民国
62. 8095.Z2.070,1945年戴季陶行书《宋子文先生五旬晋二寿序》,26.5 cm×378.5 cm,1945年
63. 8099.Z2.062,1931年姚礼修与赵浩为罗卓合绘"多子长寿"图,芯93.9 cm×32.9 cm,裱212.5 cm×44.6 cm,1931年
64. 8100.Z2.063,1931年卢子枢与黄少梅为罗艮斋合绘"齐眉图",芯93.9 cm×32.9 cm,裱213.0 cm×44.5 cm,1931年
65. 8101.Z2.064,1930(庚午)年黄般若与张虹为廷襄合绘"喜上眉梢"图,芯97.5 cm×34 cm,裱212 cm×44.5 cm,1930年
66. 8102.Z2.065,1930(庚午)年邓剑刚与黄金海为廷襄合绘"花鸟石"图,芯110.5 cm×52.5 cm,裱125 cm×66.8 cm,1930年
67. 8103.Z2.066,1932(壬申)年罗艮斋绘"乳糜供佛"图,芯120 cm×52.4 cm,裱151.7 cm×64.1 cm,1932年
68. 8104.Z2.067,1923(癸亥)年赵浩绘菊石图,芯93.9 cm×41.3 cm,裱120.1 cm×52.3 cm,1923年
69. 8105.Z2.068,1923(癸亥)年潘龢绘"群仙祝寿图",芯94.5 cm×41.4 cm,裱140.9 cm×52.5 cm,1923年
70. 8106.Z2.069,民国罗艮斋绘白衣观音黄少梅题版若波罗蜜多心经图,芯54 cm×29.1 cm,裱91.3 cm×42.2 cm,民国
71. 8109.Z2.071,民国孙科赠鸿骏先生九字行书,芯63.1 cm×32.4 cm,裱87.6 cm×49.2 cm,民国
72. 8110.Z2.072,民国汪兆镛赠俭初先生行书,芯109.1 cm×48.3 cm,裱136 cm×66 cm,民国
73. 8111.Z2.073,1990年吴斌赠慎安隶书四字联,芯130 cm×33.5 cm,裱161 cm×44 cm,1套2

件,1990 年

74. 8112.Z2.074,1883 年冯镜如行书七言绝句立轴,芯 149.5 cm×39 cm,裱 208.5 cm× 54.6 cm,1883 年

75. 8113.Z2.075,1938 年张之英赠叔重先生楷书立轴,芯 130.8 cm×30.9 cm,裱 232.5 cm× 48.7 cm,1938 年

76. 8915.Z2.076,民国林直勉为古应芬作隶书五言联,芯 290.9 cm×23.2 cm,裱 316.5 cm× 74.7 cm,1 套 2 件,民国

77. 8917.Z2.077,民国吴子玉题跋荷花图立轴,芯 137.3 cm×51.4 cm,裱 163 cm×63 cm,民国

78. 8918.Z2.078,民国古应芬行草诗赠刘纪文,芯 145.8 cm×38 cm,裱 179.2 cm×51.5 cm,民国

79. 8919.Z2.079,1913 年姚礼修(粟若)赠古应芬山水画立轴,芯 109.6 cm×41.4 cm,裱 231 cm× 53.7 cm,1913 年

80. 8920.Z2.080,1923 年 10 月罗宪赠古应芬花卉小中堂,芯 21.6 cm×37.8 cm,裱 202.5 cm× 50 cm,1923 年

81. 8921.Z2.081,民国林直勉隶书七言联赠古应芬"黄金购画不问贾,白水明心何有他",芯 126.3 cm×21.7 cm,裱 150 cm×26.2 cm,1 套 2 件,民国

82. 8922.Z2.082,民国林直勉隶书节略杨怀表纪赠古应芬隶书四屏,芯 67.5 cm×35.5 cm, 裱 169 cm×37 cm,1 套 4 件,民国

83. 8923.Z2.083,1930 年古应芬行书七言诗赠陆匡文,芯 165.6 cm×35.2 cm,裱 209 cm× 51.4 cm,1930 年

84. 8924.Z2.084,民国简经纶隶书李夫人墓志铭赠古应芬,芯 131 cm×40.4 cm,裱 261 cm×53.3 cm, 民国

85. 8925.Z2.085,民国邓泽如篆书修身语录赠古湝,芯 133 cm×32.7 cm,裱 254.5 cm×46.6 cm, 民国

86. 8926.Z2.086,1922 年 5 月张人杰作山水画赠古应芬,芯 72.5 cm×39.9 cm,裱 213 cm× 49 cm,1922 年

87. 8927.Z2.087,1924 年 1 月汪精卫行书七律赠古应芬,芯 128.1 cm×31.3 cm,裱 252.5 cm× 43.1 cm,1924 年

88. 8928.Z2.088,民国谭延闿七言联"诸生著录推楼望,幕府酬诗得杜陵",芯 168.4 cm×34.5 cm, 裱 214 cm×38.6 cm,1 套 2 件,民国

89. 9084.Z2.089,民国徐崇灏书法,裱 207.5 cm×51.8 cm,芯 79.5 cm×35.4 cm,民国

90. 9128.Z2.090,19 世纪广州外销通草水彩画册,画 7.5—22.8 cm×7.5—17.8 cm,册 27.4 cm×21.7 cm,19 世纪

91. 9129.Z2.091,19 世纪广州外销花鸟图通草水彩画册,画 4.6—27 cm×5.2—19.2 cm,册 29.4 cm×24.5 cm,19 世纪

92. 9130.Z2.092,19 世纪广州外销刑法图通草水彩画册,画 25.1—11.4 cm×18.7—19 cm, 册 26 cm×25.1—11.4 cm,19 世纪

93. 9131.Z2.093,19 世纪广州外销人物瓜果图通草水彩画册,画 21.8—28 cm×14—19 cm, 册 34.7 cm×28.2 cm,19 世纪

94. 9132.Z2.094,清末戏剧图通草画册,册 25.1 cm×27.2 cm,厚 1.4 cm,画芯 22 cm×34 cm,清末

95. 9133.Z2.095,清末花鸟图通草画册,册 25 cm×32.5 cm,厚 1 cm,画芯 21.5 cm×29 cm,清末

96. 9134.Z2.096,清末花卉蝴蝶轮船图通草画册,册 25.7 cm×33.5 cm,厚 1.2 cm,画芯 23 cm×31.8 cm,清末
97. 9135.Z2.097,清末花鸟轮船图通草画册,册 25.7 cm×33.5 cm,厚 1.2 cm,画芯 23 cm×31.2 cm,清末
98. 9136.Z2.098,清末花鸟图轮船图通草画册,25.6 cm×33.5 cm,厚 1 cm,画芯 22.5 cm×31.8 cm,清末
99. 9137.Z2.099,清末花鸟图通草画,17 cm×25 cm,1 套 12 件,清末
100. 9138.Z2.100,清末船图通草画(有商标),册 21.5 cm×32.3 cm,画 18.1 cm×27.5 cm,清末
101. 9139.Z2.101,清末鱼图通草画,19.1 cm×26.5 cm,1 套 5 件,清末
102. 9140.Z2.102,清末花卉图通草画,16 cm×20.6 cm,1 套 8 件,清末
103. 9141.Z2.103,清末市井风情图通草画,8.8 cm×13.2 cm,1 套 12 件,清末
104. 9142.Z2.104,清末"诸葛亮计擒孟获"图,框 55 cm×44.5 cm,画芯 37 cm×27.6 cm,清末
105. 9143.Z2.105,清末"刘皇叔荒村遇水精"图,框 55 cm×44.5 cm,画芯 37 cm×27.6 cm,清末
106. 9144.Z2.106,清末花船油画,32 cm×43.8 cm,清末
107. 9145.Z2.107,清末广州车艉炮台图油画,32.5 cm×44 cm,清末
108. 9146.Z2.108,清末广州琶洲塔港口图油画,40.5 cm×32.8 cm,清末
109. 9147.Z2.109,清末断塔图油画,22 cm×33 cm,清末
110. 9148.Z2.110,清末广州琶洲塔港口图水彩画,22.7 cm×29.8 cm,清末
111. 9149.Z2.111,清末拱桥河涌图水彩画,22.4 cm×29.6 cm,清末
112. 9150.Z2.112,清末祠堂旗杆图水彩画,22.7 cm×29.8 cm,清末
113. 9151.Z2.113,清末庭院楼阁仕女图油画,56 cm×69 cm,清末
114. 9152.Z2.114,清末庭院楼阁玩耍牌九图画,25.7 cm×36.1 cm,清末
115. 9153.Z2.115,清末庭院仕女下棋图画,26 cm×36.1 cm,清末
116. 9154.Z2.116,清末庭院仕女图画,25.8 cm×36 cm,清末
117. 9155.Z2.117,清末海山仙舫图画,22.7 cm×29.5 cm,清末
118. 9371.Z2.118,清末仕女图通草画册,册 26.1 cm×19.7 cm,画 23.5 cm×16.4 cm,清末
119. 9372.Z2.119,清末缎面封皮花鸟风景图通草画册,册 25.2 cm×37 cm,画 22 cm×34.6 cm,清末
120. 9373.Z2.120,清末乡村风景与帆船江景通草画册,册 24.7 cm×32 cm,画 19.8 cm×28.3 cm,清末
121. 9374.Z2.121,清末销售及市井风俗图通草画册,册 26 cm×37 cm,画 20.1 cm×34 cm,清末
122. 9375.Z2.122,清末制茶图通草画册,册 24.8 cm×37.1 cm,画 21 cm×34 cm,清末
123. 9376.Z2.123,清末制茶图通草画册,册 30.2 cm×24.8 cm,画 28 cm×19.4 cm,清末
124. 9377.Z2.124,清末海螺图通草画,册 24.7 cm×32.2 cm,画 20.2 cm×30 cm,清末
125. 9378.Z2.125,清末武士图通草画,册 32.4 cm×22.5 cm,画 30.6 cm×20.5 cm,清末
126. 9379.Z2.126,清末小贩行业图通草画,册 25.5 cm×33 cm,画 20 cm×27.8 cm,清末
127. 9380.Z2.127,清末花卉飞禽昆虫瓜果图通草画册,册 23.5 cm×30.4 cm,画 19 cm×26.5 cm,清末
128. 9402.Z2.128,1937 年朱庆澜给爱林行书书法,132.5 cm×33.7 cm,1937 年
129. 9403.Z2.129,民国梁锦汉给爱林的行书书法,135 cm×33.9 cm,民国

130. 9421.Z2.130,清末鸦片劝诫题材通草画册,23 cm×34.4 cm,清末
131. 9422.Z2.131,清末市井风情题材线描画册,26.2 cm×30 cm,清末
132. 9423.Z2.132,清末黑漆描金庭院人物纹折扇,半径24 cm,厚3 cm,宽2.5 cm,清末
133. 9424.Z2.133,清末山水题材通草画,19.5 cm×29.7 cm,1套8件,清末
134. 9425.Z2.134,清末菩提叶水彩画册,册23 cm×34.5 cm,叶16—19.5 cm×9.5—12 cm,1套47件,清末
135. 9426.Z2.135,清末煜呱通草画册,册11.5 cm×17.5 cm,画8.8 cm×14.8 cm,1套12件,清末
136. 9427.Z2.136,清末市井生活题材通草水彩画,32—34.4 cm×19.5—22 cm,1套10件,清末
137. 9441.Z2.146,1929年戴传贤楷书八言联,芯127.3 cm×15.8 cm,裱156.8 cm×22.7 cm,1套2件,1929年
138. 9442.Z2.147,民国戴传贤行书五言诗,105.2 cm×28.4 cm,民国
139. 9443.Z2.148,民国刘纪文题跋许淑珍山水画,芯65.8 cm×43 cm,裱113.8 cm×54.2 cm,民国
140. 9567.Z2.233,民国陈融行书七言联,芯167.8 cm×36 cm,裱211.9 cm×51 cm,1套2件,民国
141. 9568.Z2.150,民国陈融行书四条屏,芯126.5 cm×30.8 cm,裱170 cm×36.7 cm,1套4件,民国
142. 9569.Z2.151,民国戴季陶行书赠陆匡文,芯64.8 cm×30.3 cm,裱106.1 cm×44.5 cm,民国
143. 9570.Z2.152,民国于右任行书"持论展寸心"条幅,芯144 cm×28.8 cm,裱180.1 cm×53.1 cm,民国
144. 9831.Z2.153,1940年4月18日李仙根赠许淑珍行草"陈氏女从军行"条幅,64.6 cm×34 cm,1940年
145. 9832.Z2.154,1936年3月胡汉民赠刘纪文行书诗横,芯64.3 cm×120.5 cm,裱70.5 cm×174 cm,1936年
146. 9833.Z2.155,1933年秋萧佛成行书"芝兰室"横幅,芯32.1 cm×101 cm,裱38.1 cm×135.5 cm,1933年
147. 9834.Z2.156,1933年秋萧佛成赠刘纪文行书五言联,芯120.7 cm×23.7 cm,裱156 cm×29 cm,1套2件,1933年
148. 9849.Z2.157,民国刘纪文藏朱执信行书"读汉书八首"及名人题签册页,34 cm×21.2 cm,厚3.5 cm,民国
149. 10171.Z2.159,现代许淑珍黄山山水画轴,芯104.9 cm×51.5 cm,裱220.5 cm×69.6 cm,现代
150. 10172.Z2.160,民国胡毅生行书五言联赠刘纪文,芯96.1 cm×25.7 cm,裱100.4 cm×30.1 cm,1套2件,民国
151. 10173.Z2.161,民国戴季陶楷书七言联赠刘纪文,115.7 cm×27.1 cm,1套2件,民国
152. 10174.Z2.162,1930年陈融行书四条屏赠刘纪文,167.3 cm×37.7 cm,1套4件,1930年
153. 10175.Z2.163,民国林直勉隶书六言联赠刘纪文,芯112 cm×21 cm,裱138.8 cm×24.2 cm,1套?件,民国
154. 10176.Z2.164,1941(辛巳)年邹鲁墨竹图赠许淑珍,69.2 cm×25.8 cm,1941年
155. 10177.Z2.165,民国林森赠刘纪文"汉泰山都尉孔庙碑"隶书条幅,芯151.5 cm×40.9 cm,裱191.9 cm×56 cm,民国

156. 10178.Z2.166,1936（丙子）年居正赠刘纪文行书七律条幅,芯109.7 cm×54.1 cm,裱149.2 cm×61.5 cm,1936年
157. 10179.Z2.167,民国于右任赠许淑珍草书《浣溪沙》条幅,133.8 cm×67.2 cm,民国
158. 10180.Z2.168,民国胡毅生赠刘纪文七律行书"天师伺后洗心泉"条幅,105.4 cm×57.1 cm,民国
159. 10181.Z2.169,民国叶楚伧赠刘纪文七律行书条幅,113.2 cm×56 cm,民国
160. 10182.Z2.170,1935年7月戴季陶赠刘纪文楷书成扇,33.1 cm×53 cm,1935年
161. 10183.Z2.171,1942（壬午）年傅焕光赠刘纪文行书西北谚语条幅,32.3 cm×111.4 cm,1942年
162. 10184.Z2.172,民国杜耀垣赠刘纪文行书七绝条幅,71 cm×33.6 cm,民国
163. 10185.Z2.173,民国谭延闿赠刘纪文行书《礼记·礼运篇》节录条幅,芯65.8 cm×32.8 cm,裱115.4 cm×53.2 cm,民国
164. 10187.Z2.174,1959（乙亥）年许淑珍画《虚心延寿》图,96.1 cm×34.6 cm,1959年
165. 10188.Z2.175,1959（乙亥）年许淑珍画《江山秋晚》图,79 cm×29.7 cm,1959年
166. 10189.Z2.176,现代许淑珍画山水垂钓图,56.5 cm×34 cm,现代
167. 10192.Z2.177,民国许淑珍竹鸟图轴,芯68 cm×39.1 cm,裱108.3 cm×47 cm,民国
168. 10193.Z2.178,1929年戴季陶赠刘纪文楷书总理遗教节录条幅,芯137.9 cm×44.2 cm,裱168.1 cm×58.6 cm,1929年
169. 10194.Z2.179,民国张伯珍赠刘纪文篆书五言联,172.5 cm×43.8 cm,1套2件,民国
170. 10195.Z2.180,民国许淑珍山水人物画,67 cm×34.5 cm,民国
171. 10196.Z2.181,民国刘纪文炭画像,65 cm×50 cm,民国
172. 10197.Z2.182,1917（丁巳）年高奇峰画《柳塘春晓图》轴,芯109.5 cm×39.5 cm,裱230 cm×53.4 cm,1917年
173. 10199.Z2.183,现代许淑珍山水画横幅,芯25.6 cm×43.5 cm,裱35.6 cm×63.2 cm,现代
174. 10200.Z2.184,民国居正赠许淑珍楷书七言联,芯133 cm×32.1 cm,裱165.7 cm×34 cm,1套2件,民国
175. 10201.Z2.185,1948（戊子）年许淑珍山水画轴,芯90.1 cm×41.4 cm,裱136 cm×54.3 cm,1948年
176. 10202.Z2.186,1941年戴季陶赠"育德斋四箴"楷书条幅,芯63.3 cm×27.8 cm,裱93.5 cm×40.4 cm,1941年
177. 10203.Z2.187,1930年谭延闿赠刘纪文"洞庭春色赋"行书四条屏,芯129.5 cm×30.1 cm,裱152.0 cm×38 cm,1套4件,1930年
178. 10204.Z2.188,1936（丙子）年邹鲁水墨兰石图轴,芯130.5 cm×63.9 cm,裱234.5 cm×65.9 cm,1936年
179. 10205.Z2.189,民国许淑珍水墨山水条幅,芯111 cm×57.7 cm,裱139 cm×73 cm,民国
180. 10206.Z2.190,民国许淑珍山水条幅,芯103.2 cm×46.5 cm,裱131 cm×61.6 cm,民国
181. 10207.Z2.191,1935（乙亥）年许淑珍"髯龙落落不凡材"条幅,芯68.9 cm×32.7 cm,裱91.2 cm×43.1 cm,1935年
182. 10208.Z2.192,1936年居正赠许淑珍七律行书横幅,芯31.1 cm×129 cm,裱37 cm×156 cm,1936年

183. 10209.Z2.193,民国胡毅生赠刘纪文隶书条幅,芯 65.1 cm×32.5 cm,裱 91.2 cm×45.5 cm,民国
184. 10210.Z2.194,民国许淑珍"松下高树图"条幅,芯 57.1 cm×27.5 cm,裱 78.6 cm×38.1 cm,民国
185. 10211.Z2.195,民国商衍鎏赠许淑珍行书条幅,芯 85.6 cm×46.7 cm,裱 107.2 cm×57.8 cm,民国
186. 10212.Z2.196,现代许淑珍着色山水条幅,芯 39.3 cm×20.7 cm,裱 52.1 cm×26.5 cm,现代
187. 10213.Z2.197,现代许淑珍水墨山水条幅,芯 66 cm×26.5 cm,裱 94 cm×35.9 cm,现代
188. 10214.Z2.198,现代许淑珍着色"柳亭图"条幅,芯 39.2 cm×22.9 cm,裱 60.8 cm×33 cm,现代
189. 10215.Z2.199,民国廖仲恺赠刘纪文行书条幅,芯 151.6 cm×40.8 cm,裱 179.5 cm×51.9 cm,民国
190. 10216.Z2.200,现代许淑珍"柳荫垂钓图"条幅,芯 57 cm×27.5 cm,裱 78.4 cm×38.2 cm,现代
191. 10217.Z2.201,民国林森赠刘纪文行书五言诗轴,芯 133.7 cm×62.4 cm,裱 202.2 cm×77.8 cm,民国
192. 10218.Z2.202,民国沈尹默行书黄庭坚《题陈迟雪扇》条幅,芯 65 cm×32.4 cm,裱 91.8 cm×43.8 cm,民国
193. 10219.Z2.203,现代许淑珍着色山水条幅,芯 98.7 cm×50.4 cm,裱 125.8 cm×65.3 cm,现代
194. 10220.Z2.204,现代许淑珍着色"迎客松图"条幅,芯 33.2 cm×43.2 cm,裱 59 cm×56.6 cm,现代
195. 10221.Z2.205,现代许淑珍着色"野渡图"条幅,芯 65.5 cm×30.2 cm,裱 91.2 cm×43 cm,现代
196. 10222.Z2.206,1915(乙卯)年李立群画赠刘纪文、胡毅生题诗扇面,20.9 cm×52.1 cm,1915 年
197. 10223.Z2.207,1932 年 7 月陈融楷书裴子野《女史箴》扇面,17.4 cm×44.4 cm,1932 年
198. 10224.Z2.208,1976(丙辰)年黄维琩题签许淑珍画"美意延年"条幅,芯 56 cm×41.5 cm,裱 65.5 cm×48.2 cm,1976 年
199. 10225.Z2.209,1947 年赵少昂赠刘纪文花鸟斗方,芯 29.6 cm×36.4 cm,裱 39.8 cm×54.6 cm,1947 年
200. 10226.Z2.210,1947 年赵少昂赠许淑珍花鸟斗方,芯 29.6 cm×36.4 cm,裱 39.8 cm×54.6 cm,1947 年
201. 10227.Z2.211,1928 年陈树人赠刘纪文着色绘树图条幅,芯 104 cm×36.2 cm,裱 133.3 cm×50.8 cm,1928 年
202. 10247.Z2.212,1927 年蒋介石赠刘纪文行书"至诚无息"横幅,芯 37.2 cm×134 cm,裱 47.7 cm×157.5 cm,1927 年
203. 10248.Z2.213,民国孙中山楷书"知难行易"横幅,芯 39.1 cm×148.3 cm,民国
204. 10262.Z2.215,现代黄君璧题许淑珍绘"威震八方"条幅,芯 114.8 cm×67.7 cm,裱 139.8 cm×76.2 cm,现代
205. 10263.Z2.216,1947(丁亥)年黄君璧绘赠许淑珍"峨眉金顶"横幅,芯 44.5 cm×72.7 cm,

裱 56.8 cm×97.4 cm,1947 年

206. 10264.Z2.217,1951(辛卯)年刘纪文赠刘良栋隶书扇面,芯 21 cm×49.8 cm,裱 38.1 cm×63.2 cm,1951 年
207. 10265.Z2.218,1951(辛卯)年许淑珍赠刘良栋花树扇面,芯 21.3 cm×50 cm,裱 38.1 cm×63 cm,1951 年
208. 10266.Z2.219,现代许淑珍着色"竹蝶图"横幅,芯 26 cm×32.8 cm,裱 31.8 cm×44.8 cm,现代
209. 10267.Z2.220,1983(癸亥)年黄维瑄赠刘良栋李白诗《送友人》楷书团扇面,芯直径 23.7 cm,裱 33.2 cm×38.2 cm,1983 年
210. 10268.Z2.221,1976(丙辰)年黄维瑄赠许淑珍四言诗隶书团扇面,芯直径 23.7 cm,裱 33 cm×38.2 cm,1976 年
211. 10269.Z2.222,现代许淑珍水墨山水横幅,芯 30.7 cm×107.5 cm,裱 41.8 cm×136.5 cm,现代
212. 10270.Z2.223,现代许淑珍"昙花图"条幅,芯 55.9 cm×35.3 cm,裱 71.2 cm×56.2 cm,现代
213. 10271.Z2.224,1935(乙亥)年顾树森赠刘纪文"墨竹图"条幅,芯 110.3 cm×58.8 cm,裱 132.2 cm×63.6 cm,1935 年
214. 10272.Z2.225,现代许淑珍水墨山水条幅,芯 78.5 cm×28.6 cm,裱 104.5 cm×43.5 cm,现代
215. 10273.Z2.226,现代许淑珍"石榴图"条幅,芯 83 cm×28.1 cm,裱 105.4 cm×39.3 cm,现代
216. 10274.Z2.227,1962(壬寅)年黄君璧"绿水青山"图条幅,芯 69 cm×37.2 cm,裱 91.8 cm×52.7 cm,1962 年
217. 10275.Z2.228,民国陈融赠刘纪文宋朝王令律师三首行书扇面,20.6 cm×52.6 cm,民国
218. 10276.Z2.229,1947(丁亥)年刘纪文题许淑珍绘山水条幅,芯 86 cm×30.4 cm,裱 101.5 cm×44.3 cm,1947 年
219. 10277.Z2.230,1957(丁酉)年黄君璧赠刘恩华山水条幅,芯 57.4 cm×29.3 cm,裱 80.6 cm×39.1 cm,1957 年
220. 10278.Z2.231,1949(乙丑)年刘纪文题许淑珍绘"无量寿图"条幅,芯 61.5 cm×29 cm,裱 76.4 cm×37.9 cm,1949 年
221. 10279.Z2.232,现代许淑珍墨笔山水画,芯 109 cm×94.8 cm,裱 255 cm×114.5 cm,现代

(七)广告标签

1. 0075.Z3.014,民国时期火花集锦,3.8—4 cm×2.9—6.6 cm,1 套 412 件,民国
2. 0081.Z3.020,民国"地球"牌商标宣传画,23.3 cm×18.2 cm,民国
3. 0082.Z3.021,民国山东裕兴颜料厂股份有限公司宣传画,18.2 cm×12 cm,1 套 2 件,民国
4. 0136.Z3.038,民国上海华成烟公司印制百丑图香烟画片,6.1 cm×3.8 cm,1 套 100 件,民国
5. 0137.Z3.039,民国上海华成烟公司印制续百丑图香烟画片,6.1 cm×3.8 cm,1 套 100 件,民国
6. 0138.Z3.040,民国哈德门烟公司印制京剧人物香烟画片,6.3 cm×3.5 cm,1 套 76 件,民国
7. 0139.Z3.041,民国英美烟草公司品海(Pin Head)牌水浒人物香烟画片,6.2 cm×3.6 cm,1 套 83 件,民国
8. 0140.Z3.042,民国南洋兄弟烟草印制十九路军抗日香烟画片,3.3 cm×5.6 cm,1 套 28 件,民国

9. 0141.Z3.043,民国中国侨商烟公司印制武松传香烟画片,4.5 cm×6.5 cm,1套10件,民国
10. 0142.Z3.044,民国中国中和烟公司印制十二月花神香烟画片,6 cm×3.4 cm,1套12件,民国
11. 0143.Z3.045,民国美女图香烟画片之印样,15.6 cm×24.6 cm,民国
12. 0144.Z3.046,民国华成烟公司印制京剧脸谱百丑图香烟画片,6.1 cm×3.6 cm,1套100件,民国
13. 0145.Z3.047,清末英美烟草公司品海牌清代各行各业香烟画片(第二组),3.7 cm×6.3 cm,1套50件,清末
14. 0146.Z3.048,清末英美烟草公司品海"三百六十行"香烟画片(第三组),3.7 cm×6.3 cm,1套50件,清末
15. 0147.Z3.049,清末英美烟草公司地球牌"三百六十行"香烟画片,3.7 cm×6.3 cm,1套68件,清末
16. 0148.Z3.050,民国"老刀牌"海外百业彩色香烟画片,6.4 cm×3.4 cm,1套50件,民国
17. 0149.Z3.051,清末品海牌"香烟生产销售过程"大画片,14 cm×20.6 cm,1套12件,清末
18. 0150.Z3.052,民国英美烟草公司印制名伶代表剧目香烟画片,6.2 cm×3.1 cm,1套40件,民国
19. 0151.Z3.053,民国中国友宁烟厂印制西游记人物香烟画片,6.6 cm×5.1 cm,1套30件,民国
20. 0152.Z3.054,民国永泰和烟草红宝石皇后牌儿童游戏香烟画片,6.3 cm×3.7 cm,1套30件,民国
21. 0153.Z3.055,民国中国古桥香烟画片,5.3 cm×6.9 cm,1套30件,民国
22. 0154.Z3.056,民国英美烟公司印制西厢记香烟画片,5.1 cm×6.7 cm,1套20件,民国
23. 0155.Z3.057,民国张荻寒绘制华成烟公司金鼠牌香烟广告设计稿,28.5 cm×35.9 cm,民国
24. 0156.Z3.058,民国英美烟公司印制三国志人物香烟画片,6.2 cm×3.6 cm,1套150件,民国
25. 0157.Z3.059,民国历代名女香烟画片,6.4 cm×3.5 cm,1套105件,民国
26. 0158.Z3.060,民国英美烟公司印制古代百美图香烟画片,6.3 cm×3.6 cm,1套40件,民国
27. 0159.Z3.061,民国中国名胜风景大画片,22.3 cm×14 cm,1套36件,民国
28. 0160.Z3.062,民国英美烟公司老刀牌成语与谚语香烟小画片,3.6 cm×6.2 cm,1套50件,民国
29. 0161.Z3.063,民国历代传奇女子香烟小画片,3.6 cm×6.3 cm,1套48件,民国
30. 0162.Z3.064,清末民初"老刀牌"历代历史名人香烟小画片,6.7 cm×4 cm,1套50件,清末民初
31. 0163.Z3.065,清末民初"孔雀牌"中国古塔香烟画片,6.2 cm×3.6 cm,1套20件,清末民初
32. 0164.Z3.066,清末民初中国大东烟草公司二十四孝香烟画片,6.1 cm×3.7 cm,1套24件,清末民初
33. 0165.Z3.067,民国儿童识字香烟画片,6.3 cm×3.8 cm,1套99件,民国
34. 0166.Z3.068,清末民初历史故事香烟画片,6.2 cm×3.5 cm,1套48件,清末民初
35. 0167.Z3.069,清末民初大新烟草公司印制水浒人物画香烟画片,6.4 cm×4.6 cm,1套107件,清末民初
36. 0168.Z3.070,清末民初英美烟公司印制岳飞传香烟画片,5 cm×6.7 cm,1套40件,清末民初
37. 0169.Z3.071,清末民初 W.D&H.O.WILLS 公司印制花卉香烟画片,6.7 cm×3.5 cm,1套50件,清末民初

38. 0170.Z3.072,民国中国名胜香烟画片,5 cm×6.7 cm,1套52件,民国
39. 0226.Z3.084,民国香港大新有限公司广告纸,24.9 cm×30.4 cm,民国
40. 0227.Z3.085,民国广州西提大新有限公司广告纸,42.1 cm×57.8 cm,民国
41. 0228.Z3.086,1920年广州市十八甫万春园参茸宁神丸广告纸,27.8 cm×21.4 cm,1920年
42. 0230.Z3.088,民国广州东亚大酒店广告封,18.1 cm×9.5 cm,民国
43. 0243.Z3.101,民国广州市真光公司照相馆广告包装袋,18.6 cm×14.3 cm,民国
44. 0253.Z3.111,民国广州中华戏院粤剧宣传单,32.6 cm×25.2 cm,民国
45. 0268.Z3.126,民国广州新昌百货行广告包装纸,38.7 cm×40.1 cm,民国
46. 0276.Z3.134,1922年先施保险置业有限公司日历广告画,38.1 cm×108.2 cm,1922年
47. 1103.Z3.791,民国商办广东省城第一劝业场广告纸,32 cm×24 cm,民国
48. 1950.Z3.790,民国商办广东省城第一劝业场广告纸,28.3 cm×21.8 cm,民国
49. 1974.Z3.811,民国鸿安至平柴老铺广告纸,26 cm×20.4 cm,民国
50. 1981.Z3.816,1941年广东迁善堂广告标,9.4 cm×13.7 cm,1941年
51. 1982.Z3.817,民国黄耀南药行广告纸,52.6 cm×52.4 cm,民国
52. 1984.Z3.819,民国广州崇佛氏药房广告纸,21 cm×22.2 cm,民国
53. 1988.Z3.822,民国广州协昌天响水药行广告纸,26 cm×20.5 cm,民国
54. 2002.Z3.838,民国怡泰丝发商店广告纸,30.6 cm×34.1 cm,民国
55. 2004.Z3.840,民国省城蛇王礼广告纸,31.5 cm×28 cm,民国
56. 2005.Z3.841,民国华盛老号十足金叶首饰铺广告纸,32.2 cm×28 cm,民国
57. 2009.Z3.845,民国祝生丸功用服法广告纸,24.5 cm×21.7 cm,民国
58. 2010.Z3.846,民国传家宝创制龙利叶止咳丸广告纸,22.5 cm×16.5 cm,民国
59. 2011.Z3.847,民国万应保济丸广告纸,21 cm×28 cm,民国
60. 2012.Z3.848,民国广州生隆昌广告纸,17 cm×26 cm,民国
61. 2019.Z3.854,民国广州何大珍笔庄广告纸,21 cm×12.5 cm,民国
62. 2021.Z3.856,民国粤东仁经号广告纸,15.8 cm×22.3 cm,民国
63. 2024.Z3.859,民国伍华源老号广告纸,25.4 cm×19.5 cm,民国
64. 2025.Z3.860,民国粤东何明性堂广告纸,7.4 cm×12.4 cm,民国
65. 2028.Z3.864,民国天喜堂老牌调经丸广告纸,18.8 cm×15.9 cm,民国
66. 2030.Z3.866,民国二友药制牙膏广告纸,17 cm×21.7 cm,民国
67. 2031.Z3.867,民国二天堂大药行广告纸,44.5 cm×39.5 cm,民国
68. 2032.Z3.868,民国二天堂大药行广告纸,29.3 cm×27 cm,民国
69. 2039.Z3.873,民国天良堂参茸庄广告纸,15.3 cm×26.8 cm,民国
70. 2040.Z3.874,民国粤东罗奇生广告纸,18.5 cm×9 cm,民国
71. 2041.Z3.875,民国粤东大旅店广告纸,8.5 cm×12.5 cm,民国
72. 2042.Z3.876,民国粤东万生行活佛果灵油广告纸,17 cm×26 cm,民国
73. 2057.Z3.891,1919年实业大药房宣传单,10.9 cm×15.3 cm,1919年
74. 2061.Z3.894,民国省港澳星屈臣专灭白蚁公司广告纸,29.7 cm×21 cm,民国
75. 2062.Z3.895,民国梁永馨药房广告纸,31.7 cm×22.5 cm,民国
76. 2064.Z3.896,民国福记藤喼厂广告纸,8 cm×12 cm,民国
77. 2065.Z3.897,民国上海德商爱礼司洋行司马牌硫酸亚肥料广告纸,26.5 cm×39.1 cm,民国

78. 2067.Z3.899,民国乐鹏云记双旗牌广告纸,25.6 cm×18.4 cm,民国
79. 2069.Z3.901,民国班中崩牙成广告纸,32.7 cm×28.3 cm,民国
80. 2070.Z3.902,民国大同大酒家广告纸,38.5 cm×26 cm,民国
81. 2072.Z3.904,民国灵芝大药房广告纸,13.3 cm×18.6 cm,民国
82. 2074.Z3.906,民国林耀记飞马牌铁墨盒广告纸,25.8 cm×21.5 cm,民国
83. 2075.Z3.907,民国德成金殿牌广告纸,26 cm×17.7 cm,民国
84. 2078.Z3.908,民国江门阜昌公司酥化杏仁饼广告纸,16.1 cm×14.5 cm,民国
85. 2079.Z3.909,民国江门阜昌杏仁饼公司广告纸,15.6 cm×45 cm,民国
86. 2083.Z3.911,民国奶妈二痔积散广告纸,17.5 cm×9.3 cm,民国
87. 2084.Z3.912,民国百元堂冰麝庄广告纸,11.9 cm×18.8 cm,民国
88. 2088.Z3.915,民国广州美英隆广告纸,15.4 cm×9.8 cm,民国
89. 2089.Z3.916,民国省澳显记饼家广告纸,25.7 cm×34.9 cm,民国
90. 2090.Z3.917,民国岐生园广告纸,32.5 cm×14.5 cm,民国
91. 2093.Z3.920,民国广州伟连氏香皂厂宣传单,18.2 cm×13.9 cm,民国
92. 2094.Z3.921,民国广州太平药行广告纸,17.9 cm×13 cm,民国
93. 2110.Z3.931,民国万春园广告纸,20.7 cm×25.5 cm,民国
94. 2123.Z3.935,民国顺隆祥广告纸,27.8 cm×31.2 cm,民国
95. 2131.Z3.943,民国华洋公司糖果饼干广告纸,33.5 cm×21.8 cm,民国
96. 2132.Z3.944,民国广州三昌公司丝发产品广告纸,59.8 cm×44.5 cm,民国
97. 2285.Z3.991,民国广州市詹瑞兰墨广告纸,21.4 cm×19.4 cm,民国
98. 2286.Z3.992,民国广州市高元登笔庄广告纸,12.2 cm×6.7 cm,民国
99. 2287.Z3.994,民国广东中山县兄弟牙科分馆广告纸,19.7 cm×17.9 cm,民国
100. 2292.Z3.999,民国鹰唛牛奶广告纸,18.3 cm×21.8 cm,民国
101. 2293.Z3.1000,民国广东开平赤坎华英墨水笔行广告纸,26.5 cm×15.5 cm,民国
102. 2321.Z3.1025,民国广州下九甫三凤粉庄三凤班粉广告纸,13.4 cm×13.2 cm,民国
103. 2329.Z3.1032,民国爱礼司洋行狮马牌和合肥田粉宣传单,39 cm×26.4 cm,民国
104. 2331.Z3.1033,民国发隆饼家宣传纸,16.8 cm×9.7 cm,民国
105. 2332.Z3.1034,民国广州东雅印务有限公司广告纸,15.1 cm×11 cm,民国
106. 2338.Z3.1036,民国梁永馨药行广告纸,31.5 cm×21.8 cm,民国
107. 2341.Z3.1039,民国中国民生金城烟厂广告纸,24 cm×24.1 cm,民国
108. 2346.Z3.1043,民国大卫冰制食品厂金山雪糕上市广告纸,10.1 cm×5.3 cm,民国
109. 2347.Z3.1044,民国粤东志德堂万应妇科丸广告纸,21.2 cm×26 cm,民国
110. 2351.Z3.1046,民国血症专家刘达志氏广告纸,17 cm×14.7 cm,民国
111. 2357.Z3.1050,民国大美烟公司红屋牌香烟广告纸,19.5 cm×21.6 cm,民国
112. 2358.Z3.1051,民国志仁堂小儿王道痔积散广告纸,26.9 cm×16.7 cm,民国
113. 2360.Z3.1053,民国趣香饼家月饼广告纸,19.7 cm×26.7 cm,民国
114. 2361.Z3.1054,民国大华儿童工业社"666"牌炭蜡广告纸,22.2 cm×24 cm,民国
115. 2363.Z3.1056,民国香港天寿堂药行调经姑嫂丸广告招贴画,61 cm×38.5 cm,民国
116. 2365.Z3.1058,民国中国南洋兄弟烟草有限公司广告招贴画,78 cm×52.2 cm,民国
117. 2366.Z3.1060,民国广州利济轩药行自在油广告招贴画,77.5 cm×53.5 cm,民国

118. 2367.Z3.1061,民国香港渣甸保险公司广告年历画,103.5 cm×37.7 cm,民国
119. 2382.Z3.1064,民国广州富昌成广告画,45 cm×38.5 cm,民国
120. 2604.Z3.1102,民国梁永泉药品广告纸,31.5 cm×25 cm,民国
121. 2608.Z3.1105,民国佛山泰生商店丝绸广告纸,28.8 cm×21.3 cm,民国
122. 2609.Z3.1106,民国二天堂大药行佛标广告纸,37.1 cm×26.9 cm,民国
123. 2614.Z3.1111,民国大美烟公司华盛顿牌香烟广告纸,36.8 cm×26.2 cm,民国
124. 2615.Z3.1112,民国佛山李众胜堂广告纸,21 cm×13.3 cm,民国
125. 2616.Z3.1113,民国金砖牌上等香烟广告纸,26.7 cm×19 cm,民国
126. 2617.Z3.1114,民国英美烟公司哈德门香烟广告纸,21.8 cm×13.5 cm,民国
127. 2618.Z3.1115,民国中国英美烟草公司孔雀老牌香烟广告纸,21.3 cm×13 cm,民国
128. 2619.Z3.1116,民国三猫牌香烟广告纸,28 cm×21 cm,民国
129. 2620.Z3.1117,民国喜鹊香烟广告纸,29.8 cm×26.2 cm,民国
130. 2624.Z3.1121,民国鸿源酒庄钱精首乌酒广告纸,13.2 cm×9.5 cm,民国
131. 2625.Z3.1122,民国德庆鸿源酒庄酒水广告纸,12.4 cm×7.5 cm,民国
132. 2637.Z3.1134,民国广州祺寿堂广告纸,25.8 cm×31.7 cm,民国
133. 2643.Z3.1140,民国新月捌期唱片广告纸,26.3 cm×38.5 cm,民国
134. 2644.Z3.1141,民国恭信赛雪欺霜广告纸,23 cm×16.6 cm,民国
135. 2645.Z3.1142,民国粤东佛镇流泽堂广告纸,12.9 cm×13 cm,民国
136. 2647.Z3.1144,民国使馆牌香烟广告纸,33 cm×21 cm,民国
137. 2651.Z3.1148,民国粤港环球大药汇广告纸,19.2 cm×27 cm,民国
138. 2655.Z3.1151,民国宁邑公安堂花鼓鸿广告纸,24.7 cm×18.5 cm,民国
139. 2657.Z3.1153,民国广州杨松竹林百草药油广告纸,26.2 cm×22 cm,民国
140. 2662.Z3.1158,民国广州何大珍笔庄广告纸,24.6 cm×14 cm,民国
141. 2665.Z3.1161,民国国民安织造厂千岁牌线衫广告纸,26 cm×14.5 cm,民国
142. 2666.Z3.1162,民国广州沙面储蓄会广告纸,20.9 cm×28.8 cm,民国
143. 2669.Z3.1164,民国广州百好堂药品广告纸,15 cm×21.5 cm,民国
144. 2670.Z3.1165,民国广州景云楼文具广告纸,19 cm×12.5 cm,民国
145. 2673.Z3.1167,民国花旗烟公司红狮牌香烟广告纸,26.7 cm×18.7 cm,民国
146. 2679.Z3.1171,民国美光公司美孩牌火柴广告纸,28.3 cm×17 cm,民国
147. 2681.Z3.1172,民国香港余仁生广告纸,11.5 cm×8.1 cm,民国
148. 2684.Z3.1175,民国佛山余同昌纸张广告纸,17.5 cm×9.3 cm,民国
149. 2685.Z3.1176,民国鸿兴织造厂线衫广告纸,45 cm×49.8 cm,民国
150. 2687.Z3.1178,民国利工民鹿牌袜广告纸,26.5 cm×13.4 cm,民国
151. 2689.Z3.1180,民国永泰和烟草股份有限公司双马牌香烟广告纸,26.3 cm×19.2 cm,民国
152. 2690.Z3.1181,民国多福牌香烟广告纸,26.4 cm×19 cm,民国
153. 2691.Z3.1182,民国英美烟公司鸡牌香烟广告纸,21.3 cm×13.2 cm,民国
154. 2692.Z3.1183,民国大美烟公司自由牌香烟广告纸,26.3 cm×19.3 cm,民国
155. 2693.Z3.1184,民国大美烟公司华盛顿香烟广告纸,26.4 cm×19.2 cm,民国
156. 2694.Z3.1185,民国英美烟公司纽约牌香烟广告纸,21.7 cm×13 cm,民国
157. 2695.Z3.1186,民国老巴夺父子烟公司安吉克香烟广告纸,26.3 cm×19 cm,民国

158. 2696.Z3.1187,民国中华烟草株式会社黄蝠牌香烟广告纸,24 cm×17.9 cm,民国
159. 2697.Z3.1188,民国哈德门香烟广告纸,19.2 cm×26.5 cm,民国
160. 2698.Z3.1189,民国大美烟公司老牌香烟广告纸,26.8 cm×19.3 cm,民国
161. 2699.Z3.1190,民国兰花香烟广告纸,21.2 cm×14.9 cm,民国
162. 2700.Z3.1191,民国英美烟公司翠鸟牌香烟广告纸,21.7 cm×13.5 cm,民国
163. 2701.Z3.1192,民国花旗烟公司香烟广告纸,26.6 cm×19 cm,民国
164. 2709.Z3.1197,民国双环香烟广告纸,38 cm×27 cm,民国
165. 2711.Z3.1199,民国海盗牌香烟广告暨鹿乳奉亲图,20.3 cm×13.5 cm,民国
166. 2714.Z3.1202,民国广州二友公司化妆品厂二友药制牙膏广告纸,17 cm×21.7 cm,民国
167. 2718.Z3.1206,民国广州华美工业社出品三美发蜡广告设计稿,11.9 cm×14.9 cm,民国
168. 2723.Z3.1211,民国中国华商烟公司胜利牌香烟年历广告纸,38.9 cm×27 cm,民国
169. 2731.Z3.1219,民国乐从以文居兄弟照相馆广告纸,21.7 cm×17 cm,民国
170. 2732.Z3.1220,民国顺德公昌锡纸香庄名贵二九广告纸,12.4 cm×10.3 cm,民国
171. 2742.Z3.1222,民国广州和平制药有限公司精制化妆香品广告纸,22 cm×43.8 cm,民国
172. 2760.Z3.1236,民国广州福海号商品广告,45.5 cm×41 cm,民国
173. 2761.Z3.1237,民国广州万灵药厂正金油广告,54.3 cm×25.4 cm,民国
174. 2762.Z3.1238,民国广州粤南洋行广告招贴画,104 cm×37.9 cm,民国
175. 2766.Z3.1242,民国上海中国天一烟公司广告招贴画,78.8 cm×53.8 cm,民国
176. 3205.Z3.1633,1909年新宁筹防公局筹防事宜广告,22.5 cm×29 cm,1909年
177. 3232.Z3.1652,民国澜治钟表店广告,8.3 cm×10.6 cm,民国
178. 3233.Z3.1653,民国粤华酒店广告纸,9.8 cm×13.6 cm,民国
179. 3236.Z3.1655,民国中美酒店的广告纸,8.3 cm×15.3 cm,民国
180. 3237.Z3.1656,民国WALTERE OLSEN公司的广告纸,6.8 cm×11.8 cm,民国
181. 3240.Z3.1658,民国汉密尔顿国家银行广告纸,16 cm×9 cm,民国
182. 3249.Z3.1665,民国美国哥伦比亚联盟信托公司广告,7 cm×16 cm,民国
183. 3256.Z3.1669,民国美国幸运贷款有限公司广告标签,10.5 cm×4 cm,民国
184. 3258.Z3.1670,美国总统航运公司广告标签,3.8 cm×10 cm,民国
185. 3259.Z3.1671,美国总统航运公司广告标签,3.8 cm×10.4 cm,民国
186. 3260.Z3.1672,美国总统航运公司广告标签,3.7 cm×5.9 cm,民国
187. 3262.Z3.1673,民国美国华盛顿THE ONIO MATCH公司泻药广告标签,3.9 cm×10.4 cm,民国
188. 3280.Z3.1681,民国STAG酒店广告纸,11.8 cm×15 cm,民国
189. 3281.Z3.1682,民国STAG酒店广告纸,11.8 cm×15 cm,民国
190. 3282.Z3.1683,民国STAG酒店广告纸,11.8 cm×15 cm,民国
191. 3283.Z3.1684,民国美国银行广告纸,12.9 cm×11 cm,民国
192. 3289.Z3.1686,民国"Ziang Sun Wan"糖麻公司广告纸,15.9 cm×17 cm,民国
193. 3445.Z3.1811,1915年海珠戏院演周康年班的广告纸,18.8 cm×32.4 cm,1915年
194. 3768.Z3.2043,1932年乌思伦(新西兰)保险有限公司的广告招贴画,81.5 cm×50.6 cm,1932年
195. 3769.Z3.2044,1926年香港福安人寿水火保险兼货仓有限公司的广告招贴画,78 cm×

51.9 cm,1926 年

196. 3777.Z3.2049,1937 年广州市太平路璇宫酒店广告封,16 cm×8.7 cm,1937 年
197. 3784.Z3.2052,民国上海五洲大药房广告招贴画,77 cm×53.5 cm,民国
198. 3889.Z3.2103,民国广州步然鞋庄鹰唛广告纸,19.8 cm×9 cm,民国
199. 3890.Z3.2104,民国广州明兴织造厂地球商标广告纸,8.8 cm×32 cm,民国
200. 3891.Z3.2105,民国番禺市桥胜祥江记棉胎广告纸,46.4 cm×26 cm,民国
201. 3892.Z3.2106,民国省佛永乐药房广告纸,21.7 cm×27.9 cm,民国
202. 3893.Z3.2107,民国佛山吴可宽云田氏治眼南针药品广告纸,26 cm×28 cm,民国
203. 3894.Z3.2108,民国台山保安堂万灵油广告纸,24.6 cm×26.8 cm,民国
204. 3896.Z3.2110,民国广东苏瑞生永寿堂福禄寿牌立止肚痛丸广告纸,26.5 cm×20.7 cm,民国
205. 3897.Z3.2111,民国广州普济堂阳和解凝膏广告纸,36.5 cm×31 cm,民国
206. 3900.Z3.2113,民国广州代理徽州余有元徽墨湖笔局广告纸,29.9 cm×25.8 cm,民国
207. 3901.Z3.2114,民国广州祝生丸功用服法广告纸,24.9 cm×22 cm,民国
208. 3903.Z3.2116,民国广州维廉公司电机制花砙砖第二期样板广告纸,12.5 cm×19.2 cm,民国
209. 3904.Z3.2117,民国龙光美术商店设计荔园酒楼广告稿,27.8 cm×32 cm,民国
210. 3910.Z3.2120,民国广州何济公药行何济公止痛散广告纸,37.5 cm×21.5 cm,民国
211. 3911.Z3.2121,民国万灵药厂正金油广告纸,52.5 cm×19.3 cm,民国
212. 3912.Z3.2122,民国台山刘达志医师广告纸治吐血、咳血、呕血广告,37.5 cm×27 cm,民国
213. 3913.Z3.2123,民国台山刘达志医师广告纸治肺病广告,22.3 cm×47.7 cm,民国
214. 3914.Z3.2124,民国台山刘达志医师广告纸治痔疮广告,30.2 cm×20.6 cm,民国
215. 3915.Z3.2125,民国广州代理山西广昌远龟龄集广告纸,25 cm×22 cm,民国
216. 3916.Z3.2126,民国罗广同济药店桂附暖脐膏广告纸,30.9 cm×20.5 cm,民国
217. 3917.Z3.2127,民国台山公安堂药品广告纸,24 cm×18.5 cm,民国
218. 3919.Z3.2129,民国广州潘务苍制珠珀保婴丹广告纸,27.9 cm×19.1 cm,民国
219. 3920.Z3.2130,民国广州陈李济制附子理中丸广告纸,26.9 cm×16.5 cm,民国
220. 3923.Z3.2132,民国广州橘花仙馆温病紫雪丹广告纸,9.5 cm×16 cm,民国
221. 3929.Z3.2137,民国广东省港佛李众胜堂药品广告纸,7.8 cm×10.3 cm,民国
222. 3930.Z3.2138,民国广州敬德堂茸坤至宝单广告纸,26.2 cm×15 cm,民国
223. 3932.Z3.2139,民国宏兴药房鹧鸪菜广告纸,18.8 cm×25.5 cm,民国
224. 3934.Z3.2141,民国佛山巧明公记火柴厂广告纸,25 cm×32.3 cm,民国
225. 3942.Z3.2143,1939 年广州欧家全癣癞皮肤消毒水广告纸,21.7 cm×17.9 cm,1939 年
226. 3945.Z3.2146,民国上海光中烟厂金力牌香烟广告纸,39.5 cm×26.6 cm,民国
227. 3948.Z3.2149,民国广州华兴袜厂广告纸,30 cm×30 cm,民国
228. 3953.Z3.2153,民国先施公司虎牌香品广告画,77.5 cm×53.5 cm,民国
229. 4060.Z3.2222,1926 年关崇声卖地广告,57.5 cm×54 cm,1926 年
230. 4175.Z3.2292,1935 年关于树德堂买慎和堂广告的剪报,20.9 cm×39 cm,29.7 cm×22.8 cm,29.4 cm×20.6 cm,29.6 cm×20.5 cm,18 cm×9 cm,1 套 5 件,1935 年
231. 4407.Z3.2679,民国二天堂万应二天油广告纸,25.5 cm×35.8 cm,民国
232. 4408.Z3.2347,民国广州市惠爱中路同丰泰广告纸,45 cm×29.5 cm,民国
233. 4409.Z3.2348,民国华兴衫袜厂双凤牌广告纸,44.2 cm×39.5 cm,民国

234. 4413.Z3.2351,民国安泰饼饵中秋月饼广告纸,19.1 cm×19.2 cm,民国
235. 4415.Z3.2353,民国广州忠和号广告纸,17.6 cm×17.6 cm,民国
236. 4418.Z3.2356,民国江门白宫商店广告纸,14.8 cm×25 cm,民国
237. 4420.Z3.2358,民国广州普威大药房药品广告纸,31.9 cm×30.9 cm,民国
238. 4425.Z3.2362,民国广州胜利电器公司营业部广告纸,14.6 cm×8.7 cm,民国
239. 4437.Z3.2367,民国先施有限公司精制化妆香品广告纸,19.6 cm×34 cm,民国
240. 4447.Z3.2372,民国甘如荠橙花酒广告纸,10.1 cm×12.1 cm,民国
241. 4448.Z3.2373,民国甘如荠酒庄广告纸,11.3 cm×13 cm,2 cm×10.7 cm,1套2件,民国
242. 4449.Z3.2374,民国香港上环德安昌广告纸,20.5 cm×12.2 cm,民国
243. 4456.Z3.2381,民国鼎新染织厂卧冰求鲤图宣传画,19 cm×20.8 cm,民国
244. 4457.Z3.2382,民国月光明第一班在华侨戏院演出的宣传单,32.9 cm×25.4 cm,民国
245. 4463.Z3.2386,民国省濠畔安和家私宣传单,23.8 cm×10.4 cm,民国
246. 4479.Z3.2390,民国永汉北路高元登笔庄广告纸,12.3 cm×6.8 cm,民国
247. 4498.Z3.2395,民国会源号麒麟商标四刀半烟纸发售广告,9.4 cm×11.4 cm,民国
248. 4500.Z3.2396,民国台山广悦香广告纸,18.9 cm×12.5 cm,民国
249. 4501.Z3.2397,民国大中华丝发呢绒绣品广告纸,24.5 cm×30.8 cm,民国
250. 4502.Z3.2398,民国广州和记行绸缎礼服广告纸,23 cm×29.6 cm,民国
251. 4514.Z3.2402,民国陈东生立止牙痛水广告纸,14.7 cm×20.6 cm,民国
252. 4767.Z3.2576,民国广州一中制烟厂股份有限公司沪光牌香烟广告纸,51.5 cm×38.4 cm,民国
253. 4791.Z3.2584,民国广州佛标二天堂药厂清凉油广告纸,38.8 cm×26.7 cm,民国
254. 4794.Z3.2586,民国南海狮山救济堂发冷丸广告纸,18.3 cm×18.8 cm,民国
255. 4795.Z3.2587,民国南海狮山救济堂发冷丸广告纸,18.8 cm×18.8 cm,民国
256. 4798.Z3.2589,民国广州民生油药房广告纸,13.3 cm×19.2 cm,民国
257. 4821.Z3.2592,民国广州集兰堂双料三蛇胆陈皮广告纸,26.8 cm×25.5 cm,民国
258. 4825.Z3.2593,民国梅兰芳广告纸,23.5 cm×18.5 cm,民国
259. 4826.Z3.2594,民国广州兴华电池厂五羊牌电池广告纸,26.8 cm×39 cm,民国
260. 4827.Z3.2595,民国粤港灵芝大药房广告纸,38 cm×26 cm,民国
261. 4831.Z3.2598,民国广州广大绸缎广告纸,23 cm×29 cm,民国
262. 4832.Z3.2599,民国佛山大纶绸缎广告纸,31 cm×23.5 cm,民国
263. 4833.Z3.2600,民国台山公益昌记同栈广告纸,17.4 cm×11.9 cm,民国
264. 4909.Z3.2653,民国广生行有限公司双妹嚜花露水广告纸,10.6 cm×7.5 cm,民国
265. 4921.Z3.2658,民国哈德门香烟硬纸板广告画,50.1 cm×37.9 cm,民国
266. 4922.Z3.2659,民国华成烟公司美丽牌香烟广告画设计稿,29.5 cm×33.8 cm,民国
267. 4923.Z3.2660,民国华成烟公司美丽牌香烟广告画设计稿,29.5 cm×36.5 cm,民国
268. 4924.Z3.2661,民国中国华美烟草公司"发达尔"烟广告画,38.5 cm×26.9 cm,民国
269. 4925.Z3.2662,民国龙华烟厂出品龙华牌香烟广告画,39 cm×27 cm,民国
270. 4926.Z3.2663,1908年英国纸烟公司广告画,20.5 cm×13.3 cm,1908年
271. 4927.Z3.2664,民国海盗牌香烟广告画,20.3 cm×13.4 cm,民国
272. 4928.Z3.2665,1911年海盗牌香烟广告画,20.3 cm×13.4 cm,1911年

273. 4936.Z3.2667,民国中国金沙烟公司大国牌香烟广告纸,12.5 cm×18.9 cm,民国
274. 4937.Z3.2668,民国中国华菲烟公司英雄牌香烟广告纸,19.5 cm×13.5 cm,民国
275. 4957.Z3.2669,民国三塔牌化妆品美女明星小画片,5.9 cm×3.9 cm,1套11件,民国
276. 4958.Z3.2670,民国柏内洋行三塔牌化妆品广告纸,37.7 cm×26.1 cm,民国
277. 5063.Z3.2704,民国佛山粤禅裕生祥布庄广告纸,73.5 cm×25 cm,民国
278. 5065.Z3.2706,民国香港卢信隆绸缎呢绒庄广告纸,35.4 cm×24.9 cm,民国
279. 5068.Z3.2709,民国卢信隆广告纸,35 cm×25 cm,民国
280. 5070.Z3.2711,民国广州京都丝发商店广告纸,24 cm×32 cm,民国
281. 5077.Z3.2718,民国广州京都商店广告纸,30.8 cm×23 cm,民国
282. 5080.Z3.2719,民国华菲烟公司白姑娘香烟广告纸,35.8 cm×26.3 cm,民国
283. 5081.Z3.2720,民国上海大东南烟公司白兰地香烟广告纸,38.5 cm×26.5 cm,民国
284. 5082.Z3.2721,民国大美烟公司红狮香烟广告纸,35.7 cm×25 cm,民国
285. 5083.Z3.2722,民国大美烟公司红狮香烟广告纸,36 cm×24 cm,民国
286. 5085.Z3.2724,民国中国天华烟厂桑园会香烟广告,37.5 cm×25.5 cm,民国
287. 5086.Z3.2725,民国华商中美烟厂有限公司元宝牌香烟广告,38.3 cm×27 cm,民国
288. 5087.Z3.2726,民国上海中国华明烟公司红人牌香烟广告,39 cm×27 cm,民国
289. 5088.Z3.2727,民国中国福新烟公司金字塔香烟广告,26.8 cm×37 cm,民国
290. 5089.Z3.2728,民国兴华电池厂五羊牌电池广告,39.8 cm×26.7 cm,民国
291. 5090.Z3.2729,民国上海大东南烟公司富而高蓝香烟广告,37.8 cm×27 cm,民国
292. 5091.Z3.2730,民国英美烟公司双刀牌香烟广告纸,21.5 cm×13.2 cm,民国
293. 5092.Z3.2731,民国协和贸易公司英国有限公司金钱牌香烟广告纸,21.5 cm×13.1 cm,民国
294. 5093.Z3.2732,民国广东永耀电池厂飞象牌电池广告纸,38.9 cm×27 cm,民国
295. 5094.Z3.2733,民国中国大东烟草公司金塔牌香港广告纸,27.1 cm×19 cm,民国
296. 5095.Z3.2734,民国永兴泰广告纸,22 cm×19.5 cm,民国
297. 5096.Z3.2735,民国企公牛奶公司雀巢牌麦精牛奶粉广告,28.3 cm×20.5 cm,民国
298. 5097.Z3.2736,民国永泰和烟草股份有限公司爱罗牌广告,26.8 cm×18 cm,民国
299. 5099.Z3.2738,民国粤港利工民织造厂蝉唛袜秋蝉广告纸,26 cm×13.3 cm,民国
300. 5100.Z3.2739,民国广州市李同记印务局广告纸,24.7 cm×16.6 cm,民国
301. 5101.Z3.2740,民国广州市上海丰乐园广告纸,25.8 cm×27.3 cm,民国
302. 5102.Z3.2741,民国广州市龙凤大药房广告纸,39.4 cm×34.5 cm,民国
303. 5106.Z3.2745,1935年霸王别姬香烟小画片40全印样,27 cm×21.1 cm,1套10件,1935年
304. 5107.Z3.2746,1934年英商驻华英美公司有限公司发行宋江香烟小画片50全印样,23.9—27.6 cm×17.8—20.4 cm,1套10件,1934年
305. 5108.Z3.2747,1934年《水浒传》第三回鲁提辖拳打镇关西的香烟小画片48全印样,25.5—28 cm×20.2—20.3 cm,1套12件,1934年
306. 5109.Z3.2748,1936年《玉堂春》香烟小画片印样,27—28.7 cm×20—20.5 cm,1套12件,1936年
307. 5110.Z3.2749,1934年儿童教育画香烟小画片印样,26.6—28.5 cm×20—20.8 cm,1套10件,1934年
308. 5111.Z3.2750,1942年联合广告公司克来文香烟少女持花图广告画稿,18.8 cm×28 cm,1942年

309. 5112.Z3.2751,民国联合广告公司克来文香烟少女鲜花图广告画稿,29.1 cm×24.5 cm,民国
310. 5113.Z3.2752,民国联合广告公司克来文香烟少女鲜花图广告画稿,28.7 cm×24.2 cm,民国
311. 5114.Z3.2753,民国联合广告公司克来文香烟少女倚柱图广告画稿,35.5 cm×24 cm,民国
312. 5115.Z3.2754,民国英美烟草香港有限公司《西游记》小画片,3.7 cm×6.7 cm,1套115件,民国
313. 5116.Z3.2755,清末奶粉广告(日本风俗图)小画片,7.1 cm×11.1 cm,1套6件,清末
314. 5117.Z3.2756,清末奶粉广告(仕女图)小画片,7.1 cm×11 cm,1套6件,清末
315. 5118.Z3.2757,清末奶粉广告(中国风俗图)小画片,7.1 cm×10.5 cm,1套6件,清末
316. 5119.Z3.2758,清末奶粉广告(中国民间故事风俗图)小画片,7 cm×11 cm,1套6件,清末
317. 5120.Z3.2759,清末奶粉广告(世界各地风俗图)小画片,7.1 cm×10.8 cm,1套6件,清末
318. 5161.Z3.2768,民国廖孖记腐乳广告纸,13 cm×12.1 cm,民国
319. 5177.Z3.2775,民国上海光中烟厂大军乐牌香烟广告,26.2 cm×36.9 cm,民国
320. 5186.Z3.2781,民国江门群英男女剧团广告,39.4 cm×54 cm,民国
321. 5187.Z3.2782,民国广州万盛织染布厂童鸡牌广告纸,26.4 cm×19.6 cm,民国
322. 5189.Z3.2784,民国中山永盛号椰丝蛋黄月饼广告纸,22.4 cm×10.4 cm,民国
323. 5190.Z3.2785,民国佛山梁耀堂神效妇科百灵丸广告纸,27.5 cm×32.8 cm,民国
324. 5191.Z3.2786,民国合兴福禄寿图广告纸,12 cm×14 cm,民国
325. 5192.Z3.2787,民国广州广兴隆遮厂广告,52.3 cm×19.4,民国
326. 5223.Z3.2791,民国大不列颠及爱尔兰帝国烟草有限公司动物香烟画片,3.6 cm×6.7 cm,1套50件,民国
327. 5224.Z3.2792,民国大不列颠及爱尔兰帝国烟草有限公司野花香烟画片,6.8 cm×3.6 cm,1套50件,民国
328. 5225.Z3.2793,民国"浪漫的天空"香烟画片,3.1 cm×6.7 cm,1套50件,民国
329. 5226.Z3.2794,民国"工程奇迹"香烟画片,6.8 cm×3.1 cm,1套50件,民国
330. 5228.Z3.2796,民国大不列颠及爱尔兰帝国烟草有限公司拳击香烟画片,6.7 cm×3.6 cm,1套50件,民国
331. 5229.Z3.2797,1990年帝国出版有限公司出品第二版拿破仑香烟画片,3.6 cm×6.8 cm,1套50件,1990年
332. 5230.Z3.2798,民国古代文明香烟画片,3.6 cm×6.8 cm,1套50件,民国
333. 5231.Z3.2799,民国大不列颠及爱尔兰帝国烟草有限公司"奇妙的喙"香烟画片,3.6 cm×6.7 cm,1套50件,民国
334. 5232.Z3.2800,民国"海洋奇观"香烟画片,3.6 cm×6.7 cm,1套50件,民国
335. 5233.Z3.2801,民国大不列颠及爱尔兰帝国烟草有限公司狗类香烟画片,3.6 cm×6.7 cm,1套50件,民国
336. 5234.Z3.2802,民国大不列颠及爱尔兰帝国烟草有限公司英国地方自卫队制服香烟画片,6.7 cm×3.6 cm,1套50件,民国
337. 5235.Z3.2803,民国大不列颠及爱尔兰帝国烟草有限公司乡村动物香烟画片,3.6 cm×6.7 cm,1套50件,民国
338. 5236.Z3.2804,民国大不列颠及爱尔兰帝国烟草有限公司军舰香烟画片,3.6 cm×6.8 cm,1套50件,民国

339. 5237.Z3.2805,民国大不列颠及爱尔兰帝国烟草有限公司百科香烟画片,6.7 cm×3.6 cm,1套50件,民国
340. 5238.Z3.2806,民国英国加赫拉烟草公司狗类香烟画片,6.8 cm×3.7 cm,1套48件,民国
341. 5239.Z3.2807,民国英国W.D&H.O.WILLS烟草公司野生动物头像香烟画片,3.6 cm×6.7 cm,1套50件,民国
342. 5240.Z3.2808,民国B.MORRIS'S SONS烟草有限公司钟表香烟画片,6.8 cm×3.8 cm,1套25件,民国
343. 5241.Z3.2809,民国大不列颠及爱尔兰帝国烟草有限公司筑巢鸟类香烟画片,3.6 cm×6.8 cm,1套50件,民国
344. 5242.Z3.2810,民国英国W.D&H.O.WILLS烟草公司艺术名画香烟画片,6.8 cm×4.3 cm,1套44件,民国
345. 5243.Z3.2811,民国英国CARRERAS牌世界名胜古迹香烟画片,6.8 cm×3.6 cm,1套27件,民国
346. 5244.Z3.2812,民国大不列颠及爱尔兰帝国烟草有限公司国旗香烟画片,6.8 cm×3.6 cm,1套50件,民国
347. 5245.Z3.2813,民国英国CARRER牌马来西亚香烟画片,3.6 cm×6.8 cm,1套27件,民国
348. 5246.Z3.2814,民国大不列颠及爱尔兰帝国烟草有限公司世界商船香烟画片,3.6 cm×6.7 cm,1套50件,民国
349. 5247.Z3.2815,民国"工程奇迹"香烟画片,3.6 cm×6.7 cm,1套50件,民国
350. 5248.Z3.2816,民国大不列颠及爱尔兰帝国烟草有限公司动物香烟画片,6.8 cm×3.6 cm,1套48件,民国
351. 5249.Z3.2817,民国大不列颠及爱尔兰帝国烟草有限公司百科香烟画片,3.6 cm×6.7 cm,1套50件,民国
352. 5250.Z3.2818,民国现代战争香烟画片,3.6 cm×6.8 cm,1套50件,民国
353. 5251.Z3.2819,民国大不列颠及爱尔兰帝国烟草有限公司小画像香烟画片,6.7 cm×3.5 cm,1套25件,民国
354. 5597.Z3.3065,民国广州市广发绸缎庄广告纸,34 cm×27.5 cm,民国
355. 5599.Z3.3067,民国西南市汉昌绸缎广告纸,30.5 cm×23 cm,民国
356. 5600.Z3.3068,民国广州市公弼氏鹿胎白凤丸广告,19.6 cm×26.9 cm,民国
357. 5601.Z3.3069,民国广州市广通商店广告纸,31.8 cm×24 cm,民国
358. 5602.Z3.3070,民国广州市谦昌绸缎庄广告纸,29.7 cm×23.7 cm,民国
359. 5603.Z3.3071,民国杏芳园癍痧粒仔六和茶广告,30.5 cm×22.4 cm,民国
360. 5716.Z3.3098,民国广州市信元酒价单广告纸,39.5 cm×36.5 cm,民国
361. 5726.Z3.3106,民国广州美化发丝广告纸,22.5 cm×29.5 cm,民国
362. 5727.Z3.3107,民国广州和彰国产丝发广告纸,30.5 cm×22.4 cm,民国
363. 5730.Z3.3110,民国广州丘泰安织染布厂三友牌广告纸,26.5 cm×17.8 cm,民国
364. 5731.Z3.3111,民国广州荣芳映相广告纸,22 cm×12.5 cm,民国
365. 5732.Z3.3112,民国广州天和堂天和应油广告纸,27 cm×15.6 cm,民国
366. 5733.Z3.3113,民国广州永纶染织布厂麒麟商标广告纸,26 cm×17.8 cm,民国
367. 5736.Z3.3116,民国广州陈创盈药局万灵止痛丹广告纸,21.1 cm×27.6 cm,民国

368. 5743.Z3.3123,民国广州市上海丝发商店广告纸,18.1 cm×27 cm,民国
369. 5744.Z3.3124,民国广州三凤粉庄广告纸,21 cm×19.1 cm,民国
370. 5746.Z3.3126,民国广州岐生园吕祖先师商标万应普救丸广告纸,33 cm×14.8 cm,民国
371. 5747.Z3.3127,民国陈李恒千金妇科保育丸广告纸,31 cm×32.4 cm,民国
372. 5748.Z3.3128,民国合记老绸缎庄广告纸,26.7 cm×19.6 cm,民国
373. 5749.Z3.3129,民国佛山蓉芳美术照像广告纸,29 cm×29.9 cm,民国
374. 5750.Z3.3130,民国广州敬仁堂双料参茸宁神定志丸广告纸,27.1 cm×18.7 cm,民国
375. 5751.Z3.3131,民国广州寿同天收功断尾跌打药酒广告纸,18 cm×18.3 cm,民国
376. 5756.Z3.3136,民国广州市新世界广告纸,35.4 cm×28.9 cm,民国
377. 5760.Z3.3140,民国广州市胡纬诚织造厂双葵牌名贵线衫广告纸,29 cm×17.3 cm,民国
378. 5762.Z3.3142,民国广州市永艳色染织厂广告纸,24.6 cm×10.9 cm,民国
379. 5763.Z3.3143,民国广州市天经丝发商店广告纸,28.5 cm×20 cm,民国
380. 5765.Z3.3145,民国海天腊味家广告纸,20.8 cm×15.1 cm,民国
381. 5766.Z3.3146,民国宁远堂王达卫生丸广告纸,29 cm×30.8 cm,民国
382. 5770.Z3.3150,民国广州市中华袜庄广告纸,28.8 cm×21.3 cm,民国
383. 5771.Z3.3151,民国广州市金匮肾气丸广告纸,23.6 cm×19.6 cm,民国
384. 5772.Z3.3152,民国广州市何天锡堂监制救急蒜子散广告纸,25.6 cm×18.1 cm,民国
385. 5773.Z3.3153,民国佛山市冯了性寿荣堂龙马牌药酒膏药广告纸,25.8 cm×26.8 cm,民国
386. 5777.Z3.3157,民国中国南洋兄弟烟草公司银行牌、黄金龙香烟广告纸,26.5 cm×19.5 cm,民国
387. 5782.Z3.3161,民国宏兴鹧鸪菜广告纸,54.7 cm×21.1 cm,民国
388. 5783.Z3.3162,民国香港先施公司广告纸,14.8 cm×51 cm,民国
389. 5784.Z3.3163,民国粤东南邑大冲乡吕凤池秘验脚气丸广告纸,26.1 cm×48.5 cm,民国
390. 5785.Z3.3164,民国西樵丹灶市信安绸缎广告纸,24.5 cm×17.2 cm,民国
391. 5790.Z3.3166,民国先施公司广告纸,32.5 cm×22 cm,民国
392. 5791.Z3.3167,民国广州市大观丝发商店广告纸,23.7 cm×30.5 cm,民国
393. 5874.Z3.3189,民国裕丰成老酒庄广告纸,26.8 cm×12 cm,民国
394. 5880.Z3.3195,民国源兴旧酒广告纸,10 cm×13.5 cm,民国
395. 5886.Z3.3200,民国邓英发织造染厂航空商标广告纸,26.4 cm×17 cm,民国
396. 5887.Z3.3201,民国高华布厂三雀商标广告纸,26.1 cm×17 cm,民国
397. 5925.Z3.3239,1931年港粤沪周艺兴织造厂灯唛、单车唛、三轮牌广告纸,13.7 cm×8.5 cm,1931年
398. 5929.Z3.3243,民国风行电机织袜厂广告纸,8.2 cm×18.4 cm,民国
399. 5964.Z3.3277,民国省港蕴香园中秋月饼广告纸,23.1 cm×22.7 cm,民国
400. 5965.Z3.3278,民国玉山公司中秋月饼广告纸,18.6 cm×28.5 cm,民国
401. 5966.Z3.3279,1933年广州富隆老饼家广告纸,19.4 cm×26.5 cm,1933年
402. 5967.Z3.3280,1933年省港蕴香园广告纸,19.4 cm×26.4 cm,1933年
403. 5968.Z3.3281,民国富隆老饼家广告纸,18.6 cm×26.7 cm,民国
404. 5969.Z3.3282,1934年玉山公司中秋月饼广告纸,18.9 cm×28 cm,1934年
405. 5970.Z3.3283,民国品芳茶楼月饼广告纸,18.8 cm×26.9 cm,民国

406. 5971.Z3.3284,1934年敬义信老饼家广告纸,19 cm×26.2 cm,1934年
407. 5972.Z3.3285,1934年省港蕴香园中秋月饼广告纸,19.1 cm×26.1 cm,1934年
408. 5973.Z3.3286,1935年蕴香园饼家中秋月饼广告纸,19.5 cm×26.8 cm,1935年
409. 5974.Z3.3287,1935年如意祥老饼家中秋月饼广告纸,19 cm×26 cm,1935年
410. 5975.Z3.3288,民国西南如意祥饼家广告纸,18 cm×10.5 cm,民国
411. 5976.Z3.3289,民国西南如意祥饼家广告纸,12.8 cm×35.1 cm,民国
412. 5977.Z3.3290,民国西南如意祥饼家广告纸,35.6 cm×16.8 cm,民国
413. 5979.Z3.3292,民国黄应中石招牌祖传养生茶广告纸,31 cm×18.5 cm,民国
414. 5980.Z3.3293,民国敬义信老饼家杬仁豆沙肉月饼广告纸,19.8 cm×10 cm,民国
415. 5981.Z3.3294,民国敬义信老饼家杬仁凤凰月饼广告纸,20.5 cm×10.5 cm,民国
416. 5982.Z3.3295,民国敬义信老饼家杬仁豆蓉肉月饼广告纸,19.8 cm×11.3 cm,民国
417. 5983.Z3.3296,民国合兴饼家广告纸,19 cm×12.5 cm,民国
418. 5985.Z3.3298,民国随园中秋月饼广告纸,19 cm×13 cm,民国
419. 5986.Z3.3299,民国广州天天斋老铺大石牌腐乳广告纸,11.3 cm×29.7 cm,民国
420. 5989.Z3.3302,民国中西食品广告,18.8 cm×18.5 cm,民国
421. 5990.Z3.3303,民国中西食品广告,7.3 cm×35.5 cm,民国
422. 5992.Z3.3305,民国中秋月饼广告,8.3 cm×8.7 cm,民国
423. 5993.Z3.3306,民国广东福隆罐头公司蝠鹿牌青梅广告,10 cm×25 cm,民国
424. 5994.Z3.3307,民国福隆号调味料广告,8.7 cm×9.1 cm,民国
425. 5995.Z3.3308,民国粤东南兴号辣椒牌调味料广告,8 cm×16.1 cm,民国
426. 5996.Z3.3309,民国陈意斋饼家广告,13.5 cm×9.7 cm,民国
427. 5997.Z3.3310,民国广东福隆罐头公司蝠鹿牌杨桃广告,9.6 cm×28 cm,民国
428. 5998.Z3.3311,民国广东新德隆罐头公司孔雀牌荔枝广告,9.3 cm×30 cm,民国
429. 5999.Z3.3312,民国拱北楼中秋月饼广告,18 cm×9.6 cm,10.9 cm×26.9 cm,10.8 cm×26.8 cm,1套3件,民国
430. 6002.Z3.3315,民国广州朱有兰老烟庄广告,22 cm×19 cm,民国
431. 6003.Z3.3316,民国中国福新烟公司红豆牌香烟广告,26.5 cm×16.8 cm,民国
432. 6004.Z3.3317,民国易兰生农夫烟王广告,37 cm×27.3 cm,民国
433. 6005.Z3.3318,民国新月电池厂新月牌电池广告,11.1 cm×13.5 cm,民国
434. 6007.Z3.3320,民国公记电池公司双K牌电池广告,26.7 cm×14.6 cm,民国
435. 6008.Z3.3321,民国中国电池厂广告,14.7 cm×21.7 cm,民国
436. 6059.Z3.3372,民国广州陈海记牙擦厂警钟牌牙擦广告,22.3 cm×21.8 cm,民国
437. 6060.Z3.3373,民国新时代美化用品供应社同心牌固齿粉广告纸,13.7 cm×16.9 cm,民国
438. 6061.Z3.3374,民国黑人牙膏牌广告纸,26.8 cm×17.8 cm,民国
439. 6062.Z3.3375,民国先施化妆品有限公司先施牙粉广告纸,11.2 cm×17.3 cm,民国
440. 6068.Z3.3381,民国艳容妆饰厂广告纸,26 cm×15.4 cm,民国
441. 6073.Z3.3386,民国三达公司花篮牌百花粉广告纸,14.1 cm×8.3 cm,民国
442. 6108.Z3.3421,民国先施固齿牙膏虎牌广告纸,15.4 cm×21.6 cm,民国
443. 6109.Z3.3422,民国林来安堂发冷散广告纸,21.7 cm×25.7 cm,民国
444. 6110.Z3.3423,民国黄行善补气血丸广告纸,57.3 cm×19.6 cm,民国

445. 6111.Z3.3424,民国广惠药房疟母脾大丸广告,21.7 cm×14.5 cm,民国
446. 6112.Z3.3425,民国建德堂万应千金再造丹广告纸,27.5 cm×19.8 cm,民国
447. 6113.Z3.3426,民国仁德堂胡文龙大药局白金油广告纸,21 cm×14.8 cm,民国
448. 6114.Z3.3427,民国黄体超大药行蟁毒灵广告纸,10.4 cm×18.6 cm,民国
449. 6115.Z3.3428,民国天佐堂药品广告纸,20.3 cm×37.7 cm,民国
450. 6116.Z3.3429,民国广新制棉厂药棉广告纸,21.8 cm×13 cm,民国
451. 6117.Z3.3430,民国百昌堂应验珠珀猴枣散广告,18.8 cm×13.4 cm,民国
452. 6118.Z3.3431,民国天佐堂参茸庄人参膏广告纸,12 cm×19.3 cm,民国
453. 6119.Z3.3432,民国肥儿疳积散广告纸,7.7 cm×16.2 cm,民国
454. 6120.Z3.3433,民国邓林记燕窝快肥消积饼广告纸,7 cm×19.9 cm,民国
455. 6124.Z3.3437,民国粤东百元堂儿宝宝猴枣散广告纸,10.8 cm×18.9 cm,民国
456. 6125.Z3.3438,民国何家济蜡丸广告纸,18.5 cm×8 cm,民国
457. 6126.Z3.3439,民国汉昌公司富贵牌雪茄烟广告纸,10 cm×16.4 cm,民国
458. 6127.Z3.3440,民国生合号宝星牌靓片糖广告纸,10.7 cm×7.6 cm,民国
459. 6128.Z3.3441,民国康寿堂中药广告纸,14.4 cm×6.7 cm,民国
460. 6129.Z3.3442,民国拜耳大药厂药特灵丸广告,15.3 cm×10.2 cm,民国
461. 6130.Z3.3443,民国庐山聊寄数理学家算命广告纸,8.9 cm×15.2 cm,民国
462. 6132.Z3.3445,民国忠兴号锡纸广告纸,11.8 cm×15.5 cm,民国
463. 6135.Z3.3448,民国日光美术电版所广告纸,21.3 cm×11.5 cm,民国
464. 6137.Z3.3450,民国太和堂甘露药室妇科赞化资生丸广告纸,6.7 cm×10.3 cm,民国
465. 6139.Z3.3452,民国日光电版所广告纸,15.8 cm×8.1 cm,民国
466. 6140.Z3.3453,民国日光电版所广告纸,14.8 cm×8.3 cm,民国
467. 6144.Z3.3457,民国南织电版广告纸,8.2 cm×13 cm,民国
468. 6146.Z3.3459,民国精致画社广告纸,8.3 cm×15.5 cm,民国
469. 6151.Z3.3464,民国民安印务局广告纸,10.3 cm×18.7 cm,民国
470. 6152.Z3.3465,民国精致画社广告纸,20 cm×11.3 cm,民国
471. 6154.Z3.3467,民国宝星电版公司广告纸,7.4 cm×11 cm,民国
472. 6155.Z3.3468,民国云成印刷所广告纸,6.9 cm×14.6 cm,民国
473. 6156.Z3.3469,民国珠江五彩石印局广告纸,7.8 cm×15.1 cm,民国
474. 6157.Z3.3470,民国精致美术画社广告纸,8.6 cm×18.6 cm,民国
475. 6159.Z3.3472,民国源德电版广告纸,5.5 cm×9 cm,民国
476. 6160.Z3.3473,民国翰宝楼印刷厂广告纸,20.9 cm×11.4 cm,民国
477. 6163.Z3.3476,民国郑安之宝验快灵丹广告纸,12.5 cm×19.4 cm,民国
478. 6166.Z3.3479,民国明卿厂猴子唛电光响炮广告纸,10.7 cm×8.5 cm,民国
479. 6174.Z3.3486,民国赵元兴药行广告纸,9.8 cm×21.5 cm,民国
480. 6176.Z3.3488,民国广州新月电池厂广告纸,8.3 cm×15.5 cm,民国
481. 6195.Z3.3507,民国香港先施有限公司广告纸,34.5 cm×22.8 cm,民国
482. 6196.Z3.3508,民国佐安堂药品广告纸,26.8 cm×20 cm,民国
483. 6197.Z3.3509,民国杏春堂中药广告纸,28 cm×15.7 cm,民国
484. 6199.Z3.3510,民国广州朱义盛广告,15.5 cm×15.6 cm,民国

485. 6201.Z3.3512,民国仁丹广告廿四孝史绘画传单其一(虞舜孝感动天),26.2 cm×19 cm,民国
486. 6202.Z3.3513,民国仁丹广告廿四孝史绘画传单其二(周曾参啮皆痛心),26.2 cm×19 cm,民国
487. 6203.Z3.3514,民国仁丹广告廿四孝史绘画传单其三(汉代王亲尝汤药),26.3 cm×19.1 cm,民国
488. 6204.Z3.3515,民国仁丹广告廿四孝史绘画传单其四(周闵子单衣顺母),26.2 cm×19 cm,民国
489. 6205.Z3.3516,民国仁丹广告廿四孝史绘画传单其五(周仲由为亲负米),26.2 cm×19.1 cm,民国
490. 6206.Z3.3517,民国仁丹广告廿四孝史绘画传单其六(周剡子鹿乳奉亲),26.2 cm×19.1 cm,民国
491. 6207.Z3.3518,民国仁丹广告廿四孝史绘画传单其七(老莱子戏彩娱亲),26.2 cm×19 cm,民国
492. 6208.Z3.3519,民国仁丹广告廿四孝史绘画传单其八(汉董永卖身葬父),26.2 cm×19 cm,民国
493. 6209.Z3.3520,民国仁丹广告廿四孝史绘画传单其九(后汉江革行佣供母),26.3 cm×19.1 cm,民国
494. 6210.Z3.3521,民国仁丹广告廿四孝史绘画传单其十(晋王祥卧冰求鲤),26.2 cm×19 cm,民国
495. 6211.Z3.3522,民国仁丹广告廿四孝史绘画传单其十一(后汉黄香扇枕温衾),26.2 cm×19 cm,民国
496. 6212.Z3.3523,民国仁丹广告廿四孝史绘画传单其十二(晋吴猛恣蚊饱血),26.2 cm×19 cm,民国
497. 6213.Z3.3524,民国仁丹广告廿四孝史绘画传单其十三(汉郭巨为母埋儿),26.2 cm×19 cm,民国
498. 6214.Z3.3525,民国仁丹广告廿四孝史绘画传单其十四(汉蔡顺拾椹供母),26.2 cm×19.2 cm,民国
499. 6215.Z3.3526,民国仁丹广告廿四孝史绘画传单其十五(汉杨香扼虎救父),26.2 cm×19 cm,民国
500. 6216.Z3.3527,民国仁丹广告廿四孝史绘画传单其十六(陆积怀橘遗亲),26.2 cm×19.1 cm,民国
501. 6217.Z3.3528,民国仁丹广告廿四孝史绘画传单其十七(魏王裒闻雷泣墓),26.2 cm×19 cm,民国
502. 6218.Z3.3529,民国仁丹广告廿四孝史绘画传单其十八(庾黔娄尝粪忧心),26.2 cm×19 cm,民国
503. 6219.Z3.3530,民国仁丹广告廿四孝史绘画传单其十九(晋孟宗哭竹生笋),26.2 cm×19 cm,民国
504. 6220.Z3.3531,民国仁丹广告廿四孝史绘画传单其二十(唐氏乳姑不怠),26.2 cm×18.8 cm,民国
505. 6221.Z3.3532,民国仁丹广告廿四孝史绘画传单其二十一(汉姜诗涌泉跃鲤),26.2 cm×19 cm,

民国

506. 6222.Z3.3533,民国仁丹广告廿四孝史绘画传单其二十二(朱寿昌弃官寻母),26.2 cm×19.1 cm,民国
507. 6223.Z3.3534,民国仁丹广告廿四孝史绘画传单其二十三(汉丁兰刻木事亲),26.2 cm×19 cm,民国
508. 6224.Z3.3535,民国仁丹广告廿四孝史绘画传单其二十四(黄庭坚涤亲溺器),26.2 cm×19.1 cm,民国
509. 6225.Z3.3536,民国粤港大吉床上用品广告纸,43.6 cm×29 cm,民国
510. 6227.Z3.3538,民国新沙逊洋行广告纸,25.3 cm×13.3 cm,民国
511. 6228.Z3.3539,民国世光商店广告纸,13.5 cm×9.2 cm,民国
512. 6229.Z3.3540,民国东华饼家蚝油鸡公饼广告纸,13.3 cm×9 cm,民国
513. 6230.Z3.3541,民国重胜堂李英泉散广告纸,14.8 cm×14.9 cm,民国
514. 6232.Z3.3543,民国广州绵远新染织厂广告纸,25.9 cm×12.9 cm,民国
515. 6234.Z3.3545,民国军中吴仁湖三盖堂虎皮膏广告纸,37 cm×21.4 cm,民国
516. 6235.Z3.3546,民国敬义信饼家广告纸,19.5 cm×9.2 cm,民国
517. 6390.Z3.3613,民国中国和兴烟草股份有限公司庐山牌香烟广告纸,7.3 cm×14.2 cm,民国
518. 6453.Z3.3673,民国英商启东烟草股份有限公司风车牌、钦差牌香烟赠品广告纸,13.4 cm×18 cm,民国
519. 6484.Z3.3686,民国广州周中亚织造毛衫广告纸,30.7 cm×19.7 cm,民国
520. 6485.Z3.3687,民国广州周信记绸缎号广告纸,30.5 cm×24.3 cm,民国
521. 6486.Z3.3688,民国广州朱义盛金鳞为记牌广告纸,15.5 cm×15.5 cm,民国
522. 6487.Z3.3689,民国广州天宝绸缎庄广告纸,25.5 cm×18 cm,民国
523. 6488.Z3.3690,民国广州华丰绸缎庄广告纸,31 cm×23.3 cm,民国
524. 6489.Z3.3691,民国广州怡泰绸缎号广告纸,29.7 cm×23.2 cm,民国
525. 6490.Z3.3692,民国广州西成金铺广告纸,27.5 cm×29.9 cm,民国
526. 6494.Z3.3696,民国广州嘉龄大药房药品广告纸,27.5 cm×31.5 cm,民国
527. 6495.Z3.3697,民国广州利商布厂广告纸,25.6 cm×13.3 cm,民国
528. 6496.Z3.3698,民国广州利商织染布厂金轮牌广告纸,26 cm×17.8 cm,民国
529. 6498.Z3.3700,民国广州用必胜药房广告纸,20.5 cm×27.2 cm,民国
530. 6499.Z3.3701,民国广州集兰堂药店广告纸,28.4 cm×23.4 cm,民国
531. 6503.Z3.3705,民国广州民镜影相店广告纸,29.2 cm×30.3 cm,民国
532. 6504.Z3.3706,民国广州广益绸缎庄广告纸,27.3 cm×17.9 cm,民国
533. 6505.Z3.3707,民国广州灵芝药房十灵丹广告纸,54.4 cm×19.6 cm,民国
534. 6508.Z3.3710,民国广州利工民织造厂蝉唛纯羊毛衫广告纸,28.9 cm×22.2 cm,民国
535. 6509.Z3.3711,民国佛山广信绸缎庄广告纸,28.2 cm×20.5 cm,民国
536. 6510.Z3.3712,民国广州东兴和电机染厂广告纸,26.7 cm×19.5 cm,民国
537. 6511.Z3.3713,民国广州万盛织染布厂章鸡牌广告纸,26.7 cm×19.6 cm,民国
538. 6513.Z3.3715,民国广州广隆绸缎广告纸,31 cm×23 cm,民国
539. 6516.Z3.3718,民国罗定安全号丝绸布匹广告纸,22 cm×17.4 cm,民国
540. 6522.Z3.3722,民国佛山祐和隆老金铺广告纸,30.2 cm×30.5 cm,民国

541. 6524.Z3.3723,民国花旗烟公司大号花旗牌香烟广告纸,26.7 cm×19 cm,民国
542. 6525.Z3.3724,民国大美烟公司自由牌香烟广告纸,26 cm×19.3 cm,民国
543. 6526.Z3.3725,民国大美烟公司老牌香烟广告纸,26.8 cm×19.5 cm,民国
544. 6527.Z3.3726,民国广州恒泰祥公记绸缎庄广告纸,27 cm×39 cm,民国
545. 7768.Z3.993,民国广州市高元登笔庄广告纸,17.4 cm×8.2 cm,民国
546. 7770.Z3.1037,民国梁永馨药行广告纸,24 cm×20.9 cm,民国
547. 7771.Z3.1059,民国中国南洋兄弟烟草有限公司广告招贴画,79.3 cm×52 cm,民国
548. 7778.Z3.3902,民国大不列颠及爱尔兰帝国烟草有限公司乡村动物香烟画片,36 cm×6.7 cm,1套50件,民国
549. 8123.Z3.3925,民国广东省会陶陶居月饼录,19.7 cm×11 cm,民国
550. 8149.Z3.3933,1931年广州真光有限公司附项团维持附项委员会宣传单,25.1 cm×63.4 cm,1931年
551. 8200.Z3.3939,民国广东省港大新有限公司商标,31.1 cm×20.9 cm,民国

(八)档案公文

1. 0074.Z3.013,民国大本营内政部核发的中医生开业执照,51.5 cm×53 cm,民国
2. 0077.Z3.016,民国司法行政部颁行民事状状纸,27.8 cm×19.5 cm,民国
3. 0120.Z3.022,1925年中华全国总工会省港罢工委员会罢工宣传标语,109 cm×39.2 cm,108.5 cm×39.5 cm,109.5 cm×39 cm,1套3件,1925年
4. 0121.Z3.023,1916年中华革命党委任朱定和为庇能筹饷局局长之委任状,30.1 cm×34.3 cm,1916年
5. 0122.Z3.024,1924年大元帅孙中山颁给朱定和捐助军饷之奖状及奖章,奖状39 cm×45.8 cm,奖章最大对角4.9 cm,1套2件,1924年
6. 0124.Z3.026,1916年护国第一军总司令蔡锷委任李临阳为驻京沪代表之委任状,24 cm×50.8 cm,1916年
7. 0125.Z3.027,1920年中国国民党委任司徒秩平为古城分部会计科主任之委任状,26.3 cm×31.9 cm,1920年
8. 0126.Z3.028,1924年外交部发出的护照,45.8 cm×47.3 cm,1924年
9. 0127.Z3.029,民国开平县县长邓三给杜澄团保局之命令,内页28.6 cm×14.8 cm,封面27.2 cm×80.7 cm,1套2件,民国
10. 0129.Z3.031,清宣统二年两广优级师范学堂毕业文凭,70.6 cm×54.8 cm,清宣统二年
11. 0130.Z3.032,清宣统广东高等巡警学堂毕业文凭,55.6 cm×54.6 cm,清宣统
12. 0132.Z3.034,民国金山正埠中华会馆代收义捐粤省军需收条,21.4 cm×10.4 cm,民国
13. 0133.Z3.035,民国驻美民国维持总会给朱祝裳的收条,27.6 cm×15.9 cm,民国
14. 0135.Z3.037,民国暨大为援助驻苏中学部罢课告同胞书,27.5 cm×39.4 cm,民国
15. 0183.Z3.073,1920年中国国民党委任潘受之为坤甸支部总务科副主任的委任状,25.5 cm×30.9 cm,1920年
16. 0184.Z3.074,1912年临时大总统孙文颁给潘受之的旌义状,35 cm×48.1 cm,1912年
17. 0196.Z3.080,1923年大本营内政部核发的中医生开业执照,51.4 cm×51.7 cm,1923年

18. 0223.Z3.081,民国大本营军政部枪炮执照,10.4 cm×13.5 cm,民国
19. 0224.Z3.082,民国大本营财政部特许贩卖酒类牌照,16.1 cm×21.9 cm,民国
20. 0225.Z3.083,1925年广州市财政局发放的营业执照,43.4 cm×67 cm,1925年
21. 0231.Z3.089,民国广东省城警察厅房捐收单,24.6—28.7 cm×7.5—9.5 cm,1套9件,民国
22. 0238.Z3.096,清末广东陆军小学堂学生周翘芳之作文本,23.5 cm×13 cm×1 cm,清末
23. 0239.Z3.097,民国广州陆羽居茶楼小食点心价目单,17.8 cm×12.9 cm,民国
24. 0240.Z3.098,民国广州某食肆面粉饭类价目单,19.4 cm×14.1 cm,民国
25. 0241.Z3.099,1921年广州中华茶室之美点期刊,15.5 cm×25 cm,1套5件,1921年
26. 0242.Z3.100,1912年广东财政司催换新契传单,26.5 cm×21.6 cm,1912年
27. 0244.Z3.102,民国徐傅霖为介绍者的众议院旁听券,9.5 cm×12.7 cm,民国
28. 0245.Z3.103,民国广州陆羽居酒家常备筵席菜单,36.2 cm×25.9 cm,民国
29. 0247.Z3.105,民国广州某酒家点菜单,19.1 cm×18.1 cm,民国
30. 0248.Z3.106,民国广州真光公司破产管财人办事处开派债款启事,31.8 cm×22 cm,民国
31. 0250.Z3.108,民国广州莲香楼戊子年中秋月饼时价表,20.7 cm×26.3 cm,民国
32. 0251.Z3.109,民国广州风人新社美术专科招男女生简章,21.9 cm×35 cm,民国
33. 0255.Z3.113,1934年广东教育厅给中山县第八区私立东和小学等的批文,内页30.7 cm×37.1 cm,信封32.2 cm×18.3 cm,1套2件,1934年
34. 0262.Z3.120,1928年两广人寿总会社给林文撰的保单,36.4 cm×28.2 cm,1928年
35. 0263.Z3.121,1923年广东财政厅发给美源商店的营业牌照,25.6 cm×27.2 cm,1923年
36. 0264.Z3.122,1920年广州市市政公所发给业户梁元亨的营业执照,46.9 cm×32.4 cm,1920年
37. 0267.Z3.125,1912年番禺县民政长布告,55.4 cm×39.3 cm,1912年
38. 0269.Z3.127,民国广州西堤亚洲大酒店商标,11.2 cm×14.9 cm,民国
39. 0270.Z3.128,民国"本党总理现任中华民国大总统孙中山先生建国主旨"招贴画,30.7 cm×39.9 cm,民国
40. 0271.Z3.129,1919年余雨中等人合股创办新昌同兴押的合同,23.5 cm×12.7 cm,1919年
41. 0272.Z3.130,1923年广东财政厅发给同兴押余笃中等人的铺底执照,33.6 cm×31.8 cm,1923年
42. 0273.Z3.131,1924年新昌同兴押的铺底顶手印鉴票,14.8 cm×6.7 cm,1924年
43. 0275.Z3.133,1921年广九铁路行车时刻表,48.7 cm×62.3 cm,1921年
44. 0279.Z3.137,1939年熊克武聘邓维邦为家庭教师之聘书,27.5 cm×50.1 cm,1939年
45. 0284.Z3.142,1930年广东教育厅长金曾澄颁给黄邦礼的褒状,29.4 cm×48.7 cm,1930年
46. 0285.Z3.143,1930年广东教育厅长金曾澄颁给黄士屏的褒状,29.4 cm×48.8 cm,1930年
47. 0295.Z3.153,1938年胡启先接受赠言的小笔记本,9 cm×12.8 cm,1938年
48. 0296.Z3.154,民国建筑中山纪念馆图书馆劝捐册,29.6 cm×19.5 cm×0.3 cm,民国
49. 0297.Z3.155,1915年广州何华安股东合同第壹号何福来堂合同,21.8 cm×11.2 cm×0.2 cm,1915年
50. 0298.Z3.156,1917年广州福寿荣字号寿枋股东合同之何辉萼堂合同,24.2 cm×13.6 cm×0.2 cm,1917年
51. 0299.Z3.157,民国庚申年广州长茂福记字号寿枋股东合同之何辉萼堂合同,26 cm×14.4 cm×0.2 cm,1920年

52. 0300.Z3.158,1922年利华号股东合同之一何绍耕堂合同,24.5 cm×13.6 cm×0.2 cm,1922年
53. 0301.Z3.159,1930年全粤许氏书院领胙簿,21.3 cm×15.2 cm×0.2 cm,1930年
54. 0302.Z3.160,1926年光东书局添招股本通启及概况,18.8 cm×13.1 cm×0.1 cm,1926年
55. 0303.Z3.161,1925年广州河南彭江记建筑钟宅工程合约簿,18.8 cm×12.5 cm×1 cm,1925年
56. 0305.Z3.163,1924年广州恒丰盛店股份合同簿,25.6 cm×14.9 cm×0.2 cm,1924年
57. 0306.Z3.164,1918年广州宴义堂姑苏行转换第四期合同簿,23.3 cm×13.4 cm×0.1 cm,1918年
58. 0307.Z3.165,1919年广州钟边钟有序堂千益会合同簿,24 cm×13.8 cm×0.2 cm,1919年
59. 0308.Z3.166,1924年番禺县协和堂规条簿,16.2 cm×9.8 cm×0.15 cm,1924年
60. 0309.Z3.167,1923年老翁接中立的遗书,24.2 cm×15.4 cm×0.9 cm,1923年
61. 0310.Z3.168,1925年广东财政厅发给业户关四豪的上盖执照,34.3 cm×31 cm,1925年
62. 0311.Z3.169,1922年广东财政厅发给胡圣翁公祠的全省祠堂庵寺观上盖契税执照,30.6 cm×19.2 cm,1922年
63. 0312.Z3.170,1926年广东财政厅发给业户何福厚堂的上盖执照,33.9 cm×30.9 cm,1926年
64. 0313.Z3.171,1924年业户永合堂收执的广州市内不动产断卖税契,税契32.5 cm×31.5 cm,平面图38.4 cm×34.8 cm,1套2件,1924年
65. 0314.Z3.172,1923年广东财政厅发给业户远东银行的断卖契纸,52 cm×36.9 cm,1923年
66. 0315.Z3.173,1925年潮梅筹饷局发给业户丘生桃的断卖契纸,55.5 cm×35.3 cm,1925年
67. 0316.Z3.174,1925年广东财政厅发给业户李顺田的断卖契纸,54.2 cm×36.8 cm,1925年
68. 0317.Z3.175,1925年广东财政厅发给业户李顺培、李顺田、李顺宁的断卖契纸,54 cm×36.8 cm,1925年
69. 0318.Z3.176,1924年广州黄熙记堂给买家永合堂的店铺卖断契约,契约57.3 cm×53 cm,平面图38.6 cm×34.3 cm,1套2件,1924年
70. 0319.Z3.177,1920年广州市市政公所发给业户孔林的管业执照,执照47.1 cm×32.7 cm,免租执照28.8 cm×15 cm,平面图39.9 cm×35.7 cm,1套3件,1920年
71. 0320.Z3.178,1924年伍文延祖子孙给买家伍于浚的卖断田契,57.7 cm×53.8 cm,1924年
72. 0321.Z3.179,1919年文诏家族子嗣分单契约,56.2 cm×52.8 cm,1套2件,1919年
73. 0322.Z3.180,1925年上湾村人浩中给买家藻和的卖断田契,57 cm×48.2 cm,1925年
74. 0323.Z3.181,1919年潮湾村余中藩余中淮兄弟给买家余接中的卖断田契,57 cm×55 cm,1919年
75. 0324.Z3.182,1934年广州市财政局发给陈维新的骑楼地执照,42 cm×65.2 cm,1934年
76. 0455.Z3.183,1919年专办香山县屯田缴价委员香山县知事兼屯田缴价会办布告,42.2 cm×46.4 cm,1919年
77. 0456.Z3.184,1913年业户马慎德堂的改换租地断卖上盖房屋契纸,内页32.5 cm×59.8 cm,信封35.8 cm×20.2 cm,1套2件,1913年
78. 0457.Z3.185,1923年马慎德堂给买主廖泽屏的断卖屋契,屋契53.8 cm×45.3 cm,税契32.1 cm×31.5 cm,平面图38.2 cm×35.4 cm,1套6件,1923年
79. 0458.Z3.186,1932年广州市工务局发出的建筑凭照,39.2 cm×36.5 cm,1932年
80. 0459.Z3.187,1922年广州铺底顶手登记簿誊本,28.7 cm×21 cm,1922年

81. 0460.Z3.188,1932年广州房屋加建补税上盖执照,33.1 cm×27.2 cm,1932年
82. 0461.Z3.189,民国广州市财政局绘制的四牌楼泗福巷肆号平面图,38.2 cm×35.5 cm,民国
83. 0462.Z3.190,民国广州市财政局绘制的四牌楼泗福巷壹号平面图,38.2 cm×35.5 cm,民国
84. 0463.Z3.191,民国二十年廖泽屏给买家李煜来的房产断卖契纸,53.5 cm×35.6 cm,1931年
85. 0464.Z3.192,1937年梁元亨给买家李煜来的房产断卖契纸,54.6 cm×33.7 cm,1937年
86. 0465.Z3.193,1932年孔林给买家李煜来的房产断卖契纸,54.2 cm×35.6 cm,1932年
87. 0466.Z3.194,1913年梁安给买主马慎德堂改换租地断卖上盖房屋契纸,32.7 cm×61 cm,1913年
88. 0467.Z3.195,1926年洪明理夫妇将子送与吴奕焕养育的契约,57.5 cm×54.3 cm,1926年
89. 0469.Z3.197,1919年广东财政厅发给业户李顺田屯田改民执照,63.1 cm×44.1 cm,1919年
90. 0470.Z3.198,1919年广东财政厅发给业户李顺培、李顺田、李顺宁屯田改民执照,63.3 cm×44.4 cm,1919年
91. 0472.Z3.200,民国重要纪念日大挂图,52.9 cm×39.2 cm,1套18件,民国
92. 0474.Z3.202,民国中国国民党驻三藩市总支部印《中国国民党总章及党纲释义》,信封14.3 cm×9.1 cm,册14 cm×8.5 cm,1套2件,民国
93. 0741.Z3.240,清光绪三十四年中华会馆为筹办学堂等事给邓柱臣的请帖,24—25.5 cm×12.8—12.9 cm,1套12件,清光绪三十四年
94. 0742.Z3.241,清光绪三十四年中华学务公所为集议办学事给邓柱臣的请帖,23.6 cm×10.4 cm,清光绪三十四年
95. 0746.Z3.245,1925年11月谭延闿手书小记,24.6 cm×12.3 cm,1925年
96. 0765.Z3.251,清光绪戊申年中书科邓廷栋致苓西总领宪的禀,22.6 cm×24.1 cm,清光绪戊申年
97. 0766.Z3.252,清宣统己酉年中书科中书邓廷栋致□□观察大人的禀,23.9 cm×39.7 cm,清宣统己酉年
98. 0767.Z3.253,清末广东开平邓氏家族学堂办学章程,27.8 cm×18.9 cm,1套7件,清末
99. 0768.Z3.254,清末《谕拓汇存》,23.2 cm×14.5 cm,23.3 cm×29.1 cm,23.3 cm×29.1 cm,1套3件,清末
100. 0836.Z3.299,民国香港丽合源寄给邓相业的账单(三月初四),内页13.2 cm×9.8 cm,信封12.4 cm×5.9 cm,1套2件,民国
101. 0871.Z3.334,民国周玉泉(成汝)、谢士炳致邓柱臣(三月十五日),内页23.0 cm×21.5 cm,信封14.5 cm×6.7 cm,1套2件,民国
102. 0903.Z3.367,民国间由香港上环新广合寄给邓柱臣的1911年至1916年的进支账单,内页24.6 cm×11.1 cm,信封10.1 cm×15.1 cm,1套5件,1911年至1916年
103. 0964.Z3.428,清末民初某堂为筹款扶危倡言书,21.0 cm×11.8 cm,1套2件,清末民初
104. 0966.Z3.430,民国上海新垃圾桥北华南坊果仁善堂义字号劝赈通告,23.5 cm×32.0 cm,民国
105. 0969.Z3.433,民国广东开平护龙邓姓建筑善堂三合土洋楼工程说明书,22.0 cm×63.5 cm,民国
106. 0971.Z3.435,民国上海新亚书店刊印部分中山先生标准遗像,75.1 cm×49.7 cm,民国
107. 1008.Z3.472,1921年8月20日中国国民党总理孙中山颁给蔡赞的爱国奖状,26.3 cm×

38.5 cm,1921 年

108. 1009.Z3.473,1924 年 7 月 15 日中央直辖滇军师长赵成梁给黄康明的委任状,38.9 cm× 38.5 cm,1924 年

109. 1010.Z3.474,1923 年 11 月 1 日朱润金给李麟绂的借据(承还保人张裕公司),24.3 cm× 18.0 cm,1923 年

110. 1011.Z3.475,民国广东国民法政学校招生布告,81.5 cm×63.3 cm,民国

111. 1012.Z3.476,1926 年 2 月 1 日中国国民党两广盐运使署特别党部宣传布告,54.6 cm× 39.4 cm,1926 年

112. 1015.Z3.479,1927 年广东财政厅颁给开平县赤坎万宁堂的商业牌照,39.1 cm×28.4 cm,1 套 6 件,1927 年

113. 1016.Z3.480,1919 年广东台山阖邑学校成绩陈列会给达人学校刘毓尚的褒奖状, 27.1 cm×39.7 cm,1919 年

114. 1017.Z3.481,1929 年潘遂庆堂的先施保险置业有限公司粤局保单,41.2 cm×25.6 cm, 1929 年

115. 1018.Z3.482,1934 年廖永源堂的太平保险股份有限公司广州分公司保单,单 27.9 cm× 86.3 cm,信封 30.0 cm×13.2 cm,1 套 2 件,1934 年

116. 1019.Z3.483,1935 年潘恩华的康年水火保险有限公司保单,38.5 cm×26.1 cm,1935 年

117. 1022.Z3.486,民国广东省政府合置征求图案远视图,73.1 cm×46.1 cm,民国

118. 1023.Z3.487,清宣统三年商办广澳铁路有限公司招股简章,26.1 cm×55.7 cm,清宣统三年

119. 1024.Z3.488,清光绪三十二年广东省商办粤汉铁路有限公司招股章程,24.5 cm× 55.3 cm,21.2 cm×28.4 cm,1 套 2 件,清光绪三十二年

120. 1025.Z3.489,1918 年驻坎拿大总领事确认黄位的中华民国人民身份的执照,23.4 cm× 21.3 cm,1918 年

121. 1035.Z3.499,1945 年 10 月 27 日由美国纽约汇款至中国重庆中央组织部的电汇通知书(收款人陈立夫),9.1 cm×21.0 cm,1945 年

122. 1036.Z3.500,1946 年 1 月 8 日由加拿大汇款至中国重庆侨务委员会的电汇通知书(收款人陈树人),9.0 cm×20.9 cm,1946 年

123. 1039.Z3.503,1933 年余尧庆的广东律师登录名簿,31.6 cm×18.5 cm,1933 年

124. 1041.Z3.505,1933 年储户张南的万国储蓄会保单,39.2 cm×52.8 cm,1933 年

125. 1046.Z3.510,1932 年黄秀芳与广州市私立强邦小学校所立关约,26.1 cm×21.6 cm,1932 年

126. 1050.Z3.514,民国培英中学学生慰劳伤兵游艺会票,14.1 cm×8.8 cm,民国

127. 1053.Z3.517,民国周翘安为赴美游历书呈广东省长个人简历,23.8 cm×16.5 cm,民国

128. 1055.Z3.519,1914 年广东省城警察厅长邓瑶光饬周翘安公文,官信封 29.6 cm×14.4 cm,公文 27.6 cm×84.7 cm,1 套 2 件,1914 年

129. 1056.Z3.520,1915 年广东省城警察厅署理厅长王广龄饬周翘安公文(第二一〇二号), 26.5 cm×61.7 cm,1915 年

130. 1057.Z3.521,洪宪元年广东省城警察厅署理厅长王广龄饬周翘安公文,26.6 cm× 73.3 cm,1916 年

131. 1058.Z3.522,1917 年广东省会警察厅厅长魏邦平给周翘安的委任令,26.7 cm× 80.5 cm,1917 年

132. 1059.Z3.523,1918年广东印花税分处处长章勤士给周翘安的委任状,34.5 cm×43.4 cm,1918年
133. 1060.Z3.524,1918年广东省会警察厅厅长魏邦平给周翘安的训令,26.3 cm×82.7 cm,1918年
134. 1061.Z3.525,1918年香山县公署知事兼所长陈治安给周翘安的委任令(第八八号),25.8 cm×50.9 cm,1918年
135. 1062.Z3.526,1918年香山县公署知事兼所长陈治安给周翘安的训令(第六八一号),26.6 cm×50.0 cm,1918年
136. 1063.Z3.527,1919年香山县公署知事兼所长林正烇给周翘安的委任令(第八二号),公文27.3 cm×52.3 cm,官信封28.8 cm×15.5 cm,1套2件,1919年
137. 1064.Z3.528,1919年广东海口商埠警察局官封,29.1 cm×15.2 cm,1919年
138. 1065.Z3.529,1929年周文铎的口供纸,23.5 cm×49.5 cm,1套5件,1929年
139. 1066.Z3.530,1923年周缘的口供纸(正页一份,抄写一份),正页23.8 cm×50.2 cm,抄页25.6 cm×57.1 cm,1套7件,1923年
140. 1067.Z3.531,1923年周缘的口供纸(附其父周翘安屋形图),23.5 cm×49.5 cm,1套5件,1923年
141. 1068.Z3.532,1920年周翘安赴美前履历,24.8 cm×51.8 cm,1920年
142. 1069.Z3.533,1924年周亚沅的口供纸(留底),24.1 cm×61.2 cm,1套5件,1924年
143. 1070.Z3.534,民国周亚萧的口供纸,24.0 cm×67.5 cm,1套4件,民国
144. 1073.Z3.537,1931年周年益堂给买家文德堂的手写卖断田契,23.2 cm×40.8 cm,1931年
145. 1075.Z3.539,1940年周灼兴给买家周玉元的手写卖断田契,51.7 cm×40.2 cm,1940年
146. 1076.Z3.540,1939年周马氏与子周灼衡给买家周子京的手写卖断田契,57.7 cm×39.2 cm,1939年
147. 1077.Z3.541,1942年周灼衡给买家周子京的手写卖断田契,69.0 cm×26.2 cm,1942年
148. 1078.Z3.542,1936年李成业堂给买家周创业堂的手写卖断田契,56.5 cm×52.8 cm,1936年
149. 1079.Z3.543,1932年周阮氏、周炳刚给买家周子京的手写卖断田契,23.3 cm×39.1 cm,1932年
150. 1080.Z3.544,民国香山县垦户周徽林祖报承荒埔图形,32.7 cm×58.8 cm,民国
151. 1081.Z3.545,清同治八年嘉应直隶州署香山县正堂给垦户周徽琳祖报承荒埔之执照,47.6 cm×43.0 cm,清同治八年
152. 1082.Z3.546,民国毛杰南为周子京批穴地风水之图文,24.9 cm×53.7 cm,民国
153. 1083.Z3.547,清光绪三十年周琼彩的神涌三堡关帝庙领帛金部,19.4 cm×13.0 cm,清光绪三十年
154. 1084.Z3.548,清光绪三十年周灼彝的神涌三堡关帝庙领帛金部,19.4 cm×13.0 cm,清光绪三十年
155. 1085.Z3.549,清光绪三十年周缙彩妻的神涌三堡关帝庙领帛金部,19.4 cm×13.0 cm,清光绪三十年
156. 1086.Z3.550,清光绪三十年周荣板的神涌三堡关帝庙领帛金部,19.4 cm×13.0 cm,清光绪三十年
157. 1087.Z3.551,民国广东中山县第四区江尾头乡公所拟将细卖与文德堂的契约草稿,

五、纸类

32.8 cm×20.6 cm,民国

158. 1088.Z3.552,清光绪三十年周灼兰妻的神涌三堡关帝庙领帛金部,19.4 cm×13.0 cm,清光绪三十年
159. 1089.Z3.553,清光绪三十年周灼彝妻的神涌三堡关帝庙领帛金部,19.4 cm×13.0 cm,清光绪三十年
160. 1090.Z3.554,清光绪三十年周丽彩妻的神涌三堡关帝庙领帛金部,19.4 cm×13.0 cm,清光绪三十年
161. 1091.Z3.555,清光绪三十年周丽彩的神涌三堡关帝庙领帛金部,19.4 cm×13.0 cm,清光绪三十年
162. 1093.Z3.557,清光绪三十年周丙添的神涌三堡关帝庙领帛金部,19.4 cm×13.0 cm,清光绪三十年
163. 1094.Z3.558,清光绪三十年周协梁的神涌三堡关帝庙领帛金部,19.4 cm×13.0 cm,清光绪三十年
164. 1095.Z3.559,清光绪三十年周癸街的神涌三堡关帝庙领帛金部,19.4 cm×13.0 cm,清光绪三十年
165. 1098.Z3.562,1936年香港大新有限公司给股东周梯云的第廿三届总结册,18.9 cm×12.4 cm,21.3 cm×13.7 cm,1套2件,1936年
166. 1099.Z3.563,1948年周作宾祖分产书(副本),21.4 cm×13.9 cm,1948年
167. 1100.Z3.564,清同治十一年母柯氏所立周念宗堂分书(长子周作宾执存),23.3 cm×14.4 cm,清同治十一年
168. 1104.Z3.798,民国华南酒家菜单,13.3 cm×24.2 cm,民国
169. 1105.Z3.801,民国味兰海鲜锅气饭店传单,26 cm×21.5 cm,民国
170. 1106.Z3.825,民国国际大厦馔谱,22 cm×36.5 cm,民国
171. 1107.Z3.836,民国真光公司酒菜食品部清单,13 cm×26.2 cm,民国
172. 1108.Z3.862,民国有行老酒庄商标纸,10.2 cm×13.2 cm,民国
173. 1113.Z3.567,1948年周作宾祖分产书(副本之二),21.6 cm×14.0 cm,1948年
174. 1115.Z3.569,1947年谢氏绍荣之子给周氏女的定书,37.0 cm×113.9 cm,1947年
175. 1116.Z3.570,1922年广东开平县公署颁行县属联团章程,27.7 cm×43.9 cm,1922年
176. 1118.Z3.572,1918年邓相业给邓贻栋的1916年进支数抄单,26.4 cm×19.7 cm,1918年
177. 1119.Z3.573,清光绪三十三年合和会馆肇庆会馆恩平会馆重建广福堂楼劝捐序,28.7 cm×20.3 cm,1套2件,清光绪三十三年
178. 1127.Z3.581,民国场源进支数札记,17.3 cm×25.8 cm,民国
179. 1132.Z3.586,1922年李瑞祥为广东开平护戍乡邓府作风水志,24.0 cm×44.9 cm,23.9 cm×25.1 cm,1套2件,1922年
180. 1140.Z3.594,民国广东开平护戍乡永美学校关武年的因病请假条,24.1 cm×20.6 cm,民国
181. 1524.Z3.623,民国关于"自由"之释义的拟稿,25.9 cm×3.5 cm,民国
182. 1525.Z3.624,民国二则乡村见闻,24 cm×5 cm,民国
183. 1526.Z3.625,民国香港恭祝孔圣旦活动祝词,23.8 cm×50.3 cm,民国
184. 1529.Z3.628,民国邓相业关于借款抄单三则(十二月十六日),26.2 cm×7.2 cm,1套3件,民国

185. 1532.Z3.631,清末就卷银私逃一案呈中书衙门的文书,22.8 cm×28 cm,清末
186. 1533.Z3.632,民国怡盛号致邓贻栋的抄单(十二月初五日),26 cm×11.8 cm,民国
187. 1535.Z3.634,民国春和堂致邓相业的抄单(十二月),23.3 cm×17.1 cm,民国
188. 1536.Z3.635,清末算命书,33.5 cm×32.8 cm,清末
189. 1538.Z3.637,民国邓廷栋就埠口生意欠佳等事致观察大人的拟稿(十月十日),23.9 cm×34.7 cm,民国
190. 1542.Z3.641,民国昌栈发货堂致邓相业的抄单(十二月二十五日),25.4 cm×13.8 cm,民国
191. 1943.Z3.788,民国先施有限公司粤行自制各种装饰品价目表,25.5 cm×31.4 cm,民国
192. 1946.Z3.789,民国先施有限公司始创不二价包装纸,25 cm×26.8 cm,民国
193. 1954.Z3.792,民国广州维新大酒家菜单,22 cm×14.2 cm,民国
194. 1955.Z3.793,1948年广州联春馆酒家菜单,22 cm×14.3 cm,1948年
195. 1956.Z3.794,民国广州大排档菜单,21.5 cm×14.2 cm,民国
196. 1957.Z3.795,民国广州大排档菜单,22.8 cm×13.8 cm,民国
197. 1958.Z3.796,民国广州某酒家菜单,19.5 cm×33.9 cm,民国
198. 1959.Z3.797,民国华南酒家菜单,13.3 cm×25.2 cm,民国
199. 1960.Z3.799,1926年广东酒店柜面存底单,15 cm×25.3 cm,1926年
200. 1961.Z3.800,民国味兰海鲜锅气饭店传单,26.2 cm×21.2 cm,民国
201. 1962.Z3.802,民国广州大排档菜单,25.7 cm×13.3 cm,民国
202. 1966.Z3.803,民国泰诚正染厂战舰商标纸,20 cm×14 cm,民国
203. 1967.Z3.804,民国粤沪渝东兴电机染厂轩辕牌商标纸,27.5 cm×19.5 cm,民国
204. 1968.Z3.805,民国广州永新染织厂狮林牌商标纸,23.5 cm×17.5 cm,民国
205. 1969.Z3.806,民国广州万盛织染布厂童鸡牌商标纸,26.8 cm×19.5 cm,民国
206. 1970.Z3.807,1935年广州市一德路源昌振记皂厂价目表,18 cm×29.9 cm,1935年
207. 1971.Z3.808,民国省港新东方糖果公司报价表,22 cm×26.4 cm,民国
208. 1972.Z3.809,民国南新洗衣馆新张通告,23 cm×23 cm,民国
209. 1973.Z3.810,民国广州卫生糖果公司价目表,10.8 cm×19.4 cm,民国
210. 1975.Z3.812,1929年广东粤汉铁路行车时刻表,26.8 cm×18.3 cm,1929年
211. 1976.Z3.813,民国广州市永隆织造厂包装纸,32.3 cm×38.5 cm,民国
212. 1977.Z3.814,民国广州仁生丝绸庄包装纸,45.5 cm×44 cm,民国
213. 1980.Z3.815,民国羊城西关黎镛影相价目表,25 cm×18.5 cm,民国
214. 1983.Z3.818,民国广州霍乱救急良方传单,26.4 cm×13.5 cm,民国
215. 1985.Z3.820,1908年安雅书局发单,29.7 cm×12.7 cm,1908年
216. 1987.Z3.821,民国广州星粤日报出版预告纸,26.7 cm×14.5 cm,民国
217. 1989.Z3.823,1921年静观美术所招男女生简章,22.5 cm×35.5 cm,1921年
218. 1990.Z3.824,民国国际大厦馔谱,22 cm×36.5 cm,民国
219. 1991.Z3.826,民国广州影霞美术社招生简章,21.5 cm×39.5 cm,民国
220. 1992.Z3.827,1936年赞美饼干公司发行价目通告,21.4 cm×30.9 cm,1936年
221. 1993.Z3.828,1935年广州市远东糖果饼干公司新订价目表,23.8 cm×48.1 cm,1935年
222. 1994.Z3.829,1936年广州嘉顿机制糖果饼干厂价目通告,24.8 cm×34.5 cm,1936年
223. 1995.Z3.830,1936年广州玉山糖果饼干公司价目表,27.5 cm×21 cm,1936年

224. 1996.Z3.831,民国英记老茶庄价目表,27 cm×39.5 cm,民国
225. 1997.Z3.832,民国广州市民镜影相店包装袋,32.4 cm×43.5 cm,民国
226. 1998.Z3.833,民国广州永华大药房包装纸,48 cm×59 cm,民国
227. 1999.Z3.834,民国广州市丽生绸缎庄商标纸,31 cm×24.2 cm,民国
228. 2000.Z3.835,民国真光公司酒菜食品部清单,13 cm×26.2 cm,民国
229. 2001.Z3.837,民国广州市正华粉厂商标,13.8 cm×7.9 cm,民国
230. 2003.Z3.839,民国广州三凤粉妆包装纸,38 cm×23 cm,民国
231. 2006.Z3.842,民国正王老吉祖铺商标,21.2 cm×15.8 cm,民国
232. 2007.Z3.843,民国王老吉茶商标,17.8 cm×18.3 cm,民国
233. 2008.Z3.844,民国广州模范帽厂包装纸,60 cm×43 cm,民国
234. 2014.Z3.849,民国广东诚昌包装纸,25 cm×39 cm,民国
235. 2015.Z3.850,民国生和隆染织厂包装纸,40.5 cm×16 cm,民国
236. 2016.Z3.851,民国广州市朱鸿安商标,17.5 cm×20 cm,民国
237. 2017.Z3.852,民国广州福厚电机织造厂包装纸,44 cm×59 cm,民国
238. 2018.Z3.853,民国广州儿童书局包装袋,23.4 cm×16.3 cm,民国
239. 2020.Z3.855,民国广州泰盛布厂包装纸,52 cm×44.5 cm,民国
240. 2022.Z3.857,民国仁泰布庄风行牌商标,27 cm×18.5 cm,民国
241. 2023.Z3.858,民国广隆号大汉全红商标,8.6 cm×7.2 cm,民国
242. 2026.Z3.861,民国有行老酒庄商标纸,10.2 cm×13.2 cm,民国
243. 2027.Z3.863,1933年华南航业有限公司传单,27.1 cm×19.4 cm,1933年
244. 2029.Z3.865,民国省港新东方糖果公司价目表,22 cm×26.3 cm,民国
245. 2036.Z3.871,民国广东新德隆罐头庄商标,10.3 cm×30 cm,民国
246. 2038.Z3.872,民国广州时明电机织造公司商标,8 cm×16 cm,民国
247. 2043.Z3.877,民国广州新华大酒店便笺,26.5 cm×17.3 cm,民国
248. 2044.Z3.878,1931年广州市私立明达小学校招收男女生简章,26 cm×36.1 cm,1931年
249. 2045.Z3.879,民国中华学校招男女生简章,22.2 cm×35.5 cm,民国
250. 2046.Z3.880,民国广州发财联榜第72期,18.9 cm×15.3 cm,民国
251. 2047.Z3.881,民国广州发财联榜第4期,18.3 cm×15.6 cm,民国
252. 2048.Z3.882,民国广州发财联榜第13期,18.3 cm×15.7 cm,民国
253. 2049.Z3.883,民国广州发财联榜第55期,18.9 cm×15.4 cm,民国
254. 2050.Z3.884,民国广州发财联榜第65期,18.3 cm×15.4 cm,民国
255. 2051.Z3.885,民国广州发财联榜第69期,18.5 cm×15.4 cm,民国
256. 2052.Z3.886,民国广州昌兴单榜第56期,13.7 cm×15.7 cm,民国
257. 2053.Z3.887,民国广州昌兴单榜第65期,13.6 cm×15.8 cm,民国
258. 2054.Z3.888,民国品香园饼家包装纸,28.8 cm×35.5 cm,民国
259. 2058.Z3.892,民国广东老牌黄宝善商标,13 cm×9.5 cm,民国
260. 2059.Z3.893,民国广州一品升酒店菜单,19.8 cm×23.8 cm,民国
261. 2066.Z3.898,民国合生祥织染布厂文王商标,26 cm×17 cm,民国
262. 2068.Z3.900,民国唐拾义良药商标纸,38.2 cm×26.8 cm,民国
263. 2071.Z3.903,民国鸿兴织造商包装纸,45 cm×59.9 cm,民国

264. 2073.Z3.905,民国和兴布号猛虎商标,10.9 cm×19.5 cm,民国
265. 2081.Z3.910,民国万国储蓄会南华分行通告,19.9 cm×21.8 cm,民国
266. 2085.Z3.913,民国粤东罗奇生马嚘商标,10.1 cm×12 cm,民国
267. 2091.Z3.918,民国罗奇生烟标纸,11.1 cm×14.4 cm,民国
268. 2092.Z3.919,民国广东仁和堂三鞭种子酒商标,9.9 cm×9 cm,民国
269. 2095.Z3.922,民国生活影楼包装袋,10.9 cm×14.8 cm,民国
270. 2096.Z3.923,民国广州安亚制药行股东购物优待券,11.3 cm×6.5 cm,民国
271. 2097.Z3.924,1931年敦本公司给宗族的通知,25.2 cm×24 cm,1931年
272. 2098.Z3.925,1934年广州大华保险股份有限公司总结册,21.5 cm×25 cm,1934年
273. 2099.Z3.926,民国广州美利行织造厂商标,15.5 cm×5.2 cm,民国
274. 2100.Z3.927,民国广州市国医曹统新赠诊券,17.6 cm×13.3 cm,民国
275. 2103.Z3.929,民国广州民生号烟纸商标,10.3 cm×9.3 cm,民国
276. 2104.Z3.930,民国南华较剪嚘化妆药品厂商标,8.2 cm×9 cm,民国
277. 2120.Z3.933,1931年广州市城西方便医院处方单,24.5 cm×13.5 cm,1931年
278. 2121.Z3.934,民国广东永安祥伞厂包装纸,58.3 cm×19 cm,民国
279. 2124.Z3.936,1935年粤东和昌号中秋月饼价目表,27.5 cm×31.5 cm,1935年
280. 2125.Z3.937,1935年粤东得兴饼家中秋月饼价目表,27.5 cm×31.3 cm,1935年
281. 2126.Z3.938,民国裕祥饼家中秋价目一览表,28.2 cm×31.7 cm,民国
282. 2127.Z3.939,民国来胜酒楼中秋月饼价目表,28.8 cm×32 cm,民国
283. 2128.Z3.940,民国绵光泰布厂的救国宣言传单,25.6 cm×17.8 cm,民国
284. 2129.Z3.941,民国广州恒兴搪瓷厂铝器价目表,43.2 cm×40.5 cm,民国
285. 2130.Z3.942,民国华洋公司瓜子包装纸,39.3 cm×13.3 cm,民国
286. 2134.Z3.945,民国陈联栈蜡烛包装纸,21 cm×29.3 cm,民国
287. 2135.Z3.946,民国粤东德祥酒庄商标,10.1 cm×9.8 cm,民国
288. 2136.Z3.947,民国粤东大良元栈号梳篦包装纸,24.7 cm×23.3 cm,民国
289. 2137.Z3.948,民国粤东裕丰酒庄商标,12.2 cm×8.3 cm,民国
290. 2141.Z3.949,1940年广州和生祥国药行中药价目表,38.1 cm×52 cm,1940年
291. 2142.Z3.950,民国建国橡胶制品厂包装袋,16 cm×30 cm,民国
292. 2143.Z3.951,民国周同茂鞭炮商标,9.5 cm×8.1 cm,民国
293. 2144.Z3.952,民国启源布庄包装纸,58.5 cm×43.5 cm,民国
294. 2160.Z3.953,1913年中华民国广东财政司印发的改换租地断卖上盖房屋契纸,32.5 cm×60.3 cm,1913年
295. 2161.Z3.954,1916年广东财政厅发出的断卖契纸,53 cm×39.5 cm,1916年
296. 2162.Z3.955,1918年梁永焕卖给梁永宁的卖田契约,55.5 cm×43 cm,1918年
297. 2164.Z3.957,1914年广州新民置业有限公司创办合同,21.1 cm×28 cm,1914年
298. 2190.Z3.960,1922年马琼摄卖田给马均伦的卖断契约,17 cm×53.5 cm,1922年
299. 2191.Z3.961,1923年广东省财政厅发出断卖契纸,53 cm×36.7 cm,1923年
300. 2194.Z3.962,1925年李氏家族卖伍衍泽堂的卖田契约,59 cm×53.5 cm,1925年
301. 2200.Z3.964,民国阳历附历步七政四馀选择,28.5 cm×61.8 cm,民国
302. 2209.Z3.965,1924年鲍成为卖给鲍鳌的卖房契约,54.5 cm×49.5 cm,1924年

303. 2211.Z3.966,1923年广东财政厅发给李福星和刘坤松的断卖契约,53.2 cm×37 cm,1923年
304. 2218.Z3.967,1918年梁永焕卖田给梁永宁的断卖契约,55 cm×38.9 cm,1918年
305. 2220.Z3.968,1924年财政部发给甑户的特许贩卖酒类牌照,17 cm×24.2 cm,1924年
306. 2222.Z3.969,1925年广东财政厅发给司徒联盛堂和司徒活文的断卖契约,56 cm×83 cm,1925年
307. 2224.Z3.970,1925年广州真光有限公司给司徒联盛堂的提附款项手折,16.4 cm×10.7 cm,1925年
308. 2225.Z3.971,1873年潮安县许氏的断卖契纸,41 cm×40.7 cm,1873年
309. 2226.Z3.972,1913年龚氏与刘氏的断卖契纸,45 cm×37 cm,1913年
310. 2228.Z3.973,1912年黄裕德与梁因的断卖契纸,68.5 cm×59 cm,1912年
311. 2232.Z3.974,1925年司徒仕宏与司徒联盛堂的断卖契纸,81.7 cm×57 cm,1925年
312. 2233.Z3.975,1923年广东财政厅发给阮永善堂和缪俊德堂的断卖契纸,51.7 cm×37 cm,1923年
313. 2234.Z3.976,1922年郑合安堂与钟积荫堂的断卖契纸,54.3 cm×52.3 cm,1922年
314. 2235.Z3.977,1922年郑合安堂与钟积荫堂的断卖契纸,33.8 cm×60.3 cm,1922年
315. 2236.Z3.978,1919年粤军总司令部给沈清溪的执照,48.2 cm×29.3 cm,1919年
316. 2237.Z3.979,1921年广东财政厅发给蔡荣兴的断卖契纸,52.5 cm×40.5 cm,1921年
317. 2261.Z3.980,1927年伍氏后人卖给伍于浚的卖田契,54.6 cm×48.5 cm,1927年
318. 2262.Z3.981,1913年广东财政司发出的改换租地断卖上盖房屋契纸,31.5 cm×58.5 cm,1913年
319. 2263.Z3.982,1928年广东省政府财政司发出的断卖契,60 cm×53 cm,1928年
320. 2264.Z3.983,1921年广东财政厅发出的广州市内税契不动产断卖纸,63 cm×42.5 cm,1921年
321. 2276.Z3.986,民国华安合群保寿有限公司章程,14.9 cm×10.4 cm,民国
322. 2278.Z3.987,民国广州市新亚电池厂司令牌电池商标,39.3 cm×18.4 cm,民国
323. 2279.Z3.988,民国南华织造厂金龙牌线袜包装盒盖纸,35.7 cm×23.8 cm,民国
324. 2280.Z3.989,民国协天成油墨行商标,36 cm×16.9 cm,民国
325. 2281.Z3.990,1922年蓬莱仙馆月饼价表,25 cm×31 cm,1922年
326. 2288.Z3.995,民国广州市卫生糖果公司价目表,10.3 cm×19.5 cm,民国
327. 2289.Z3.996,民国广东台山县中正隆商标,25.5 cm×25.1 cm,民国
328. 2290.Z3.997,民国勒吐精代乳粉商标,23 cm×15.5 cm,民国
329. 2291.Z3.998,民国鹰唛牛奶商标,22.9 cm×15.2 cm,民国
330. 2294.Z3.1001,民国郑明和锡箔商标,19.8 cm×21.4 cm,民国
331. 2296.Z3.1003,民国美华松鹤商标(江门五色衣纸),22.4 cm×11.7 cm,民国
332. 2298.Z3.1004,民国广东南洋兄弟烟草有限公司地球香烟商标,16.5 cm×7 cm,民国
333. 2299.Z3.1005,民国广州市像真美术摄影包装袋,28.7 cm×19.8 cm,民国
334. 2300.Z3.1006,民国广州市苏记发夹商标,13 cm×8.4 cm,民国
335. 2301.Z3.1007,民国广东居优惠券,8.9 cm×5 cm,民国
336. 2302.Z3.1008,民国广州市美观美术照相包装纸,20 cm×29 cm,民国
337. 2303.Z3.1009,民国广州市李义兰老烟庄金城烟丝商标,13 cm×19.7 cm,民国

338. 2304.Z3.1010,民国广东必得胜丹商标,19 cm×18.6 cm,民国
339. 2305.Z3.1011,民国广州市锦丰号绸缎包装纸,59 cm×29.5 cm,民国
340. 2306.Z3.1012,民国广州市中庸屋太乙堂如意金丹商标,17.7 cm×17.3 cm,民国
341. 2307.Z3.1013,民国广东佛山美新商标,31.3 cm×23 cm,民国
342. 2308.Z3.1014,民国梁垣三祝生丸功用服法说明书,33.8 cm×33.5 cm,民国
343. 2309.Z3.1015,民国广东台山广悦香商标,18.9 cm×12 cm,1套2件,民国
344. 2310.Z3.1016,民国广州市先施有限公司减价传单,9.8 cm×15.7 cm,民国
345. 2311.Z3.1017,民国广东佛山德昌老号商标,55.5 cm×20.8 cm,民国
346. 2312.Z3.1018,民国广州市周中亚织造商标,31.3 cm×19.7 cm,民国
347. 2313.Z3.1019,民国广东泡步乡蔚星剧团庆祝国父诞辰公演优待券,11.3 cm×7.5 cm,民国
348. 2315.Z3.1021,民国广东佛山广平安仙品砵砂香商标,32.2 cm×15.8 cm,民国
349. 2316.Z3.1022,民国公昌电池厂"十九路"电池商标,5.8 cm×10.4 cm,民国
350. 2317.Z3.1023,民国广州市和泰香庄商标,14.2 cm×4.8 cm,民国
351. 2318.Z3.1024,民国广州市缉文学塾招生简章,26.2 cm×26.5 cm,民国
352. 2322.Z3.1026,民国地球牌商标,23.2 cm×18.1 cm,民国
353. 2323.Z3.1027,民国泰和洋行商标,23 cm×17.8 cm,民国
354. 2324.Z3.1028,民国慎安织染厂总统牌商标,27.5 cm×20 cm,民国
355. 2325.Z3.1029,民国德国柏林颜料厂商标,6 cm×13.1 cm,民国
356. 2326.Z3.1030,民国都昌永兴泰商标,22 cm×19.5 cm,民国
357. 2333.Z3.1035,民国均益号总统炮仗商标,15.3 cm×9.5 cm,民国
358. 2340.Z3.1038,民国省港广三行有限公司双妹嚜花露水商标,11.9 cm×9.7 cm,民国
359. 2342.Z3.1040,民国"还我河山"火花,3.8 cm×5.5 cm,民国
360. 2343.Z3.1041,民国"中华民国"火花,3.2 cm×5.7 cm,民国
361. 2345.Z3.1042,民国"中华民国自由"火花,3.5 cm×5.6 cm,民国
362. 2348.Z3.1045,民国粤东建成化学制造厂肥皂包装纸,18 cm×8.1 cm,民国
363. 2353.Z3.1047,民国广东南洋兄弟烟草公司三喜牌商标,7.1 cm×12.8 cm,民国
364. 2355.Z3.1048,民国锦泰号烟庄包装纸,31.7 cm×18.5 cm,民国
365. 2356.Z31049,民国蓉芳美术照像包装袋,24 cm×19.5 cm,民国
366. 2359.Z3.1052,民国中国制帽厂包装袋,57 cm×44 cm,民国
367. 2362.Z3.1055,民国何承昌烟庄罗汉烟丝包装纸,25 cm×21 cm,民国
368. 2364.Z3.1057,民国孙中山先生大元帅戎装立像,77.5 cm×53 cm,民国
369. 2368.Z3.1062,民国广州国民政府军事委员会政治训练部制沙基惨案宣传画,51 cm×76 cm,民国
370. 2381.Z3.1063,民国上海徐胜记印刷厂制四开彩色孙中山像,53 cm×38.4 cm,民国
371. 2422.Z3.1065,1928年广州同益联保火险公会传单,31.8 cm×19.5 cm,1928年
372. 2423.Z3.1066,1932年广州同益联保火险公会第一次科款传单,31.5 cm×17 cm,1932年
373. 2437.Z3.1067,1935年香港永安人寿保险有限公司第十届董事监察候选人名表,17.5 cm×10.2 cm,1935年
374. 2438.Z3.1068,1939年香港永安人寿保险有限公司第十四届董事监察候选人名表,17.5 cm×10.2 cm,1939年

375. 2470.Z3.1070,民国香港中国康年联保人寿有限公司投保章程,21.5 cm×11.9 cm,民国
376. 2471.Z3.1071,民国陆海通人寿保险有限公司投保优先额章程,15.8 cm×10.5 cm,民国
377. 2478.Z3.1072,1928年广东建设厅发给李长启领取执照的批文,31 cm×43.2 cm,1928年
378. 2482.Z3.1073,1923年广东财政厅发给日光号江记英美烟公司的铺底执照,33.4 cm×30.9 cm,1923年
379. 2496.Z3.1078,1939年邮政储金汇业局的储蓄券条例及施行细则暨章程,12.8 cm×9.4 cm,1939年
380. 2499.Z3.1079,1936年合和号与简庆颜签订的用工合同,25.4 cm×16.6 cm,1936年
381. 2500.Z3.1080,民国广东全省酒类公卖税费章程,28 cm×36.9 cm,民国
382. 2501.Z3.1081,1923年陈国良先生到小吕宋的订船位合同,26.8 cm×14.6 cm,1923年
383. 2507.Z3.1082,1918年中国驻温哥华领事发给蔡鸿盛的执照,23.8 cm×21.1 cm,1918年
384. 2508.Z3.1083,1925年雄利总厂代收牌照,38.3 cm×25.8 cm,1925年
385. 2509.Z3.1084,1921年美国驻广州总领事发给美籍华人李毓淋的回乡护照,31 cm×22.3 cm,1921年
386. 2511.Z3.1086,1926年中国驻墨西哥领事发给黄麟传的执照,28.3 cm×18.2 cm,1926年
387. 2517.Z3.1088,1925年商办西门墟光兴公司批发铺屋地段契约,56.5 cm×53 cm,19.2 cm×13 cm,1套2件,1925年
388. 2518.Z3.1089,民国广州市私立强邦小学校给黄秀芳的关约聘书,26.0 cm×21.5 cm,1套5件,民国
389. 2519.Z3.1090,1895年余崇鼎给江虞恩的卖田契约及1928年福建财政厅给江虞恩的地契,40 cm×91.2 cm,1895年
390. 2520.Z3.1091,民国广州私立国民高级助产职业学校招生简章,25 cm×46.3 cm,民国
391. 2530.Z3.1093,1923年广东新会人汤树移民口供纸,23.4 cm×22 cm,1923年
392. 2535.Z3.1096,1935年广东陆地测量局制燕塘东北地形图,41.5 cm×49.5 cm,1935年
393. 2536.Z3.1097,1925年中国国民党加拿大总支部马东海的党员月费册,12.9 cm×22.7 cm,1925年
394. 2592.Z3.1100,民国广州大喜化妆品厂固名玉纸质牙膏盒,13.3 cm×3.6 cm×2.5 cm,民国
395. 2599.Z3.1101,民国广州山东时髦绒口包装纸,44.8 cm×40 cm,民国
396. 2605.Z3.1103,民国台山新昌新华路祥益号布匹包装纸,43.3 cm×39.8 cm,民国
397. 2607.Z3.1104,民国广州兴华电池厂五羊牌干电池包装纸,21.1 cm×15.2 cm,民国
398. 2610.Z3.1107,民国罗兆春寿记纸号声明,29.2 cm×17.7 cm,民国
399. 2611.Z3.1108,民国广州大昌商店呢绒丝绸包装纸,43.8 cm×39.4 cm,民国
400. 2612.Z3.1109,民国广州儿童书局包装纸,23.2 cm×16.3 cm,民国
401. 2613.Z3.1110,民国公平公司包装纸,29.6 cm×22.4 cm,民国
402. 2621.Z3.1118,民国中国华成烟公司美丽牌香烟包装纸,17 cm×8.8 cm,民国
403. 2622.Z3.1119,民国中国华成烟公司美丽牌香烟包装纸,17 cm×8.8 cm,民国
404. 2623.Z3.1120,民国海盗牌香烟包装纸,16.3 cm×9.5 cm,民国
405. 2626.Z3.1123,民国美国Union Cigretter牌香烟包装纸,16.3 cm×9 cm,民国
406. 2627.Z3.1124,民国美商Lucky Strike牌香烟包装纸,16 cm×8.8 cm,民国
407. 2628.Z3.1125,民国先施有限公司精制化妆香品商标,34.2 cm×19.5 cm,民国

408. 2629.Z3.1126,民国广州华民新染织厂鹰熊牌商标,10 cm×14.3 cm,民国
409. 2630.Z3.1127,民国广州聘成织造公司商标,11.2 cm×7.5 cm,民国
410. 2631.Z3.1128,民国广州三骨超等幼结线袜商标,2 cm×7.3 cm,民国
411. 2632.Z3.1129,民国婴孩牌香烟标,13.3 cm×21.4 cm,民国
412. 2633.Z3.1130,民国广州永昌隆商标,30.6 cm×18.4 cm,民国
413. 2634.Z3.1131,民国广州国庆织造厂双十牌商标,27.5 cm×17.6 cm,民国
414. 2635.Z3.1132,民国广州兴华织造厂招贴纸,26 cm×14 cm,民国
415. 2636.Z3.1133,民国台城省城联发协记运货公司收据,24.9 cm×11 cm,民国
416. 2638.Z3.1135,民国中国大东南烟公司高而富香烟标,16 cm×9.6 cm,民国
417. 2639.Z3.1136,民国美国Marvels牌烟标,8.7 cm×15.8 cm,民国
418. 2640.Z3.1137,民国华商中美烟厂有限公司黄金牌香烟标,9 cm×16.9 cm,民国
419. 2641.Z3.1138,民国澳门Cowboy牌烟标,8.9 cm×11.5 cm,民国
420. 2642.Z3.1139,民国美国Oldgold牌烟标,7.8 cm×15.6 cm,民国
421. 2646.Z3.1143,民国美国Four Horses牌烟标,16.3 cm×9.8 cm,民国
422. 2648.Z3.1145,民国广州锦兴号包装纸,29 cm×53.5 cm,民国
423. 2649.Z3.1146,民国广州中华国货现代化学工艺厂现代墨汁商标,5 cm×7.4 cm,民国
424. 2650.Z3.1147,民国广州新华大酒店告示纸,3.4 cm×12.1 cm,民国
425. 2652.Z3.1149,民国广州真真映相馆包装袋,13.4 cm×10 cm,民国
426. 2654.Z3.1150,民国台城三民轩洗染所价目表,27 cm×14.8 cm,民国
427. 2656.Z3.1152,民国广东新会嘉福饼肆商标,18.8 cm×18.7 cm,民国
428. 2658.Z3.1154,民国广州大安号包装袋,5.8 cm×6 cm,民国
429. 2661.Z3.1157,民国广州礼和洋行商标,12.3 cm×11.3 cm,民国
430. 2663.Z3.1159,民国广东台山公益恒丰玉酒庄大鹏商标,12.3 cm×11 cm,民国
431. 2664.Z3.1160,民国公益埠恒丰玉鸿记酒庄商标,11.5 cm×10.4 cm,民国
432. 2667.Z3.1163,民国公益埠世光相片包装袋,11.5 cm×13 cm,民国
433. 2671.Z3.1166,民国广州天德堂中药包装袋,39.8 cm×45 cm,民国
434. 2676.Z3.1168,民国中兴火花,5.6 cm×3.5 cm,民国
435. 2677.Z3.1169,民国爱国火花,3.8 cm×5.8 cm,民国
436. 2678.Z3.1170,民国瑞华牡丹胭脂商标,4.9 cm×3.9 cm,民国
437. 2682.Z3.1173,民国李义兰老烟庄红猫牌烟丝商标,10.3 cm×7 cm,民国
438. 2683.Z3.1174,民国南海均益号商标,15.2 cm×11.8 cm,民国
439. 2686.Z3.1177,1921年绍边村黄益尝会发给黄耀祥的执照,18.2 cm×14 cm,1921年
440. 2688.Z3.1179,1926年广州市纱绸布匹店员工会条例,26 cm×35.8 cm,1926年
441. 2703.Z3.1194,民国Elephant牌香烟包装纸,8.9 cm×15.5 cm,民国
442. 2704.Z3.1195,民国欢迎牌香烟包装纸,18.4 cm×6.8 cm,民国
443. 2705.Z3.1196,民国Waldorf牌香烟包装纸,16 cm×9 cm,民国
444. 2710.Z3.1198,民国石岐肖观美术研究社招男女生简章,21.7 cm×30.8 cm,民国
445. 2712.Z3.1200,民国双刀牌香烟暨水乡图,13.4 cm×20.5 cm,民国
446. 2713.Z3.1201,民国南华化妆品较剪唛免晒白鞋帽粉包装盒,19 cm×17.8 cm,民国
447. 2715.Z3.1203,民国广州百家利家用化学制品厂辟疫臭水商标,8.2 cm×6.8 cm,民国

448. 2716.Z3.1204,民国港沪粤恒中化工厂可力康香墨汁商标,6.8 cm×15 cm,民国
449. 2717.Z3.1205,民国广州奇盛老金铺商标,13.2 cm×7.5 cm,民国
450. 2719.Z3.1207,民国广州百家利家用化学制品厂双环牌白鞋帽水商标,12.1 cm×8.2 cm,民国
451. 2720.Z3.1208,民国广州美华生产社美而香爽身粉商标,7.3 cm×24 cm,民国
452. 2721.Z3.1209,民国广州兰花爽身粉包装盒,12.7 cm×15.4 cm,民国
453. 2722.Z3.1210,民国广州较剪嘜牌辟疫臭水商标,8.3 cm×9 cm,民国
454. 2724.Z3.1212,民国天和昌泰记商标,26.1 cm×18 cm,民国
455. 2725.Z3.1213,民国中国华成烟公司美丽牌香烟包装盒,21 cm×40.5 cm,民国
456. 2726.Z3.1214,民国中山唯一映相包装袋,13.7 cm×13.2 cm,民国
457. 2727.Z3.1215,1922年昌兴轮船公司船期表,34 cm×21.7 cm,1922年
458. 2729.Z3.1217,民国广州大兴祥香庄商标,16.6 cm×9 cm,民国
459. 2730.Z3.1218,民国广州大成织造公司商标纸,40.2 cm×18.2 cm,民国
460. 2733.Z3.1221,民国广州东山厂鸡鹿火柴商标,3.2 cm×4.9 cm,民国
461. 2744.Z3.1223,1913年昌兴公司船期表,38.6 cm×25.6 cm,1913年
462. 2746.Z3.1225,1926年美光楼摄影包装纸,15.5 cm×17.5 cm,1926年
463. 2748.Z3.1226,1909年香港宪政总会传单,21 cm×29.5 cm,1909年
464. 2750.Z3.1227,1909年香港商报传单,17.7 cm×16.3 cm,1909年
465. 2751.Z3.1228,1909年伍宪子关于整顿商报的传单,24.3 cm×19.8 cm,1909年
466. 2754.Z3.1230,民国财政部提交参议院之借款大意草稿,17.6 cm×29 cm,17.5 cm×5.5 cm,19.5 cm×9 cm,1套3件,民国
467. 2756.Z3.1232,1909年振华公司众股东驳墨国莱苑胡兰甫的传单,26.5 cm×50.7 cm,1909年
468. 2757.Z3.1233,民国"请看叶恩欧矩甲梁少闲诸贼之罪状"传单,24 cm×47.4 cm,民国
469. 2758.Z3.1234,民国原民报社长章炳麟"伪民报检举状"传单,28 cm×39 cm,民国
470. 2759.Z3.1235,1911年宪政编查馆奏定禁烟条例解释案语一览表,64.5 cm×91.5 cm,1911年
471. 2763.Z3.1239,1930年日本邮船公司年历画,107.5 cm×38.5 cm,1930年
472. 2764.Z3.1240,民国南洋兄弟烟草有限公司招贴画,78 cm×53.2 cm,民国
473. 2765.Z3.1241,民国南洋兄弟烟草有限公司招贴画,102.5 cm×37.5 cm,民国
474. 2767.Z3.1243,1937年广州地方法院布告,54.5 cm×38.2 cm,1937年
475. 2768.Z3.1244,1936年承办广东财政厅中顺峰溪区沙田捐费钱粮惠农公司布告,54.8 cm×39.3 cm,1936年
476. 2769.Z3.1245,1930年广东财政厅发给邝瑞华的商业牌照,38 cm×28.3 cm,1930年
477. 2770.Z3.1246,1921年外交部特派广东交涉员副照,45.8 cm×18.5 cm,1921年
478. 2772.Z3.1248,中华民国共和纪念邮票,2.5 cm×3.3 cm,1套9件,民国
479. 2773.Z3.1249,中华民国光复纪念邮票,2.5 cm×3.3 cm,1套9件,民国
480. 2774.Z3.1250,民国戏剧烟标卡,3.6 cm×6.2 cm,1套50件,民国
481. 2775.Z3.1251,民国历史人物烟标卡,6.8 cm×4 cm,1套51件,民国
482. 2776.Z3.1252,民国宏兴鹧鸪菜赠二十四孝烟标卡,5.3 cm×6.2 cm,1套23件,民国

483. 2777.Z3.1253,民国华成烟公司赠西游记神话人物烟标卡,6.1 cm×3.6 cm,1套30件,民国

484. 2778.Z3.1254,民国仕女故事烟标卡,6.2 cm×3.6 cm,1套48件,民国

485. 2779.Z3.1255,民国海盗牌香烟中国谚语故事烟标卡,3.6 cm×6.3 cm,1套50件,民国

486. 2780.Z3.1256,民国英国烟草公司儿童游戏烟标卡,6.3 cm×3.6 cm,1套30件,民国

487. 2781.Z3.1257,英美烟公司西厢记烟标卡,5.1 cm×6.7 cm,1套20件,民国

488. 2782.Z3.1258,民国卡万德伦敦烟草公司古代中国民俗、神话烟标卡,6.7 cm×3.5 cm,1套25件,民国

489. 2783.Z3.1259,民国昌宝灯会烟标卡,6.3 cm×3.6 cm,1套10件,民国

490. 2784.Z3.1260,民国英美烟公司聊斋志异烟标卡,3.5 cm×6.2 cm,1套70件,民国

491. 2785.Z3.1261,民国英烈传烟标卡,5.1 cm×6.7 cm,1套12件,民国

492. 2809.Z3.1285,1921年广东台山县戏拟昌平村筹着更防费发薄寄往外洋各埠兄弟子侄书,23.9 cm×47.8 cm,1921年

493. 2847.Z3.1323,1920年See Chong由加拿大给A. H. Chong的电报,14 cm×21.7 cm,8.8 cm×15.2 cm,1套2件,1920年

494. 2848.Z3.1324,1920年See Chong由加拿大给A. H. Chong的电报,13.9 cm×21.3 cm,9 cm×15.2 cm,1套2件,1920年

495. 2888.Z3.1364,1938年1月28日谢贻福堂与安粤号因铺地纠纷拟定善后契约,25.4 cm×22.8 cm,1938年

496. 2939.Z3.1414,民国汉塘刘大学支银便条(二月三日、二月二十一日),24.4 cm×8.1 cm,24 cm×8.2 cm,13.8 cm×6.8 cm,1套3件,民国

497. 2940.Z3.1415,民国富源银店给刘贵的支银便条(二月三日),11.5 cm×11.1 cm,民国

498. 3035.Z3.1510,1910年霞朗晋泰致刘大学的发货单,25.9 cm×26.6 cm,14.7 cm×7 cm,1套2件,1910年

499. 3052.Z3.1527,1913年刘琮学、刘玶学向刘大学、刘尧学抵押产业的揭帖,28.8 cm×23.5 cm,1913年

500. 3119.Z3.1594,1935年刘华球在台山第六区私立达材小学小考成绩报告表,25.6 cm×20.7 cm,1935年

501. 3133.Z3.1600,1920年宗益祖谦穆堂关于山坟票的传单,27.5 cm×61.8 cm,1920年

502. 3136.Z3.1601,1916年广东财政厅发出的关于麦昌辉卖给刘大学的断卖契,57.0 cm×80.0 cm,17.8 cm×8.6 cm,1套2件,1916年

503. 3137.Z3.1602,1913年广东财政厅发出的关于倪氏家族卖给刘大学的断卖契,56.5 cm×70.5 cm,17.8 cm×8.9 cm,1套2件,1913年

504. 3138.Z3.1603,1923年刘氏家族的田产分布地图,27.3 cm×39.4 cm,25.5 cm×27.3 cm,26.5 cm×29.4 cm,23.4 cm×25.0 cm,23.8 cm×17.3 cm,17.8 cm×8.9 cm,1套6件,1923年

505. 3139.Z3.1604,1901年倪佑广卖给刘大学的田契,58.0 cm×57.5 cm,17.8 cm×18.8 cm,1套2件,1901年

506. 3140.Z3.1605,1913年倪启权卖给刘大学的田契,57.5 cm×52.5 cm,17.9 cm×8.9 cm,1套2件,1913年

507. 3141.Z3.1606,1897年刘煜琇卖给刘大学的田契,59.8 cm×57.7 cm,24.1 cm×17.8 cm,

18.0 cm×8.8 cm,1套3件,1897年
508. 3142.Z3.1607,1895年倪启胜卖给刘大学的田契,57.0 cm×56.5 cm,17.9 cm×8.9 cm,1套2件,1895年
509. 3143.Z3.1608,1886年禧先卖给刘大学兄弟的田契,56.5 cm×53.0 cm,25.5 cm×14.8 cm,18.0 cm×8.9 cm,1套3件,1886年
510. 3145.Z3.1609,1913年倪启权卖田给刘大学的契约,55.3 cm×49.5 cm,25.8 cm×29.8 cm,18.0 cm×8.9 cm,1套3件,1913年
511. 3146.Z3.1610,1913年广东财政司发给刘氏的断卖契纸,51.7 cm×41 cm,1913年
512. 3147.Z3.1611,1891年刘传琇子孙卖田给刘大学的契约,46.5 cm×40.8 cm,17.3 cm×8.9 cm,1套2件,1891年
513. 3148.Z3.1612,1860年邓世锦卖田给刘公媛的契约,54.5 cm×49.5 cm,17.9 cm×8.9 cm,1套2件,1860年
514. 3149.Z3.1613,1895年刘灼学卖田给刘大学、刘优学的契约,56.5 cm×55 cm,17.8 cm×8.9 cm,1套2件,1895年
515. 3150.Z3.1614,1901年刘颢烜卖田给刘大学的契约,58 cm×55 cm,17.8 cm×8.8 cm,1套2件,1901年
516. 3151.Z3.1615,1899年刘维炼母子卖田给刘大学的契约,57.5 cm×53.6 cm,45.3 cm×30.2 cm,18 cm×8.9 cm,1套3件,1899年
517. 3152.Z3.1616,1901年刘传琇嫡孙卖田给刘大学的契约,57.5 cm×56.6 cm,25.5 cm×53 cm,22.2 cm×14.5 cm,18 cm×8.9 cm,1套4件,1901年
518. 3153.Z3.1617,1880年陈良植卖田给刘氏兄弟的契约,58 cm×56.5 cm,54 cm×47.5 cm,18 cm×8.9 cm,1套3件,1880年
519. 3154.Z3.1618,1915年广东财政厅发出的关于李植德堂卖铺给黄熙记堂的断卖契,51 cm×40 cm,1915年
520. 3157.Z3.1621,1891年刘传琇子孙卖地给刘传禧子孙的契约,46 cm×43 cm,1891年
521. 3164.Z3.1622,民国刘氏家族福寿双全族谱,14.7 cm×13 cm,民国
522. 3173.Z3.1623,1891年传琇祖子孙爱集昌平村款表,16.5 cm×10.7 cm,14.0 cm×22.0 cm,1套2件,1891年
523. 3182.Z3.1628,1938年蒙得卢与买主刘耀堂的买卖铺业铺底合约,26.6 cm×123 cm,1938年
524. 3184.Z3.1629,民国赞化堂为刘府嫁娶所批吉课,26.5 cm×31.7 cm,25.8 cm×10.5 cm,25.8 cm×10.5 cm,23.6 cm×10.5 cm,1套4件,民国
525. 3186.Z3.1630,民国中药药方,25.1 cm×8.8 cm,民国
526. 3190.Z3.1632,1938年广州地方法院给刘维堂、谢钊的批文,27.7 cm×38.3 cm,1938年
527. 3209.Z3.1634,民国美国保诚保险公司发布的急救手册,14.5 cm×10.5 cm,民国
528. 3210.Z3.1635,1900年Chin Let Chung赴美口供纸及其复制本,26.7 cm×20.4 cm,1套2件,1900年
529. 3211.Z3.1636,1909年11月14日梅爵生的某会会规册,22 cm×12.3 cm,1909年
530. 3219.Z3.1641,民国梅宗超的日本风景画册一本,13 cm×19 cm,民国
531. 3222.Z3.1644,民国美国邮寄支票封面,8.3 cm×15 cm,7 cm×16 cm,1套2件,民国
532. 3224.Z3.1646,英国皇家学校入门书,15.5 cm×10.2 cm,民国

533. 3229.Z3.1650,1950年株洲中医师联合研究诊所给梅彭铮的中药处方,28 cm×15 cm, 1950年
534. 3235.Z3.1654,民国宜华药房药袋,7.8 cm×14 cm,民国
535. 3238.Z3.1657,民国"MADISON WISCONSIN"的回执纸一张,7.7 cm×12.8 cm,民国
536. 3244.Z3.1660,1920年杨天拜卖田给阮礼本的契约,57.5 cm×52 cm,1920年
537. 3245.Z3.1661,1931年阮昭德堂卖田给阮礼本的契约,57 cm×51 cm,1931年
538. 3246.Z3.1662,1927年美国一家法式餐厅菜单,26.7 cm×16.4 cm,1927年
539. 3251.Z3.1666,民国美国俄亥俄州黄泉市安提亚克藏书票公司说明纸,8.9 cm×25.5 cm, 民国
540. 3252.Z3.1667,民国J&P制衣厂商标纸,9.8 cm×12.8 cm,民国
541. 3263.Z3.1674,美国United Drug Co.公司雷氏产品标签,7 cm×4.1 cm,民国
542. 3264.Z3.1675,1899年阮果耀卖田给杨天祥的契约,58 cm×53.3 cm,1899年
543. 3270.Z3.1677,民国美国F&F牌润喉糖包装纸,9.6 cm×3.9 cm,民国
544. 3271.Z3.1678,民国美国洛杉矶行李搬运公司行李牌,7.8 cm×14.6 cm,民国
545. 3272.Z3.1679,民国美国洛杉矶行李搬运公司行李牌,7.8 cm×14.6 cm,民国
546. 3439.Z3.1807,1912年中华民国粤省军政府都督发给周道莞的第二次执照,32.7 cm× 18 cm,1912年
547. 3440.Z3.1808,1904年花旗东西洋三公司船期表,23 cm×22.8 cm,1904年
548. 3471.Z3.1812,1925年檀香山政府发给陈明沛的烟草执照,21.9 cm×29.6 cm,1925年
549. 3513.Z3.1851,1894年Sam Wing Sing的美国护照(NO.131286),21 cm×22 cm,1894年
550. 3514.Z3.1852,1909年黄某的美国护照(NO.11368),7.4 cm×18.5 cm,1909年
551. 3618.Z3.1942,1905年美属斐利滨政府给关祥的英文护照,11 cm×17.9 cm,1905年
552. 3619.Z3.1943,1906年美属斐利滨政府给关祥的英文护照,9.7 cm×16.9 cm,1906年
553. 3620.Z3.1944,1907年美属斐利滨政府给关祥的英文护照,10 cm×15.4 cm,1907年
554. 3621.Z3.1945,1908年美属斐利滨政府给关祥的英文护照,10 cm×15.7 cm,1908年
555. 3622.Z3.1946,1909年美属斐利滨政府给关祥的英文护照,10 cm×15.7 cm,1909年
556. 3623.Z3.1947,1910年美属斐利滨政府给关祥的英文护照,10 cm×16 cm,1910年
557. 3624.Z3.1948,1911年美属斐利滨政府给关祥的英文护照,9.9 cm×16.1 cm,1911年
558. 3625.Z3.1949,1912年美属斐利滨政府给关祥的英文护照,9.9 cm×16.1 cm,1912年
559. 3626.Z3.1950,1913年美属斐利滨政府给关祥的英文护照,9.9 cm×16 cm,1913年
560. 3627.Z3.1951,1914年美属斐利滨政府给关祥的英文护照,9.7 cm×15.9 cm,1914年
561. 3628.Z3.1952,1915年美属斐利滨政府给关祥的英文护照,9.8 cm×15.7 cm,1915年
562. 3629.Z3.1953,1916年美属斐利滨政府给关祥的英文护照,9.8 cm×15.7 cm,1916年
563. 3630.Z3.1954,1917年美属斐利滨政府给关祥的英文护照,9.8 cm×16.5 cm,1917年
564. 3631.Z3.1955,1919年美属斐利滨政府给关祥的英文护照,10 cm×15.8 cm,1919年
565. 3632.Z3.1956,1920年美属斐利滨政府给关祥的英文护照,9.9 cm×15.9 cm,1920年
566. 3633.Z3.1957,1921年美属斐利滨政府给关祥的英文护照,8.9 cm×14 cm,1921年
567. 3634.Z3.1958,1918年中华民国国民关祥在斐利滨的华侨注册凭照,16.7 cm×16.7 cm,1918年
568. 3635.Z3.1959,1919年中华民国国民关祥在斐利滨的华侨注册凭照,16.8 cm×16.5 cm,1919年
569. 3636.Z3.1960,1899年清政府驻扎小吕宋总领事府发给关祥的护照,27 cm×26.2 cm,1899年

570. 3651.Z3.1973,1876年开平县正堂给劳兴罗的缴米执照,26 cm×9.9 cm,1876年
571. 3652.Z3.1974,1908年允彩叔侄给创造的卖地契,23.7 cm×40.4 cm,1908年
572. 3653.Z3.1975,1909年曹氏家族的卖地定帖,22.7 cm×37.9 cm,1909年
573. 3654.Z3.1976,1913年劳国和的卖地定帖,22.8 cm×39.2 cm,1913年
574. 3684.Z3.2004,民国安葬吉课,27 cm×31.7 cm,民国
575. 3685.Z3.2005,1906年大清驻小吕宋总领事府签发护照,26.7 cm×27.8 cm,1906年
576. 3686.Z3.2006,1912年美洲华侨加入同盟会盟书(第八十六号),20.5 cm×17.8 cm,1912年
577. 3694.Z3.2008,1856年户部所发捐职执照,57 cm×48 cm,1856年
578. 3695.Z3.2009,1870年户部所发捐职执照,58 cm×45 cm,1870年
579. 3696.Z3.2010,1894年驻防广州右司衙门发给姚文焯的执照,65 cm×49.5 cm,1894年
580. 3698.Z3.2011,清嘉应州长乐县科举考卷,25.9 cm×13.5 cm,25.9 cm×13 cm,1套2件,清代
581. 3699.Z3.2012,1897年国子监监照,54 cm×47.3 cm,1897年
582. 3700.Z3.2013,1910年南海县给业户集成堂的执照,55.5 cm×42.5 cm,1910年
583. 3701.Z3.2014,1901年新会县发给吕祖光的户部执照,56.5 cm×48.5 cm,26 cm×73.5 cm,35.5 cm×18.5 cm,1套3件,1901年
584. 3702.Z3.2015,清开平县文童周之冕的县考考卷,28.3 cm×13.4 cm,清代
585. 3703.Z3.2016,清顺德县学附生区应涛考卷,27 cm×14 cm,清代
586. 3713.Z3.2017,民国《新中学校招第二十届男女日夜生简章》,18.7 cm×13 cm,民国
587. 3718.Z3.2018,1909年《广东高等学堂同学录》,21 cm×10.8 cm×0.3 cm,1909年
588. 3719.Z3.2019,民国《九龙精武学校第六级学生黄永祥》练习部,23.3 cm×12.9 cm×0.3 cm,民国
589. 3720.Z3.2020,1909年《广东巡警道尊章详定各属调查户口办事细则》,26 cm×15.2 cm,1909年
590. 3743.Z3.2032,1940年4月13日关于债务人泉洲号的广东台山地方法院民事裁定,28 cm×35.6 cm,1940年
591. 3750.Z3.2034,1919年香港联泰水火保险有限公司年历画,106.3 cm×38.2 cm,1919年
592. 3751.Z3.2035,1918年香港联泰水火保险有限公司年历画,108.8 cm×38.5 cm,1918年
593. 3752.Z3.2036,1928年香港联泰水火保险有限公司年历画,103 cm×38.2 cm,1928年
594. 3755.Z3.2037,1927年普安联保火险公会发给潘遂庆堂的执照,41.2 cm×49.5 cm,1927年
595. 3758.Z3.2038,1927年上海联保水火险有限公司年历挂画,77.7 cm×51 cm,1927年
596. 3759.Z3.2039,1916年金星人寿水火保险有限公司年历挂画,58.5 cm×95 cm,1916年
597. 3760.Z3.2040,民国协安经理鸟思伦保险公司挂画,74.5 cm×50.5 cm,民国
598. 3770.Z3.2045,1937年广东省教育厅印《广东省普通高等检定考试应考须知》,18.6 cm×12.8 cm,1937年
599. 3771.Z3.2046,1924年广东军事政治学校政治深造班招考学员简章,21.4 cm×63.5 cm,1924年
600. 3775.Z3.2047,民国黄宝善止痛退热散商标纸,23.8 cm×10 cm,民国
601. 3776.Z3.2048,民国广州市镜明女子影相店价目封,21 cm×14.5 cm,民国
602. 3781.Z3.2050,民国广州新亚大酒店商标纸,芯8.5 cm×12.7 cm,框25.4 cm×27.9 cm,民国
603. 3782.Z3.2051,民国广州西濠酒店商标纸,芯8.9 cm×12.6 cm,框25.4 cm×27.9 cm,民国
604. 3786.Z3.2053,1911年中华民国驻秘鲁领事馆因私人间债务的存案,32.1 cm×22 cm,1911年

605. 3790.Z3.2054,1926年《广东写相专门美术学校章程》,21.6 cm×15.7 cm×0.2 cm,1926年
606. 3791.Z3.2055,1935年广东省政府财政厅就按期交饷一事致各承商的电文,28.4 cm× 39.4 cm,19 cm×9.4 cm,1套2件,1935年
607. 3793.Z3.2057,1936年陈翰毓写的收条,28 cm×17.3 cm,1936年
608. 3811.Z3.2071,1932年广州市大成号给曹球的来往部,17.2 cm×9.6 cm,1932年
609. 3812.Z3.2072,1934年广州市大德银号给利成的来往折,16 cm×9.7 cm,1934年
610. 3837.Z3.2073,1945年广州市政府财政局规定租簿,16 cm×11.7 cm,1945年
611. 3838.Z3.2074,1941年广东省警务处规定租簿,17.8 cm×12.6 cm,1941年
612. 3842.Z3.2075,民国哥伦布中西酒菜股份有限公司章程草案,27.4 cm×73.4 cm,民国
613. 3843.Z3.2076,1935年广州地方法院民事裁定书,27.3 cm×77.2 cm,1935年
614. 3844.Z3.2077,1935年国声报社股份有限公司拓股简章,23.2 cm×62.3 cm,1935年
615. 3845.Z3.2078,1934年李全起诉曹树球的状纸,24.9 cm×44.4 cm,1934年
616. 3846.Z3.2079,1937年律师陈庆荧撰写的拍卖粤东橡胶厂的文书,25.9 cm×36 cm,1937年
617. 3847.Z3.2080,民国红纸印刷的空白买卖地契,40.5 cm×29 cm,民国
618. 3850.Z3.2081,1928年广东建设厅给伍文泮的商号注册执照,38 cm×35 cm,1928年
619. 3851.Z3.2082,民国《广州宪法会议停顿之真相》,25.9 cm×10 cm,民国
620. 3853.Z3.2083,1925年粤军发给五邑商民的持枪注册护照,32.2 cm×23 cm,1925年
621. 3854.Z3.2084,民国广东省民政厅印发的保民大会宣传画,53.2 cm×25.7 cm,民国
622. 3858.Z3.2085,1933年广州常德置业有限公司年结报告书,19.5 cm×11.1 cm,1933年
623. 3859.Z3.2086,1924年常德置业公司选举董事及股东叙会预提议案,24 cm×27 cm,1924年
624. 3860.Z3.2087,1935年常德公司白蚬岗地段总图,39.2 cm×53.8 cm,1935年
625. 3861.Z3.2088,1930年广州常德置业有限公司筹办模范住宅区街道楼宇规划全图, 27 cm×41 cm,1930年
626. 3879.Z3.2094,1928年私立岭南大学附设华侨学校简章,19.3 cm×54.5 cm,1928年
627. 3885.Z3.2099,民国广州粤通织造厂三多唛线袜包装盒,37.6 cm×25.2 cm,民国
628. 3886.Z3.2100,民国上海光华洗染厂包装纸,62.7 cm×59.5 cm,民国
629. 3887.Z3.2101,民国源昌枧厂双羊牌香皂包装盒,17 cm×27.6 cm,民国
630. 3888.Z3.2102,民国先施公司包装纸,36 cm×49 cm,民国
631. 3895.Z3.2109,1923年广州祥兴纸店给利贞大宝押的取纸料部,19.1 cm×24 cm,1923年
632. 3899.Z3.2112,民国广州何大珍名笔价列表,35.8 cm×39.3 cm,民国
633. 3902.Z3.2115,1927年广州大观电光摄影院包装纸,20.5 cm×12.7 cm,1927年
634. 3909.Z3.2119,民国惠福公司招股简章,26.9 cm×78.5 cm,民国
635. 3918.Z3.2128,民国广州黄宝善药厂止痛退热散包装盒,24.8 cm×9 cm,民国
636. 3922.Z3.2131,1915年香山电报局发出的报费收照,23.9 cm×13.3 cm,1915年
637. 3925.Z3.2134,民国广州市璇宫酒店封,16 cm×8.7 cm,民国
638. 3927.Z3.2135,1930年潮州茭酒税分局潮安支局特许贩卖土酒临时牌照,25.3 cm× 18.2 cm,1930年
639. 3928.Z3.2136,民国广州十七甫荣德彩票电报纸,16.1 cm×20.3 cm,民国
640. 3938.Z3.2142,民国先施有限公司招聘职员的通知,21.8 cm×61 cm,民国
641. 3943.Z3.2144,民国广东财记丝厂麒麟牌商标纸,21.7 cm×15.7 cm,民国

642. 3944.Z3.2145,民国周艺兴织造厂产品价目表,19.5 cm×27.4 cm,民国
643. 3946.Z3.2147,民国广州美丽光摄影社包装袋,33.9 cm×26.7 cm,民国
644. 3947.Z3.2148,民国广州国华书局包装纸,43.5 cm×39 cm,民国
645. 3952.Z3.2152,1936年乌思伦保险有限公司印关云长义释曹操年历画,106.6 cm×38 cm,1936年
646. 3970.Z3.2156,1934年广东高等法院检察官处分书,29.2 cm×42.8 cm,1934年
647. 3971.Z3.2157,民国关荣嫒起诉谢汝聪等人的刑事代用状纸,28.3 cm×33 cm,民国
648. 3972.Z3.2158,1931年关崇章等人起诉关崇溢、关芨南的民事状纸,28 cm×85 cm,1931年
649. 3973.Z3.2159,1935年台山地方法院开平分院判决通告,36.3 cm×25.5 cm,1935年
650. 3974.Z3.2160,1932年关崇璋、关龙辉的民事状纸,26.3 cm×57 cm,1932年
651. 3975.Z3.2161,民国关荣镒、关芨南的民事状纸,29.5 cm×41 cm,1套3件,民国
652. 3976.Z3.2162,民国洞房歌,21 cm×46 cm,民国
653. 3977.Z3.2163,1932年肇罗地方法院开平县分庭传票,25 cm×12 cm,1932年
654. 3982.Z3.2164,民国桥中社大岭里龙兴里乡"匪剑今作不平鸣"传单,21 cm×34.3 cm,民国
655. 3983.Z3.2165,1931年关不平"为声讨劣绅土豪关崇恺、关崇溢串同伪造数契横占会尝祸害祖业之倒行逆施"传单,20.8 cm×56 cm,1931年
656. 3984.Z3.2166,1931年肇罗地方法院开平县分庭检察处关于关芨南告关龙辉案的公判请求书,30.1 cm×19.2 cm,1931年
657. 3985.Z3.2167,1931年肇罗地方法院开平县分庭关于关芨南告关龙辉案的刑事判决书,27.5 cm×18.8 cm,1931年
658. 3986.Z3.2168,1931年肇罗地区法院开平县分庭检察处关于关芨南告关龙辉案的不起诉卷宗,28 cm×19 cm,1931年
659. 3991.Z3.2169,1932年开平县分庭因谢关氏案致赤坎公安分局的公文草稿,26 cm×54.7 cm,1932年
660. 3992.Z3.2170,1932年开平县分庭因谢关氏案致赤坎公安分局的公文草稿,26 cm×54.5 cm,1932年
661. 3993.Z3.2171,1932年开平县分庭因谢关氏案致赤坎公安分局的公文草稿,26 cm×69.8 cm,1932年
662. 3994.Z3.2172,1932年关崇璋等人呈给肇罗地方法院的状纸草稿,30.6 cm×44.4 cm,30.6 cm×44.4 cm,1套2件,1932年
663. 3995.Z3.2173,1932年开平分庭检察官呈给肇罗地方法院关于谢关氏一案的公文草稿,25.8 cm×46 cm,1932年
664. 3996.Z3.2174,1932年关崇璋等人呈给开平分庭的状纸草稿,26 cm×56 cm,1932年
665. 3997.Z3.2175,民国关崇璋等人呈给开平分庭检察官的状纸草稿,30.4 cm×41.5 cm,民国
666. 3998.Z3.2176,1932年谢关氏起诉关崇璋等人的状纸,25.7 cm×87 cm,25.7 cm×26.5 cm,1套2件,1932年
667. 3999.Z3.2177,民国关荣嫒的状纸草稿,26 cm×55 cm,民国
668. 4000.Z3.2178,民国谢关氏呈上级法院的状纸草稿,25.5 cm×56.5 cm,民国
669. 4001.Z3.2179,1931年关崇章等人的状纸草稿,25.5 cm×52 cm,1931年
670. 4003.Z3.2181,1932年关龙辉、关舟山呈开平分庭检察官的状纸草稿,20.3 cm×48.4 cm,

20.3 cm×45 cm,1套2件,1932年
671. 4004.Z3.2182,1932年关崇璋、关龙辉呈肇罗地方法院的状纸草稿,26 cm×53.5 cm,1932年
672. 4005.Z3.2183,1932年关龙辉、关崇章呈肇罗地方法院的状纸草稿,25 cm×49.7 cm,1932年
673. 4006.Z3.2184,1934年关氏呈台山地方法院院长的状纸草稿,25.8 cm×55.5 cm,1934年
674. 4007.Z3.2185,民国关菊湖劝告关崇恺书、又致关廷彩书的传单草稿,25.9 cm×56.5 cm,民国
675. 4008.Z3.2186,民国"请看关崇恺、关龙辉闹讼……""又致关廷彩书"传单,21.9 cm×28 cm,民国
676. 4009.Z3.2187,民国关于"广东高等法院检察处布告关龙辉声请再议关崇溢等伪造文书一案文"剪报,12 cm×17.5 cm,民国
677. 4011.Z3.2188,1932年"争产奇闻,只古味甜谁料苦,怎知生女不如男"传单,21.6 cm×19.5 cm,1932年
678. 4013.Z3.2189,民国关菊湖由澳致关崇恺书草稿,26.5 cm×42 cm,民国
679. 4017.Z3.2191,1931年关氏族人呈给开平分庭检察官关于关氏族人内部斗殴伤人事件的起诉状草稿,26 cm×56 cm,26 cm×31.7 cm,1套2件,1931年
680. 4018.Z3.2192,1931年关荄南呈给开平分庭关于关氏族人内部斗殴伤人事件的起诉状,26.2 cm×94.2 cm,1931年
681. 4019.Z3.2193,民国关荄南呈给开平分庭检察官关于关氏族人内部斗殴伤人事件的起诉状,29 cm×40.3 cm,民国
682. 4020.Z3.2194,1933年关龙辉呈给台山地方法院首席检察官关于关氏族人内部斗殴伤人事件的辩诉状草稿,25.5 cm×54.5 cm,22.8 cm×46.5 cm,1套2件,1933年
683. 4021.Z3.2195,1932年关氏族人呈给肇罗地方法院关于谢关氏一案的起诉状稿纸,25.8 cm×54 cm,1932年
684. 4022.Z3.2196,1932年关龙辉呈给开平分庭首席检察官关于关氏族人内部斗殴伤人事件的辩诉状草稿,20.2 cm×48.7 cm,20.2 cm×38.6 cm,1套2件,1932年
685. 4027.Z3.2198,1933年开平县长发出的割税推户执照,26.4 cm×11 cm,1933年
686. 4036.Z3.2201,1932年吴崇璋等人的状纸,31 cm×43 cm,1套3件,1932年
687. 4037.Z3.2202,民国二十一年关龙辉、关舟山的状纸草稿,25.8 cm×16.5 cm,1932年
688. 4038.Z3.2203,1931年关龙辉呈开平分庭推事冯的辩诉状草稿,25.6 cm×55 cm,1931年
689. 4039.Z3.2204,1932年关崇璋、关龙辉呈开平分庭检察官李的声请状草稿,20.3 cm×48.3 cm,1932年
690. 4042.Z3.2205,1931年状告关崇章、关龙辉的状纸草稿,25.2 cm×24.9 cm,1931年
691. 4043.Z3.2206,1935年桥中社村图,57 cm×54 cm,1935年
692. 4044.Z3.2207,1932年广东肇罗地方法院给关崇璋的命令,28 cm×25.5 cm,1932年
693. 4045.Z3.2208,1932年"争产奇闻,只古味甜谁料苦,怎知生女不如男"传单,21.8 cm×19.5 cm,1932年
694. 4046.Z3.2209,1931年"请看关崇恺、关龙辉闹讼……""又致关廷彩书"传单,21.5 cm×28.5 cm,1931年
695. 4048.Z3.2211,1932年谢关氏呈开平分庭检查官李的状纸,26.7 cm×71.5 cm,1932年
696. 4049.Z3.2212,1932年广东肇罗地方法院就谢关氏、关崇章争产一案的民事决定,29.4 cm×

41.3 cm,1932 年

697. 4050.Z3.2213,1933 年关龙辉、关舟山呈台山地方法院首席检察官何的状纸草稿,25.5 cm×53.8 cm,25.5 cm×33.5 cm,1 套 2 件,1933 年

698. 4052.Z3.2214,1931 年关崇钦卖给裕成堂的卖地契,25.5 cm×54 cm,1931 年

699. 4054.Z3.2216,民国高等法院检察处指令草稿,28.6 cm×41.4 cm,1 套 2 件,民国

700. 4055.Z3.2217,民国关苁南的审讯纸,28.5 cm×44.5 cm,民国

701. 4056.Z3.2218,民国关荣溢的审讯纸,28.1 cm×44 cm,民国

702. 4059.Z3.2221,1933 年关焕林卖关裕成堂的卖地契,59 cm×79 cm,1933 年

703. 4064.Z3.2223,1932 年谢关氏的法院审讯纸,30 cm×43 cm,1 套 11 件,1932 年

704. 4065.Z3.2224,1933 年呈广东高等法院院长的谢关氏与关崇璋、关龙辉状纸对文,25.5 cm×16.5 cm,1933 年

705. 4069.Z3.2228,1927 年广东财政厅发给李湛的商业牌照,39 cm×30.5 cm,1927 年

706. 4083.Z3.2229,1920 年中华民国云南省公署寄给乔良才的官封,27.9 cm×15.3 cm,1920 年

707. 4085.Z3.2230,培正 1930 年同学录筹备委员会印行《培正学校 1930 年同学录》,27.7 cm×22.2 cm×3 cm,1930 年

708. 4088.Z3.2232,1931 年培正中学王照良国文科考试卷,29.3 cm×39 cm,29.3 cm×39 cm,29.5 cm×20 cm,29.5 cm×19.5 cm,1 套 4 件,1931 年

709. 4090.Z3.2233,民国王照良的广东无线电学校三角练习本,18.5 cm×26.5 cm×0.5 cm,民国

710. 4091.Z3.2234,民国王照良的广东无线电学校平面三角练习本,19 cm×26.8 cm×0.4 cm,民国

711. 4110.Z3.2236,1926 年广州市工务局发给美新店的建筑凭照,36 cm×37.6 cm,1926 年

712. 4111.Z3.2237,1926 年广州市工务局发给合和店的建筑凭照,35.3 cm×38.7 cm,1926 年

713. 4112.Z3.2238,1927 年广州市财政局发给潘辑荣的批文,29.1 cm×32 cm,1927 年

714. 4113.Z3.2239,1926 年广州市工务局发给吴松的批文,29.1 cm×32.4 cm,1926 年

715. 4114.Z3.2240,1928 年广州市财政局发给潘辑荣的批文,29.4 cm×44 cm,1928 年

716. 4115.Z3.2241,1930 年广州特别市工务局征费通知书,25.8 cm×34 cm,1930 年

717. 4116.Z3.2242,1927 年广州市财政局发给潘辑荣的批文,19 cm×32.2 cm,1927 年

718. 4117.Z3.2243,1932 年广州市工务局征费通知书,26.1 cm×34.4 cm,1932 年

719. 4118.Z3.2244,1933 年广州市工务局发给均兴隆店的建筑凭照,37.7 cm×37.4 cm,1933 年

720. 4119.Z3.2245,1926 年广州市工务局发给吴松的批文,29.2 cm×26.5 cm,1926 年

721. 4120.Z3.2246,1931 年广州市工务局征费通知书,25.8 cm×33.5 cm,1931 年

722. 4121.Z3.2247,1932 年广州市工务局发给林连盛店的建筑凭照,36 cm×37.8 cm,1932 年

723. 4122.Z3.2248,1932 年广州市工务局征费通知书,26.1 cm×34.4 cm,1932 年

724. 4123.Z3.2249,1933 年广州市工务局颁发的呈报建筑说明书,36.4 cm×39.4 cm,1933 年

725. 4124.Z3.2250,1923 年何硕朋、何允中卖屋给合义堂的断卖契纸,58 cm×52.5 cm,1923 年

726. 4125.Z3.2251,民国广东省会警察局的空白业权申报表,31.1 cm×39.2 cm,民国

727. 4127.Z3.2253,1923 年广东高等审判厅广州登记局给合益公司的官封,36 cm×18.5 cm,1923 年

728. 4128.Z3.2254,1928 年广州市土地局给合益公司免纳增价税的公文,30.1 cm×45.5 cm,1928 年

729. 4130.Z3.2256,1932 年广州市工务局给潘辑庆的公文,30.1 cm×40.7 cm,1932 年

730. 4131.Z3.2257,1932 年广州市工务局给积福堂林□荣的公文,30 cm×41.7 cm,1932 年

731. 4132.Z3.2258,1932年广州市政府财政局给潘辑庆的公文,28.8 cm×79.7 cm,1932年
732. 4133.Z3.2259,1933年广州市第十甫马路同福里建筑平面图,39 cm×54 cm,1933年
733. 4135.Z3.2261,1934年广东省会公安局给宝华分局的批文,29.7 cm×22.4 cm,1934年
734. 4136.Z3.2262,1935年潘辑荣告刘厚德状稿,25.7 cm×27.4 cm,1935年
735. 4137.Z3.2263,1930年利昌店李树南与华兴号潘兴的合约,25 cm×22.3 cm,1930年
736. 4141.Z3.2266,1931年广州市工务局征费通知书,25.6 cm×33.4 cm,1931年
737. 4142.Z3.2267,1932年广州市工务局补偿通知书,27.2 cm×50.5 cm,1932年
738. 4143.Z3.2268,民国潘定邦的中国银行特种活期存折,13.3 cm×8.5 cm,民国
739. 4148.Z3.2273,1931年广州地方法院民事和解合约,27.5 cm×66.3 cm,1931年
740. 4149.Z3.2274,民国司法行政部颁行司法状纸民事状状面,28 cm×22.2 cm,民国
741. 4150.Z3.2275,1933年广东省会公安局给潘辑荣的批文,29.8 cm×22.3 cm,1933年
742. 4154.Z3.2277,民国广州市财政局给发的黄绍基堂不动产平面图,38.8 cm×35.5 cm,民国
743. 4155.Z3.2278,民国防空租捐一个月第二期半数收讫,33.5 cm×8.2 cm,民国
744. 4156.Z3.2279,1926年广州市工务局颁发给合益公司的呈报建筑说明书(附平面图),36.7 cm×39.5 cm,34.7 cm×40.3 cm,34.7 cm×40 cm,43 cm×69 cm,1套4件,1926年
745. 4158.Z3.2281,1934年梁慎和堂卖给树德堂的断卖铺契,59.5 cm×53.5 cm,1934年
746. 4159.Z3.2282,1933年潘遂庆堂与安盛堂立分契约,57.8 cm×53.4 cm,1933年
747. 4160.Z3.2283,民国上陈塘第一号请领门前右便废街畸□地图,25.3 cm×19 cm,民国
748. 4161.Z3.2284,1930年广益两合门店测量地图,20.6 cm×16.8 cm,1930年
749. 4162.Z3.2285,1931年广州市工务局征费通知书,25.6 cm×33.5 cm,1931年
750. 4169.Z3.2287,1923年其祥堂黎景谅卖给合益公司的断卖铺契,58 cm×51 cm,1923年
751. 4172.Z3.2289,民国广州市财政局发给潘遂庆堂的广州市不动产平面图,39.5 cm×35.5 cm,民国
752. 4173.Z3.2290,民国广州市政府发给潘遂庆堂的公文,33.6 cm×22 cm,1套2件,民国
753. 4174.Z3.2291,1926年广州市工务局局长林逸民给吴松的公文稿,30.8 cm×24.5 cm,1926年
754. 4190.Z3.2296,1930年利昌店李树南与华兴号潘兴签订的合约,24.9 cm×15.8 cm,15.1 cm×7 cm,1套2件,1930年
755. 4192.Z3.2298,民国因买沙包之事给潘先生的便条(一月二十七日),21.4 cm×26 cm,民国
756. 4196.Z3.2302,民国广州市土地局临时地税征收表(1201),21 cm×14.5 cm,民国
757. 4197.Z3.2303,民国广州市土地局临时地税征收表(1202),21 cm×14.5 cm,民国
758. 4198.Z3.2304,民国广州市土地局临时地税征收表(1203),21 cm×14.5 cm,民国
759. 4203.Z3.2305,民国永裕堂买屋告白稿,24.4 cm×16.2 cm,民国
760. 4220.Z3.2307,1936年国民革命军攻闽先遣队第三路司令部给朱耀民的委任状,30.4 cm×33.4 cm,1936年
761. 4231.Z3.2318,1931年陈吕先的墨西哥护照,16.8 cm×20.4 cm,1931年
762. 4326.Z3.2327,1931年梁锐卖给何□□堂的卖地契草稿,44.8 cm×41 cm,1931年
763. 4327.Z3.2328,1924年吕国兴卖给何尚德堂的卖地契,58 cm×54 cm,1924年
764. 4328.Z3.2329,1925年梁艳等人卖给何尚德堂的卖地契,25.9 cm×22.4 cm,1925年
765. 4329.Z3.2330,民国吕国兴卖给何尚德堂的卖地契草稿,26 cm×16.6 cm,民国

766. 4330.Z3.2331,1937年何应鎏律师出具的兴利堂接收德源号的文件,25 cm×53 cm,1937年
767. 4331.Z3.2332,1936年广东财政厅广州市营业税局发给德源号的营业税纳税通知书,29.5 cm×23 cm,1936年
768. 4332.Z3.2333,1937年广州市土榨油铺同业公会发出的抗日传单,31.1 cm×46 cm,1937年
769. 4337.Z3.2334,1924年望嘉锡广善堂会规部,18.4 cm×12.3 cm,1924年
770. 4346.Z3.2335,1927年国民革命军第八路中央军指挥黄绍竑告中央军官兵传单,25.9 cm×54.5 cm,1927年
771. 4349.Z3.2336,1918年中华民国驻温哥华领事给邝源敬的执照,23.8 cm×21.2 cm,1918年
772. 4350.Z3.2337,1917年中华民国驻金山领事馆发给陈天有的护照,28.5 cm×29.8 cm,1917年
773. 4355.Z3.2339,民国谭延凯赠何焯贤的"雅琴飞白雪,逸翰凌长风"对联,芯135.5 cm×32.8 cm,裱166 cm×36.1 cm,1套2件,民国
774. 4357.Z3.2340,1930年广州地方法院布告,64 cm×46.5 cm,1930年
775. 4362.Z3.2341,民国影星胡蝶香皂纸盒,19.8 cm×10 cm×3.7 cm,民国
776. 4363.Z3.2342,民国大新有限公司百货商店纸盒,36 cm×26.3 cm×7.3 cm,民国
777. 4364.Z3.2343,民国广州市总统绸缎庄纸盒,33.8 cm×28 cm×7.7 cm,民国
778. 4365.Z3.2344,民国广州市振球公司包装纸盒,31.5 cm×24 cm×7 cm,民国
779. 4375.Z3.2345,1933年《旗昌保险有限公司人寿保险部普通定期之保险节略》,18.2 cm×12.7 cm,1933年
780. 4377.Z3.2346,民国陈中将仲英先生赴告,26.5 cm×19 cm,民国
781. 4410.Z3.2349,民国羊城西关黎镛影相包装纸,19.6 cm×26.1 cm,民国
782. 4412.Z3.2350,民国羊城西关黎镛影相包装纸,24 cm×20.8 cm,民国
783. 4416.Z3.2354,民国华美商店包装纸,60 cm×30 cm,民国
784. 4417.Z32355,民国恒有昌老牌万年青商标纸,9.8 cm×34.7 cm,民国
785. 4419.Z3.2357,民国广州纶章绸缎庄包装纸,44.4 cm×49 cm,民国
786. 4421.Z3.2359,民国广州天经丝绸庄包装纸,31.8 cm×26.8 cm,民国
787. 4422.Z3.2360,民国广州美丽光摄影社包装袋,40 cm×36 cm,民国
788. 4423.Z3.2361,民国广东阿芳影相商标,24.5 cm×10.5 cm,民国
789. 4427.Z3.2363,民国广州琳琅摄影院包装袋,25 cm×32.6 cm,民国
790. 4429.Z3.2364,民国广州维新文具行包装纸,38.2 cm×43.8 cm,民国
791. 4431.Z3.2365,1937年洁芳女子中学校学生家庭报告表,19.6 cm×17.5 cm,1937年
792. 4432.Z3.2366,1938年洁芳女子中学校学生家庭报告表,20 cm×16.9 cm,1938年
793. 4443.Z3.2368,民国永安昌贡品乌龙茶包装纸,43.8 cm×21.9 cm,民国
794. 4444.Z3.2369,民国永安昌贡品乌龙茶包装纸,43.8 cm×22.4 cm,民国
795. 4445.Z3.2370,民国裕和公司丝绒线袜双狮商标包装纸,7.2 cm×27.2 cm,民国
796. 4446.Z3.2371,民国裕和公司丝绒线袜双狮商标包装纸,7.2 cm×27.2 cm,民国
797. 4450.Z3.2375,民国德国洋行狮象嚜颜料商标纸,12 cm×8.3 cm,民国
798. 4451.Z3.2376,民国德国洋行三鹅图颜料标签,12 cm×8.2 cm,民国
799. 4452.Z3.2377,民国德国洋行飞马打鼓图颜料标签,12 cm×8.9 cm,民国
800. 4453.Z3.2378,民国德国洋行双鹰图颜料标签,11.6 cm×7.9 cm,民国

801. 4454.Z3.2379,民国德国洋行三狼图颜料标签,11.7 cm×9 cm,民国
802. 4455.Z3.2380,民国德国洋行大德颜料厂狮子商标纸,12.1 cm×9 cm,民国
803. 4458.Z3.2383,民国李香兰烟庄出品的大胜利烟丝包装纸,12.5 cm×16.5 cm,民国
804. 4459.Z3.2384,民国二美老牌花露香水商标纸,6 cm×5 cm,民国
805. 4460.Z3.2385,民国二美老牌花露香水商标纸,6 cm×5 cm,民国
806. 4476.Z3.2387,民国广州福明眼镜包装袋,16.2 cm×8.4 cm,民国
807. 4477.Z3.2388,民国广州天济堂药局李广南处方纸,29.1 cm×18.6 cm,民国
808. 4478.Z3.2389,民国广州爱群大酒店同益有限公司招股章程,23 cm×108 cm,民国
809. 4480.Z3.2391,民国李福和蟠桃红商标纸,8.8 cm×7.6 cm,民国
810. 4481.Z3.2392,民国怡李吉全红喜炮商标纸,10.1 cm×7.1 cm,民国
811. 4494.Z3.2393,民国高升戏园戏单,13.5 cm×19.7 cm,民国
812. 4495.Z3.2394,民国高升大戏园胜寿年戏单,26.6 cm×19.8 cm,民国
813. 4503.Z3.2399,1931年国立暨南大学大学部课程时间总表,49.8 cm×45.5 cm,1931年
814. 4513.Z3.2401,民国粤港周艺兴织造厂三轮商标纸,25.7 cm×17.4 cm,民国
815. 4520.Z3.2403,1924年香山县民产保证局劝催业产遵令投请保证简明通告,22.4 cm×38.8 cm,1924年
816. 4521.Z3.2404,1916年梁友勤堂卖屋给周成合堂的断卖契约,57.4 cm×55 cm,55.5 cm×51.7 cm,1套2件,1916年
817. 4527.Z3.2406,1922年李寅三妻邓氏卖田给李寅灼的契约,55.5 cm×50 cm,1922年
818. 4528.Z3.2407,1922年咸宁堂卖田给李寅灼的契约,57.5 cm×51 cm,1922年
819. 4529.Z3.2408,1923年李瑞章、李祖达卖屋给李焕章的断卖契,44 cm×47 cm,1923年
820. 4530.Z3.2409,1925年直吾祖众子孙卖屋给李寅灼的断卖契,55.2 cm×48 cm,1925年
821. 4531.Z3.2410,1926年锦其、祖芬卖田给李焕章的断卖契,54 cm×49 cm,1926年
822. 4532.Z3.2411,1926年李品和等人卖屋地给李寅灼的断卖契,53.5 cm×48.5 cm,1926年
823. 4533.Z3.2412,1926年李清平卖地给李寅灼的断卖契,54.5 cm×48 cm,1926年
824. 4534.Z3.2413,1926年长庆会卖田给李寅灼的断卖契,55.5 cm×48 cm,1926年
825. 4535.Z3.2414,1924年李清平卖地给李寅灼的断卖契,55 cm×49 cm,1924年
826. 4536.Z3.2415,1913年李寅俊卖田给李乐章的断卖契,56.5 cm×50 cm,1913年
827. 4537.Z3.2416,1925年李诒远堂祖达、敬宏等卖田给李寅灼的断卖契,54 cm×49 cm,1925年
828. 4538.Z3.2417,1910年李尔甜、李尔南卖地给李焕章的断卖契,57.2 cm×54.2 cm,1910年
829. 4539.Z3.2418,1938年广东省政府财政厅发的李寅灼卖田给李焕章的断卖契,52 cm×34.5 cm,55.5 cm×50 cm,1套2件,1938年
830. 4540.Z3.2419,1938年广东省政府财政厅发的李寅灼卖地给李焕章的断卖契,55.5 cm×46.5 cm,52 cm×33 cm,1套2件,1938年
831. 4541.Z3.2420,1938年广东省政府财政厅发的李寅灼卖田给李焕章的断卖契,56 cm×48.5 cm,1938年
832. 4542.Z3.2421,1910年李尔甜、李尔南卖田给李焕章的断卖契,57.5 cm×52.5 cm,1910年
833. 4543.Z3.2422,1946年李应扬、李应端、李西荣卖田给李焕章的断卖契,55.5 cm×51.5 cm,1946年
834. 4544.Z3.2423,1910年李崇让卖地给李焕章的断卖契,55.8 cm×52 cm,1910年

835. 4545.Z3.2424,1900年李寅生的抵押屋立契,58 cm×55 cm,1900年
836. 4546.Z3.2425,1922年李清平卖地给李焕章的断卖契,55 cm×30.5 cm,1922年
837. 4547.Z3.2426,1926年李秧平卖屋地给李寅灼的断卖契,35 cm×48 cm,1926年
838. 4548.Z3.2427,1938年广东省政府财政厅发的李寅灼卖田给李焕章的断卖契,52 cm×49.5 cm,56 cm×34.5 cm,1套2件,1938年
839. 4552.Z3.2431,1899年李寅生卖屋给李焕章的断卖契,56.5 cm×51 cm,1899年
840. 4553.Z3.2432,1946年李应端、李应扬、李西荣等卖地给李焕章的断卖契草稿,25.7 cm×15.7 cm,1946年
841. 4556.Z3.2433,1950年代土地情况登记表,35.4 cm×12.2 cm,1950年
842. 4557.Z3.2434,1950年代李寅灼等人的户口、田地数存据,14.4 cm×17.3 cm,1950年
843. 4558.Z3.2435,1950年代李锦棠等人的户口数存据,14.5 cm×8.2 cm,1950年
844. 4560.Z3.2436,1925年陈氏家族分家据约,59 cm×89 cm,1925年
845. 4561.Z3.2437,1917年广东财政厅发的赵氏家族卖地给雷家的断卖契纸,49.5 cm×42 cm,1917年
846. 4562.Z3.2438,1902年广东等处承宣布政使司发的黎肇寅卖地给黎肇全的断卖契纸,68.5 cm×56.5 cm,1902年
847. 4563.Z3.2439,1910年广东等处承宣布政使司发的雷氏家族卖地给雷家相的断卖契纸,67.5 cm×53 cm,1910年
848. 4564.Z3.2440,1911年广东等处承宣布政使司发的李懋先家族卖地给雷家相的断卖契纸,65.5 cm×54 cm,1911年
849. 4565.Z3.2441,1913年广东财政司补给伍勋传的断卖契纸,48.5 cm×40.5 cm,1913年
850. 4566.Z3.2442,1913年广东财政司发的雷开学卖地给雷家相的断卖契纸,51.5 cm×40.3 cm,1913年
851. 4567.Z3.2443,1913年广东财政司发的伍爵洪卖地给黎肇全的改换断卖新契纸,31.5 cm×60 cm,1913年
852. 4568.Z3.2444,1913年广东财政司发的伍健荣卖地给黎肇全的改换断卖新契纸,31 cm×59 cm,1913年
853. 4569.Z3.2445,1913年广东财政司发的伍握荣卖地给黎肇全的改换断卖新契纸,31.4 cm×16 cm,1913年
854. 4570.Z3.2446,1913年广东财政司发的雷氏家族卖地给雷家相的改换断卖新契纸,31.5 cm×60.5 cm,1913年
855. 4571.Z3.2447,1949年广州市人民政府财政局印发的霍富昌卖屋给何谦的断卖契,55 cm×58 cm,1949年
856. 4572.Z3.2448,1926年广东省政府财政厅发的王昭仁等卖铺给潘昌记的断卖契,52 cm×35.3 cm,1926年
857. 4573.Z3.2449,1925年树德堂、马自良与洪圣庙值理王昭仁的让铺契据,54.5 cm×48 cm,1925年
858. 4574.Z3.2450,1949年大昌堂霍富昌卖屋给永成堂的断卖契,20.2 cm×43.5 cm,1949年
859. 4575.Z3.2451,民国南海县税契处绘发的广州市潘昌记不动产平面图,39.6 cm×34 cm,民国
860. 4576.Z3.2452,1942年潘关氏卖铺给大昌堂的断卖契,55.8 cm×51 cm,1942年

861. 4577.Z3.2453,1926年王昭仁卖铺给潘昌记的断卖契,56 cm×25.5 cm,1926年

862. 4579.Z3.2454,1949年麦氏卖屋给大昌堂的断卖契,25.5 cm×17.8 cm,1949年

863. 4580.Z3.2455,1877年黄慎厚堂卖铺给古裕厚堂的断卖契,56.5 cm×51 cm,1877年

864. 4582.Z3.2456,1926年复古西庙八约纺众等铺给潘昌记的断卖契,57.3 cm×48 cm,1926年

865. 4583.Z3.2457,1913年广东财政司发的黄慎厚堂卖铺给古裕厚堂的断卖契,50.5 cm×40.8 cm,1913年

866. 4584.Z3.2458,1925年复古八约卖铺给潘昌记的断卖契,56.5 cm×52.6 cm,1925年

867. 4585.Z3.2459,1949年大昌堂霍富昌卖屋给永成堂的断卖契,52.5 cm×43.3 cm,1949年

868. 4588.Z3.2460,1875年丽江府鹤庆州给田允嗣的田地执照,52 cm×33 cm,1875年

869. 4589.Z3.2461,1875年丽江府鹤庆州给田允嗣的田地执照,53 cm×33 cm,1875年

870. 4590.Z3.2462,1930年胜家缝衣机中英人使用说明书,13.6 cm×21.3 cm,13.5 cm×8.8 cm,28.3 cm×14.7 cm,1套3件,1930年

871. 4591.Z3.2463,民国民军进入南京、汉口战斗的图画,9.7 cm×16.3 cm,1套3件,民国

872. 4592.Z3.2464,民国《筹建广东省城张氏孝友书院捐册》,25.8 cm×13.8 cm,民国

873. 4593.Z3.2465,1923年西樵丹灶醒华学校黎秀生成绩布告表,30 cm×23.5 cm,1923年

874. 4599.Z3.2470,1913年中华民国广东财政司发的李福卖地给马群亮的改换租地卖上盖房屋契纸,31 cm×60.5 cm,1913年

875. 4600.Z3.2471,1922年广东财政厅发的游合意堂卖给全德堂的断卖契纸,81 cm×36.8 cm,1922年

876. 4601.Z3.2472,1932年广州市财政局发给潘荣业堂的营业执照,41.8 cm×65 cm,1932年

877. 4602.Z3.2473,1915年黄日记卖地给彭意全的卖地契,56.5 cm×50 cm,1915年

878. 4604.Z3.2678,民国开平县第二十六甲第参牌第十九户门牌纸,21.6 cm×15.9 cm,民国

879. 4648.Z3.2516,民国谢美泮致其子谢祖材的清单,13 cm×25.2 cm,7.7 cm×25.5 cm,14.5 cm×7.2 cm,1套3件,民国

880. 4650.Z3.2517,1913年中华民国广东财政司发的吴建文卖地给白殿章的改换租地断卖上盖房屋契纸,21.4 cm×59 cm,1913年

881. 4676.Z3.2528,1933年汤因日呈台山县政府及地方法院诉状宣传册,21.7 cm×27.9 cm,1933年

882. 4677.Z3.2529,1920年Ah Shing的澳大利亚法定宣誓书,34.4 cm×43.3 cm,1920年

883. 4688.Z3.2538,1942年Dr to A.S.Tiliett Pty公司给Ah Shing的收据,17.8 cm×20.7 cm,1942年

884. 4689.Z3.2539,1919年L.H.Moyer百货店给Ah Shing的收据,16 cm×8.8 cm,1919年

885. 4690.Z3.2540,1919年L.H.Moyer百货店给Ah Shing的收据,16 cm×8.8 cm,1919年

886. 4716.Z3.2561,1938年朱锦庆口供纸,24.8 cm×285 cm,1938年

887. 4733.Z3.2575,1922年广州大东袜厂南号(上海分号)蜜蜂牌纸盒,23.3 cm×13 cm×5.5 cm,1922年

888. 4747.Z3.2790,民国广州市合记绸庄包装盒,4.1 cm×30 cm×23.5 cm,民国

889. 4768.Z3.2577,民国广东西村上敏上厂五羊牌包装纸,72.5 cm×99.5 cm,民国

890. 4780.Z3.2578,1942年上海永安有限公司与受雇人吴锡崑的雇约,30 cm×22 cm,1942年

891. 4789.Z3.2582,民国美昌服装包装纸,29 cm×40 cm,民国

892. 4790.Z3.2583,民国广州天宝绸缎庄包装纸,34.5 cm×27 cm,民国

893. 4793.Z3.2585,民国广州祥群织造厂飞鹅牌包装纸,36 cm×26.2 cm,民国
894. 4800.Z3.2590,民国香港龙溪兄弟织造厂龙珠牌包装纸,31.5 cm×20.4 cm,民国
895. 4801.Z3.2591,民国广州东亚绸庄包装纸,39.5 cm×31.5 cm,民国
896. 4822.Z3.2588,民国广州集兰堂双料三蛇胆陈皮末包装盒,18.6 cm×8.5 cm,民国
897. 4828.Z3.2596,民国佛山谭祐记老号牙刷庄包装纸,31.5 cm×31.2 cm,民国
898. 4829.Z3.2597,民国广州源兴机织漂染厂八仙牌商标纸,26 cm×17.2 cm,民国
899. 4830.Z3.2788,民国广州中国飞雄织造厂红椒牌线袜包装盒盒盖,34.8 cm×23 cm,民国
900. 4845.Z3.2601,1923年《北京中国大学十周年纪念册》,25.8 cm×18.7 cm×1.6 cm,1923年
901. 4849.Z3.2604,1912年中华1912年月份牌,18.8 cm×13.2 cm,1912年
902. 4850.Z3.2605,民国怡利洋行火花,3.5 cm×5.2 cm,民国
903. 4851.Z3.2606,民国战舰航海图火花,3.5 cm×5.5 cm,民国
904. 4852.Z3.2607,民国大告公司龙圆为记火花,3.7 cm×5.5 cm,民国
905. 4853.Z3.2608,民国大告公司龙圆为记火花,3.6 cm×5.5 cm,民国
906. 4854.Z3.2609,民国日本生产的安全牌火花,5.1 cm×3.6 cm,民国
907. 4855.Z3.2610,民国广东省城第一公园美华公司火花,3.5 cm×5.5 cm,民国
908. 4856.Z3.2611,民国日本生产的"中华民国"火花,3.1 cm×5.5 cm,民国
909. 4857.Z3.2612,民国"五色旗""青天白日满地红旗""十八星旗"扇形组合图火花,3.5 cm×5.2 cm,民国
910. 4858.Z3.2613,民国"汉族文明"火花,5.6 cm×3.8 cm,民国
911. 4859.Z3.2614,民国"中华民国自由"火花,3.6 cm×5.6 cm,民国
912. 4860.Z3.2615,民国"中华民国开国纪念币"火花,3.5 cm×5.6 cm,民国
913. 4861.Z3.2616,民国"中华民国万岁"火花,3.6 cm×5.6 cm,民国
914. 4862.Z3.2617,民国日本生产的"中华民国万岁"火花,3.6 cm×5.5 cm,民国
915. 4863.Z3.2618,民国"世界一"火花,5.6 cm×3.5 cm,民国
916. 4864.Z3.2619,民国大利公司火花,3.6 cm×5.5 cm,民国
917. 4865.Z3.2620,民国日本裕和昌生产"庆祝共和"火花,3.6 cm×5.3 cm,民国
918. 4866.Z3.2621,民国日本东华商会生产"万宝"火花,3.6 cm×5.5 cm,民国
919. 4867.Z3.2622,民国步利公司生产"兴汉纪念火柴"火花,3.6 cm×5.6 cm,民国
920. 4868.Z3.2623,民国战士吹号图火花,5.5 cm×3.6 cm,民国
921. 4869.Z3.2624,民国日本生产"中华"火花,5.4 cm×3.3 cm,民国
922. 4870.Z3.2625,民国同孚泰行生产"齐心"火花,5.5 cm×3.6 cm,民国
923. 4871.Z3.2626,民国杭州光华公司火花,9 cm×7 cm,民国
924. 4872.Z3.2627,民国杭州光华公司火花,5.8 cm×3.9 cm,民国
925. 4873.Z3.2628,民国大利火柴厂火花,3.6 cm×5.5 cm,民国
926. 4874.Z3.2629,民国文明公司制造"文明进步"火花,5.5 cm×3.5 cm,民国
927. 4875.Z3.2630,民国建德行生产旗唛火柴火花,3.5 cm×5.5 cm,民国
928. 4876.Z3.2631,民国焊记生产"中国富强"火花,3.4 cm×5.4 cm,民国
929. 4877.Z3.2632,民国永协丰生产花火,3.5 cm×5.5 cm,民国
930. 4878.Z3.2633,民国裕真祥行生产"自由钟"火花,5.4 cm×3.6 cm,民国
931. 4879.Z3.2634,民国"中华民国万岁、自由"火花,3.5 cm×5.4 cm,民国

932. 4880.Z3.2635,民国建德公司生产"中华民国、升平景象"火花,3.5 cm×5.4 cm,民国
933. 4881.Z3.2636,民国升顺洋行火花,3.5 cm×5.5 cm,民国
934. 4882.Z3.2637,民国上海兆昌制造厂生产"嘉禾"火花,3.6 cm×5.6 cm,民国
935. 4883.Z3.2638,民国广东佛山巧明公司生产"共和"火花,5.5 cm×3.7 cm,民国
936. 4884.Z3.2639,民国"口吞宇宙、足踏环球"火花,3.6 cm×5.5 cm,民国
937. 4885.Z3.2640,民国"中华民国"火花,3.5 cm×5.5 cm,民国
938. 4886.Z3.2641,民国共和四人像火花,3.5 cm×5.3 cm,民国
939. 4887.Z3.2642,民国中华民国利兴公司旗唛火花,3.6 cm×5.5 cm,民国
940. 4888.Z3.2643,民国日本生产"警世钟"火花,5.5 cm×3.6 cm,民国
941. 4889.Z3.2644,民国中华民国利兴公司生产"共和统一"火花,3.5 cm×5.5 cm,民国
942. 4890.Z3.2645,清末大清爱国第一火柴火花,3.7 cm×5.5 cm,清末
943. 4891.Z3.2646,清末"中兴"火花,5.6 cm×3.9 cm,清末
944. 4892.Z3.2647,民国日本生产"还我山河"火花,7 cm×9.3 cm,民国
945. 4893.Z3.2648,民国"还我山河"火花,7 cm×9.4 cm,民国
946. 4894.Z3.2649,民国"中兴"火花,9.5 cm×7.2 cm,民国
947. 4895.Z3.2650,民国日本东和生产"中华民国"火花,7 cm×9.2 cm,民国
948. 4903.Z3.2651,民国中华民国礼服图式,41.3 cm×24.5 cm,民国
949. 4908.Z3.2652,民国广生行有限公司双妹嘜花露水商标纸,11.5 cm×9.5 cm,民国
950. 4910.Z3.2654,民国《南洋劝业会纪念册第二辑》,24.3 cm×31.6 cm,民国
951. 4917.Z3.2657,1934年国民政府西南政务委员会官封,31.1 cm×18.5 cm,1934年
952. 4935.Z3.2666,民国南洋兄弟烟草公司沪局传单,21.5 cm×15.5 cm,民国
953. 4959.Z3.2671,民国广生行双妹嘜雪花膏商标,16.3 cm×11.2 cm,民国
954. 4960.Z3.2672,民国广生行双妹嘜雪花膏商标,16.3 cm×11.2 cm,民国
955. 4961.Z3.2673,民国甘枝金斧牌香烟烟标纸,8.9 cm×15.9 cm,民国
956. 4962.Z3.2674,民国金龙香烟烟标纸,8.9 cm×17 cm,民国
957. 4963.Z3.2675,民国555牌香烟烟标纸,8.8 cm×15.9 cm,民国
958. 4964.Z3.2676,清代英美香烟公司生产Pinhead牌香烟烟盒,大21.5 cm×15.1 cm×8.7 cm,小7.4 cm×4.1 cm×1.6 cm,1套51件,清代
959. 5010.Z3.2677,民国粤港利工民衫袜厂生产的金鹿线衫包装盒,32.4 cm×20.3 cm×2 cm,民国
960. 5013.Z3.2680,1916年广东省地图,65.8 cm×95 cm,33.3 cm×17 cm,1套2件,1916年
961. 5014.Z3.2681,1924年广东省地图,64.4 cm×95.5 cm,1924年
962. 5015.Z3.2682,1927年国立中山大学发给郭太华的毕业文凭,46.7 cm×53.5 cm,1927年
963. 5016.Z3.2683,民国粤剧书《夜探严相府》,18.7 cm×12.8 cm,民国
964. 5017.Z3.2684,民国粤剧书《姊妹花》,19 cm×13 cm,民国
965. 5018.Z3.2685,民国粤剧书《孔明借东风》上卷,18.9 cm×13.3 cm,民国
966. 5019.Z3.2686,民国粤剧书《血泪洒良心》,18.3 cm×13 cm,民国
967. 5020.Z3.2687,民国粤剧书《孔明借东风》下卷,19 cm×13.3 cm,民国
968. 5021.Z3.2688,民国粤剧书《隔夜素馨》,18.5 cm×13.2 cm,民国
969. 5022.Z3.2689,民国粤剧书《一把檀香扇》,18.8 cm×13.3 cm,民国

970. 5023.Z3.2690,民国粤剧书《肉海沉珠案》,18.9 cm×13 cm,民国
971. 5024.Z3.2691,民国粤剧书《南国正芳香》,18.8 cm×13.5 cm,民国
972. 5025.Z3.2692,民国粤剧书《漂泊王孙》,18.6 cm×12.9 cm,民国
973. 5046.Z3.2150,民国广州市调查人口委员会编查处宣传股宣传单,27.3 cm×19.7 cm,民国
974. 5047.Z3.2151,1931年总理逝世六周年兼植树典礼宣言传单,22.5 cm×34 cm,1931年
975. 5048.Z3.2693,民国国民体育会会立国语速记夜班第一届招男女生简章,19.1 cm×20.4 cm,民国
976. 5049.Z3.2694,1933年珠江中英数预备学校招男女生简章,21.4 cm×55.1 cm,1933年
977. 5050.Z3.2695,民国任远中学校校友会章程,23.6 cm×52.8 cm,民国
978. 5055.Z3.2696,民国香港环球大昌公司包装纸,45.9 cm×53.5 cm,民国
979. 5056.Z3.2697,民国凤城县粤华商店包装纸,60.2 cm×44.5 cm,民国
980. 5057.Z3.2698,民国大良丽华公司包装纸,59.8 cm×44 cm,民国
981. 5058.Z3.2699,民国粤东昌记号包装纸,68 cm×36 cm,民国
982. 5059.Z3.2700,民国广州恰美织业包装纸,44.5 cm×45.3 cm,民国
983. 5060.Z3.2701,民国广州全昌包装纸,39.5 cm×43.7 cm,民国
984. 5061.Z3.2702,民国广州同丰泰包装纸,60.8 cm×45 cm,民国
985. 5062.Z3.2703,民国香港民兴公司包装纸,59 cm×43.5 cm,民国
986. 5064.Z3.2705,民国大良万隆兴布庄包装纸,40.3 cm×44.5 cm,民国
987. 5066.Z3.2707,民国广州九经伦纪包装纸,57.5 cm×57.5 cm,民国
988. 5067.Z3.2708,民国大良县前直大明星商标,41.4 cm×41 cm,民国
989. 5069.Z3.2710,民国广州美光包装纸,44.4 cm×39.3 cm,民国
990. 5071.Z3.2712,民国香港永安有限公司包装纸,49.5 cm×67.5 cm,民国
991. 5072.Z3.2713,民国大良市和元祥包装纸,59.4 cm×44.1 cm,民国
992. 5073.Z3.2714,民国广东省城潘海山普济堂商标,35.9 cm×31 cm,民国
993. 5074.Z3.2715,民国大良县前街粤华商店包装纸,39.1 cm×53.5 cm,民国
994. 5075.Z3.2716,民国广州联兴布庄包装纸,43.2 cm×38 cm,民国
995. 5076.Z3.2717,民国谢延康二天再造丸包装纸,41.1 cm×40.4 cm,民国
996. 5084.Z3.2723,民国中国南洋兄弟烟草公司大联珠香烟商标,39 cm×26.7 cm,民国
997. 5098.Z3.2737,民国驻华英美烟公司鸡牌香烟商标,21.6 cm×13.3 cm,民国
998. 5103.Z3.2742,民国香港先施白兰霜商标,7.9 cm×12.3 cm,民国
999. 5104.Z3.2743,民国香港先施白兰霜商标,11.3 cm×5.5 cm,民国
1000. 5105.Z3.2744,民国泰恒公司三京香皂商标,7.9 cm×5.1 cm,民国
1001. 5121.Z3.2760,民国麦秋烟盒,13.8 cm×6 cm,民国
1002. 5122.Z3.2761,1925年广州市联保火险联合总会修正补充条例,31.5 cm×46.2 cm,1925年
1003. 5139.Z3.2763,1921年余源的美国大埠同源会筹备会员身后恤款凭照,23 cm×44.3 cm,1921年
1004. 5141.Z3.2765,1935年余源就其儿子入境美国的申请书,28.7 cm×22.7 cm,1935年
1005. 5152.Z3.2767,二十世纪初谭根着军装相剪报,14.2 cm×7.1 cm,20世纪初
1006. 5165.Z3.2769,1918年驻温哥华领事发给黄福荣的执照(八月一日),23.5 cm×21.2 cm,1918年

1007. 5166.Z3.2770,1912年金山中华会馆等办美洲华侨国民捐总局发给敖连灼的国民捐美金执照,25.3 cm×18.7 cm,1912年
1008. 5170.Z3.2771,民国广州女权运动大同盟会妇儿保健社宣传单,20 cm×26.1 cm,民国
1009. 5171.Z3.2772,1921年中华民国驻新加坡兼辖海门等处总领事发给冼亚月母女的护照,37 cm×19.5 cm,1921年
1010. 5174.Z3.2773,1930年代国立中山大学文学院学生上课卷,21.5 cm×13 cm,1930年
1011. 5178.Z3.2776,民国香港爱群人寿保险有限公司投保章程,15.6 cm×10.9 cm,民国
1012. 5179.Z3.2777,1931年国民政府外交部发给叶崇焕的护照,16.2 cm×21.3 cm,1931年
1013. 5180.Z3.2778,民国紧要传单,19.5 cm×19.1 cm,民国
1014. 5182.Z3.2779,1948年广州市私立培正中学三七年度第二学期膳费收支对照表,13.2 cm×19.2 cm,1948年
1015. 5185.Z3.2780,1933年广州市政府新颁修正交通规则,18.7 cm×12.9 cm,1933年
1016. 5188.Z3.2783,民国艺新织业象牌商标包装纸,39 cm×43.2 cm,民国
1017. 5193.Z3.2789,民国广州莲香楼月饼包装盒盒盖,21 cm×26.1 cm,民国
1018. 5227.Z3.2795,民国大不列颠及爱尔兰帝国烟草有限公司"从种植到吸烟者"香烟画片,3.5 cm×6.7 cm,1套25件,民国
1019. 5260.Z3.2821,1925年中国国民党驻三藩市总支部职员选举细则,19.8 cm×15.4 cm,1925年
1020. 5261.Z3.2822,1925年中国国民党驻三藩市总支部职员选举细则,19.8 cm×15.4 cm,1925年
1021. 5263.Z3.2824,1925年国民党驻三藩市总支部通告(10月6日),19.4 cm×30.8 cm,1925年
1022. 5264.Z3.2825,1925年国民党驻三藩市总支部通告(10月5日),19.5 cm×30.8 cm,1925年
1023. 5265.Z3.2826,1925年国民党驻三藩市总支部通告(10月6日),19.4 cm×30.8 cm,1925年
1024. 5266.Z3.2827,1925年国民党驻三藩市总支部通告(11月3日),20.5 cm×33.1 cm,1925年
1025. 5267.Z3.2828,1925年国民党驻三藩市总支部通告(11月19日),19.8 cm×31 cm,1925年
1026. 5268.Z3.2829,1926年国民党驻三藩市总支部通告(8月30日),19.8 cm×31 cm,1926年
1027. 5269.Z3.2830,1926年国民党驻三藩市总支部通告(7月22日),19.7 cm×30.9 cm,1926年
1028. 5270.Z3.2831,1926年国民党驻三藩市总支部通告(附中国国民党驻三藩市总支部职员选举细则)(5月14日),19.7 cm×30.9 cm,1926年
1029. 5271.Z3.2832,1926年国民党驻三藩市总支部通告(2月23日),20 cm×31.1 cm,1926年
1030. 5272.Z3.2833,1926年国民党驻三藩市总支部通告(2月16日),19.7 cm×31.1 cm,1926年
1031. 5273.Z3.2834,1926年国民党驻三藩市总支部通告(8月5日),19.8 cm×31 cm,1926年
1032. 5274.Z3.2835,1926年国民党驻三藩市总支部通告(4月26日),19.8 cm×30.9 cm,1926年
1033. 5275.Z3.2836,1925年港民党驻三藩市总支部通告(12月24日),19.7 cm×31 cm,1925年
1034. 5276.Z3.2837,1925年国民党驻三藩市总支部通告(11月28日),19.6 cm×31 cm,1925年
1035. 5277.Z3.2838,民国执行委员监察委员第六次特别联席会议录(3月21日),21.2 cm×45.5 cm,民国
1036. 5278.Z3.2839,民国中国国民党驻三藩市总支部执行委员会议案录(5月3日),19.8 cm×30.9 cm,民国
1037. 5279.Z3.2840,1925年中国国民党驻三藩市总支部执行委员会议案汇录(12月),20.3 cm×

42.8 cm,1925 年

1038. 5280.Z3.2841,民国第十三次会议录(12 月 19 日),20.5 cm×34.3 cm,民国

1039. 5281.Z3.2842,1926 年中国国民党驻三藩市总支部执行委员会议案汇录(1 月),19.7 cm×31.1 cm,1926 年

1040. 5282.Z3.2843,民国第十七次会议录(1 月 18 日),19.8 cm×31 cm,民国

1041. 5283.Z3.2844,1926 年中国国民党驻三藩市总支部执行委员会议案汇录(3 月),21.7 cm×42 cm,1926 年

1042. 5284.Z3.2845,民国中国国民党驻三藩市总支部执行委员会议案汇录(4 月 5 日),19.7 cm×31 cm,民国

1043. 5285.Z3.2846,民国执行委员第二十四次会议录(5 月 18 日),19.7 cm×26 cm,民国

1044. 5286.Z3.2847,1926 年中国国民党驻三藩市总支部执行委员会议案汇录(7 月),21 cm×42 cm,1926 年

1045. 5287.Z3.2848,1926 年中国国民党驻三藩市总支部执行委员会议案汇录(八、九月份),21.7 cm×40.3 cm,1926 年

1046. 5288.Z3.2849,民国执行委员第卅六次会议录(八月二十三日),21.4 cm×42.8 cm,民国

1047. 5289.Z3.2850,民国执行委员第四十次会议录(九月二十日),21.5 cm×31.6 cm,民国

1048. 5291.Z3.2852,1925 年中国国民党驻三藩市总支部执行委员会发出的快邮代电(12 月 22 日),28 cm×21.6 cm,1925 年

1049. 5297.Z3.2858,1926 年中国国民党驻三藩市总支部卖书清单(2 月 15 日),19.8 cm×18.8 cm,1926 年

1050. 5301.Z3.2862,1925 年中国国民党驻三藩市总支部执行委员会各科简章(10 月 26 日),21.4 cm×51.3 cm,1925 年

1051. 5305.Z3.2866,1925 年中国国民党驻三藩市总支部代表大会筹办处通告第 6 号(9 月 18 日),27.4 cm×21.6 cm,1925 年

1052. 5312.Z3.2872,1926 年中国国民党驻三藩市分部执行委员会议案汇录(6 月),21.5 cm×46.7 cm,1926 年

1053. 5313.Z3.2873,民国执行委员监察委员第四次特别联席会议案(2 月 16 日),20.1 cm×35.9 cm,民国

1054. 5314.Z3.2874,民国三藩市总支部楼业义捐奖励章程,21.5 cm×15.3 cm,民国

1055. 5315.Z3.2875,1929 年中国国民党三藩市分部执行委员会致本分部同志(3 月 28 日),21.5 cm×12 cm,1929 年

1056. 5317.Z3.2877,1929 年中国国民党全区党员大会党员请假条例(2 月 14 日),20.2 cm×14.8 cm,1929 年

1057. 5318.Z3.2878,1930 年中国国民党三藩市分部党务报告(1 月 31 日),37.6 cm×31.8 cm,1930 年

1058. 5319.Z3.2879,1930 年中国国民党三藩市分部党务报告(4 月 30 日),38.6 cm×31.5 cm,1930 年

1059. 5320.Z3.2880,1930 年中国国民党三藩市分部党务报告(2 月 28 日),45.7 cm×31.7 cm,1930 年

1060. 5321.Z3.2881,1930 年中国国民党三藩市分部党务报告(3 月 31 日),45 cm×31.5 cm,1930 年

1061. 5322.Z3.2882,1930 年中国国民党三藩市分部党务报告(5 月 31 日),48.3 cm×31.9 cm,1930 年

1062. 5323.Z3.2883,民国《回国代表报告书》,21.8 cm×14.2 cm,民国

1063. 5324.Z3.2884,1924年《中国国民党总章》,20.6 cm×13 cm,1924年
1064. 5325.Z3.2885,1925年三藩市总支部执行委员会《通告》,22 cm×14.2 cm,1925年
1065. 5327.Z3.2886,民国汪宗洙启事,27 cm×7.1 cm,民国
1066. 5332.Z3.2890,1930年吴道镕题"据明张岱越贤三不朽图赞本",23.9 cm×12.5 cm,1930年
1067. 5334.Z3.2892,1895年算命书,25.6 cm×53.5 cm,1895年
1068. 5335.Z3.2893,1947年地价税缴款书,19.9 cm×22.8 cm,1947年
1069. 5336.Z3.2894,1947年地价税缴款书(补征三十五年度累进税额),17.8 cm×22 cm,1947年
1070. 5337.Z3.2895,1932年法政路地价银数列单,25.2 cm×18.1 cm,1932年
1071. 5338.Z3.2896,1949年广州市政府地政局发给杨文德的土地所有权状,30.2 cm×27.6 cm,1949年
1072. 5339.Z3.2897,1948年广州市政府地政局发给杨文德的变更通讯地址批文,29.5 cm×19.5 cm,1948年
1073. 5340.Z3.2898,1948年江中诚与胡衡德堂关于屋产的和解合约,29 cm×18.4 cm,1948年
1074. 5341.Z3.2899,1946年江中诚呈广州地方法院的上诉状副状,28.8 cm×21 cm,1946年
1075. 5342.Z3.2900,民国江中诚呈广东高等法院的上诉状,29.8 cm×20 cm,民国
1076. 5343.Z3.2901,1947年最高法院关于江中诚上诉的民事判决书,29.3 cm×19.5 cm,1947年
1077. 5344.Z3.2902,1946年广东高等法院关于江中诚上诉的民事判决,29.8 cm×20.8 cm,1946年
1078. 5345.Z3.2903,民国胡景萱与胡衡德堂的租约副本,18.1 cm×24.6 cm,民国
1079. 5401.Z3.2905,1918年《岭南学校提要》布告第十七号,18.5 cm×15 cm,1918年
1080. 5409.Z3.2912,民国陈焯刚金行印发的孙中山挂像,29.5 cm×20.5 cm,民国
1081. 5410.Z3.2913,1922年中华民国驻南斐洲总领事发给梁杨氏的护照,31 cm×17 cm,1922年
1082. 5413.Z3.2915,1915年新宁新昌商会发给穗昌号的商团枪照,23.5 cm×12.1 cm,1915年
1083. 5414.Z3.2916,1926年中华摄影工艺研究社发给朱伯庚的章程,12.8 cm×9 cm,1926年
1084. 5415.Z3.2917,1924年《曹字号扶南九乡联团立案公文章册》,25.4 cm×14.9 cm,1924年
1085. 5417.Z3.2918,清末巡按使取列上等二十一塾传单,25.3 cm×18.5 cm,清末
1086. 5418.Z3.2919,1924年《广东中华钟厂有限公司招股简章》,17.6 cm×12.5 cm,1924年
1087. 5423.Z3.2921,1922年靖国军纪念章执照,34.5 cm×42 cm,1922年
1088. 5424.Z3.2922,1924年广东财政厅布告,芯57.7 cm×66.5 cm,裱74.5 cm×92.5 cm,1924年
1089. 5440.Z3.2931,1913年外交部任命王万年为驻长崎领事馆随习领事的任命状,33.8 cm×32.5 cm,1913年
1090. 5441.Z3.2932,1921年外交部任命王万年为驻长崎领事馆副领事的任命状,32.5 cm×32.3 cm,1921年
1091. 5442.Z3.2933,1924年外交部任命王万年为驻朝鲜总领事馆随习领事的任命状,32.5 cm×32.5 cm,1924年
1092. 5443.Z3.2934,1925年外交部任命王万年为驻长崎领事馆随习领事的任命状,32.5 cm×32.5 cm,1925年
1093. 5448.Z3.2936,1906年户部发给王万年的捐官执照,58 cm×46 cm,1906年
1094. 5449.Z3.2937,清末接待载振贝子的祝词,27.9 cm×20 cm,清末
1095. 5450.Z3.2938,1903年新年宴会席上的演说词,25 cm×17.8 cm,1903年

1096. 5453.Z3.2941,1915年在长崎广东会馆落成典礼上的祝词,24 cm×32.2 cm,24 cm× 32.2 cm,1套2件,1915年

1097. 5454.Z3.2942,1920年长崎商业会议所落成典礼上驻长崎中华领事冯冕的祝词, 27.4 cm×39.5 cm,27.4 cm×39.5 cm,1套2件,1920年

1098. 5481.Z3.2966,民国冯冕在长崎商业会议所的讲话稿,23 cm×35 cm,民国

1099. 5482.Z3.2968,民国日本奢侈品税则所列各种华货应行减免情形,27.5 cm×16.5 cm,1套4件,民国

1100. 5483.Z3.2969,民国中华民国驻长崎领事馆关于日本增加进口税之奢侈品中与我国有关系者新旧关税率对照表,27.6 cm×20 cm,民国

1101. 5488.Z3.2974,民国驻长崎领事馆致外交总长和驻日本全权公使关于关税的公文稿, 28.3 cm×40 cm,1套2件,民国

1102. 5489.Z3.2975,民国驻长崎领事馆致日本杉税关长关于关税问题的公文草稿,27.5 cm× 39.5 cm,民国

1103. 5490.Z3.2976,民国驻长崎领事馆致日本永井税长关于关税问题的公文草稿,27.4 cm× 39.9 cm,民国

1104. 5491.Z3.2977,民国在长崎广东商会举行的宴会上的致辞,27 cm×39.5 cm,民国

1105. 5492.Z3.2978,民国在长崎广东商会举行的宴会上的致辞,27.1 cm×39.5 cm,民国

1106. 5493.Z3.2979,民国在长崎广东商会举行的宴会上的致辞,27.1 cm×19.4 cm,民国

1107. 5496.Z3.2982,民国驻长崎领事在长崎医学专门学校的讲话稿,27.9 cm×19.5 cm,民国

1108. 5497.Z3.2983,民国祝辞,24 cm×20.9 cm,民国

1109. 5502.Z3.2988,民国驻长崎领事馆的新年祝辞,27.3 cm×39.2 cm,民国

1110. 5503.Z3.2989,民国新年宴会祝辞,27.7 cm×39.5 cm,民国

1111. 5504.Z3.2990,民国长崎广东会所会长新年祝辞,27.2 cm×39.9 cm,1套2件,民国

1112. 5505.Z3.2991,民国关于长崎交通的概述,27.2 cm×20 cm,民国

1113. 5506.Z3.2992,民国驻长崎领事馆领事郭则济写的日中亲善的具体化,27.3 cm×39.2 cm,1套2件,民国

1114. 5507.Z3.2993,民国甲关于大公司的答复文稿,29.4 cm×42.8 cm,民国

1115. 5509.Z3.2995,民国林励发明的"发光显色油"的说明,27.5 cm×19.9 cm,1套3件,民国

1116. 5510.Z3.2996,民国在长崎劝业协会成立十周年纪念会上的讲话稿,22.9 cm×15.2 cm, 民国

1117. 5511.Z3.2997,民国某人的自荐书,24.5 cm×33.4 cm,民国

1118. 5520.Z3.3006,民国驻长崎领事馆"日本奢侈品新旧关税本对照表"等清单,25.5 cm× 17.5 cm,民国

1119. 5521.Z3.3007,1926年林励艳出剂制造方法明细书,29.8 cm×33.8 cm,29.7 cm×47.3 cm, 29.7 cm×47.3 cm,20 cm×8.5 cm,1套4件,1926年

1120. 5524.Z3.3009,1926年长崎县东洋日之出新闻训早支局文稿,11.8 cm×33 cm,1套2件,1926年

1121. 5526.Z3.3010,民国岩水特许事务所关于林励艳出剂制造方法的特许书,27 cm×19.5 cm,1套3件,民国

1122. 5527.Z3.3011,1932年王绍贤追悼会筹备处鲍演昭等致祭王绍贤的祭文,24.5 cm×

30.8 cm,1932 年

1123. 5528.Z3.3012,1932 年长崎华商商会主席翁荣绥致祭驻长崎领事馆王绍贤副领事的祭文,27.7 cm×40 cm,1932 年

1124. 5529.Z3.3013,1932 年驻长崎领事张翅致祭王绍贤副领事的祭文,27.8 cm×40 cm,1932 年

1125. 5530.Z3.3014,1932 年中国国民党驻长崎支部整理委员会同人致祭驻长崎副领事王绍贤的祭文,27.5 cm×40 cm,1932 年

1126. 5531.Z3.3015,1932 年华侨长崎三江公所同人致祭王绍贤副领事的祭文,27.6 cm×35 cm,1932 年

1127. 5532.Z3.3016,1932 年广东会所鲍演昭等致祭王绍贤副领事的祭文,24.8 cm×33.8 cm,1932 年

1128. 5533.Z3.3017,1932 年长崎华侨中小学校董事会詹敏崇等致祭王绍贤副领事的祭文,24.8 cm×33.8 cm,1932 年

1129. 5534.Z3.3018,1932 年福建会馆陈世望、詹敏崇等致祭王绍贤副领事的祭文,24.8 cm×33.8 cm,1932 年

1130. 5538.Z3.3021,1932 年中华民国驻长崎领事馆副领事王万年讣闻,14 cm×9.2 cm,14.8 cm×9.5 cm,1 套 2 件,1932 年

1131. 5544.Z3.3025,民国王凤烓的声明草稿,10.8 cm×11.5 cm,民国

1132. 5545.Z3.3026,民国王凤烓的誓词,10.5 cm×15.8 cm,民国

1133. 5549.Z3.3029,1930 年中华民国驻长崎领事馆呈给驻日公使馆的公文,28.5 cm×25.8 cm,1930 年

1134. 5550.Z3.3030,1930 年中华民国驻长崎领事馆呈给驻日公使馆的公文,28.3 cm×26.3 cm,1930 年

1135. 5551.Z3.3031,1931 年驻日本公使馆给驻长崎领事的密令公文,28.8 cm×83.5 cm,1931 年

1136. 5554.Z3.3034,1923 年王万年收的刑事审讯记录,22 cm×14.5 cm,22 cm×18.5 cm,1 套 8 件,1923 年

1137. 5556.Z3.3036,清末商民的祝辞稿,20.8 cm×34.3 cm,清末

1138. 5557.Z3.3037,清末商民的祝辞稿,18.3 cm×32 cm,清末

1139. 5558.Z3.3038,清末中国商民的祝辞,18 cm×103 cm,清末

1140. 5561.Z3.3040,民国源君在日支博览会上的发言草稿,27.7 cm×15.6 cm,民国

1141. 5562.Z3.3041,1930 年荣寄给中国领事馆的加密电文,13 cm×21.5 cm,1930 年

1142. 5563.Z3.3042,民国外交部历次委任王万年的记录,29.5 cm×44 cm,民国

1143. 5565.Z3.3044,民国中华国民制糖公司股东联合维持会筹备处启事剪报,28 cm×19 cm,民国

1144. 5569.Z3.3045,民国斋藤保杀人冤案剪报,19.7 cm×38 cm—11.6 cm×5.6 cm,23 cm×10.5 cm,1 套 15 件,民国

1145. 5570.Z3.3046,1927 年长崎领事关于上海排外事件声明书剪报,25.5 cm×12.8 cm,1927 年

1146. 5571.Z3.3047,1926 年江苏上海地方审判厅关于制糖公司被控案之判决书剪报,8.9 cm×14.2 cm,1926 年

1147. 5572.Z3.3048,1931 年王凤好的定期预金利息计算书,13.1 cm×9.5 cm,1931 年

1148. 5573.Z3.3049,1931 年王文锷的定期预金利息计算书,13.1 cm×9.5 cm,1931 年

1149. 5574.Z3.3050,1931 年王凤婷的定期预金利息计算书,13.1 cm×9.5 cm,1931 年

1150. 5575.Z3.3051,1931年王文镇的定期预金利息计算书,13.1 cm×9.5 cm,1931年
1151. 5576.Z3.3052,1931年王文学的定期预金利息计算书,13.1 cm×9.5 cm,1931年
1152. 5577.Z3.3053,民国外交部致驻长崎中华领事馆的官封,17.7 cm×32 cm,民国
1153. 5578.Z3.3054,民国外交部致驻长崎中华领事馆的官封,17.5 cm×31.5 cm,民国
1154. 5579.Z3.3055,民国中华民国驻日本公使馆致中国领事馆的官封,23 cm×10.5 cm,民国
1155. 5580.Z3.3056,1922年靖国军总司令部兼云南省长唐继尧任命刘盛垣署理昆明县知事的任命状,34.4 cm×39.6 cm,1922年
1156. 5581.Z3.3057,1922年云南省长公署发给刘盛垣的凭限执照,49.2 cm×32.5 cm,1922年
1157. 5584.Z3.3059,1919年大美国驻扎中华广州代理总领事发给谭灿的护照,30.6 cm×44.3 cm,1919年
1158. 5589.Z3.3062,1926年广州市工务局传单,24.6 cm×35.1 cm,1926年
1159. 5595.Z3.3063,民国城西方便医院及省港澳各乡埠协助会同人一览表,54 cm×78.9 cm,民国
1160. 5596.Z3.3064,民国广州市仁章绸缎庄包装纸,43.5 cm×39.5 cm,民国
1161. 5598.Z3.3066,民国广州市华民电机织布厂包装纸,39 cm×43.5 cm,民国
1162. 5607.Z3.3075,1917年民国产科学校毕业文凭,39.5 cm×54.1 cm,1917年
1163. 5661.Z3.3080,1933年广东省政府厅征收舶来士敏土附加大学经费,10 cm×23.5 cm,1933年
1164. 5675.Z3.3086,1933年国民政府西南政务委员会发给广孚号的商业注册执照,38.9 cm×44.4 cm,1933年
1165. 5676.Z3.3087,1932年广东财政厅发给商人陈礼卿的商业牌照,38.7 cm×28.7 cm,1932年
1166. 5677.Z3.3088,民国广州西堤大新公司商标,53.5 cm×38.7 cm,民国
1167. 5693.Z3.3089,民国陈焯刚金行发行的蒋介石挂像,30 cm×20.6 cm,民国
1168. 5715.Z3.3097,民国广州市东亚绸缎庄包装纸,42.5 cm×34.2 cm,民国
1169. 5719.Z3.3099,1935年国民革命军第一集团军总司令部官封,28.3 cm×14.2 cm,1935年
1170. 5720.Z3.3100,1937年黄埔开埠督办公署制黄埔港总计划图,86 cm×264.3 cm,1937年
1171. 5721.Z3.3101,民国广州兴纪公司包装纸,40 cm×43.5 cm,民国
1172. 5722.Z3.3102,民国广州先施公司包装纸,59.5 cm×90 cm,民国
1173. 5723.Z3.3103,民国广州和平电机科学洗染厂包装纸,54 cm×40.2 cm,民国
1174. 5724.Z3.3104,民国广州锦生土布庄古今美人商标包装纸,76 cm×58.5 cm,民国
1175. 5725.Z3.3105,民国广州李裕兴衫袜织造厂出品红妹牌包装盒盒盖贴纸,30.2 cm×20.4 cm,民国
1176. 5728.Z3.3108,民国广州广发丝绸庄包装纸,34 cm×27.6 cm,民国
1177. 5729.Z3.3109,民国广州下九路大香宾绸缎局包装纸,22.3 cm×29 cm,民国
1178. 5734.Z3.3114,民国广州黄煜记家鞋包装纸,43 cm×58.8 cm,民国
1179. 5735.Z3.3115,民国广州永生商行纱绸包装纸,39 cm×44 cm,民国
1180. 5737.Z3.3117,民国昌兴单榜总厂(第三十三期),14 cm×15.5 cm,民国
1181. 5738.Z3.3118,民国昌兴单榜总厂(第二十八期),14.2 cm×15.6 cm,民国
1182. 5739.Z3.3119,民国昌兴单榜总厂(第二十九期),13.5 cm×15.7 cm,民国
1183. 5740.Z3.3120,民国发财联榜(第三十一期),18.2 cm×15.5 cm,民国

1184. 5741.Z3.3121,民国广州福成纱绸包装纸,43.6 cm×38.6 cm,民国
1185. 5742.Z3.3122,民国广州雪鸿照相公司包装纸,45.4 cm×60.4 cm,民国
1186. 5745.Z3.3125,民国广州荣芳影相铺包装袋,20.1 cm×16.8 cm,民国
1187. 5752.Z3.3132,民国广州昌记竹纱呢绒包装纸,39.3 cm×43.9 cm,民国
1188. 5753.Z3.3133,民国广州新世界包装纸,26.9 cm×34 cm,民国
1189. 5754.Z3.3134,民国省港周艺兴纯毛衫包装纸,30.8 cm×21.6 cm,民国
1190. 5755.Z3.3135,民国广州市广发号绸缎庄包装纸,31 cm×23.4 cm,民国
1191. 5757.Z3.3137,民国广州市九经纶记包装纸,38 cm×30.6 cm,民国
1192. 5758.Z3.3138,民国佛山市合记老鞋家包装纸,27 cm×16.1 cm,民国
1193. 5759.Z3.3139,民国广州市正恒宣享鞋厂包装纸,25.6 cm×14.6 cm,民国
1194. 5764.Z3.3144,民国广州市新华百货店包装纸,41.5 cm×38.8 cm,民国
1195. 5767.Z3.3147,民国广州市天经绸缎庄包装纸,61.4 cm×53 cm,民国
1196. 5768.Z3.3148,民国利兴洗染厂包装纸,43.5 cm×60 cm,民国
1197. 5769.Z3.3149,民国广州市大香宾绸缎局包装纸,53.5 cm×48.5 cm,民国
1198. 5774.Z3.3154,民国佛山市明星布厂包装纸,60.5 cm×46 cm,民国
1199. 5775.Z3.3155,民国佛山市钜泰布庄包装纸,69.8 cm×39.5 cm,民国
1200. 5776.Z3.3156,民国广州电报局发出的某人给宝生号罗钿的电报,28 cm×20.4 cm,16 cm×8 cm,1套2件,民国
1201. 5778.Z3.3158,民国中华国民拒毒会传单,16.4 cm×12 cm,民国
1202. 5779.Z3.3159,民国广州市赵中华电机茛纱发客包装纸,75 cm×58.2 cm,民国
1203. 5780.Z3.3160,民国佛山市陈胜合珩记佛公商标包装纸,24.8 cm×15 cm,民国
1204. 5786.Z3.3165,民国佛山市宝兰生烟草包装纸,20.6 cm×24.9 cm,民国
1205. 5853.Z3.3168,民国粤东广和隆酒庄铁桥商标,19.5 cm×32 cm,民国
1206. 5854.Z3.3169,民国聚昌老酒庄红蝠商标,15.7 cm×10 cm,民国
1207. 5855.Z3.3170,民国太行酒庄商标,11.5 cm×9.5 cm,民国
1208. 5856.Z3.3171,民国年丰老酒庄彩凤商标,13.2 cm×15 cm,民国
1209. 5857.Z3.3172,民国和丰老酒庄商标,15.8 cm×10 cm,民国
1210. 5859.Z3.3174,民国祺利栈老酒庄福禄寿商标,12 cm×7.8 cm,民国
1211. 5860.Z3.3175,民国祺利栈老酒庄丁财贵商标,11.8 cm×8.1 cm,民国
1212. 5866.Z3.3181,民国广州广祥老酒庄商标,11.5 cm×9.8 cm,民国
1213. 5867.Z3.3182,民国裕丰酒庄青缸商标,17 cm×9.1 cm,民国
1214. 5868.Z3.3183,民国厚昌酒庄贵妃商标,13.6 cm×19.5 cm,民国
1215. 5869.Z3.3184,民国厚昌酒庄标签纸,18 cm×19.8 cm,民国
1216. 5870.Z3.3185,民国赵元兴老酒庄商标,25 cm×19.6 cm,民国
1217. 5871.Z3.3186,民国赵元兴酒庄药丸商标,10.2 cm×21.8 cm,民国
1218. 5872.Z3.3187,民国粤丰酒厂昌记酒庄标签纸,27.8 cm×22 cm,民国
1219. 5873.Z3.3188,民国裕丰成老酒庄商标,11.2 cm×9.2 cm,民国
1220. 5875.Z3.3190,民国公兴酒庄商标,12.2 cm×9 cm,民国
1221. 5876.Z3.3191,民国华南酿酒公司商标,10.3 cm×11 cm,民国
1222. 5877.Z3.3192,民国茂昌老酒家刘伶醉酒商标,11.6 cm×9.5 cm,民国

1223. 5879.Z3.3194,民国源兴旧酒商标,12 cm×14.2 cm,民国

1224. 5881.Z3.3196,民国成昌美酒商标纸,26 cm×10.9 cm,民国

1225. 5882.Z3.3197,民国礼元酒庄商标,7.2 cm×10.3 cm,民国

1226. 5883.Z3.2325,民国人和栈酒庄结义商标纸,9.9 cm×15.8 cm,民国

1227. 5884.Z3.3198,民国文采机器染厂商标,23.7 cm×17 cm,民国

1228. 5885.Z3.3199,民国中国泰盛织布厂射鹰老牌商标,22.3 cm×14.7 cm,民国

1229. 5888.Z3.3202,民国英元纱绸土布庄鹰球老牌商标,20.8 cm×15.1 cm,民国

1230. 5889.Z3.3203,民国丰裕纱绸布庄孔圣牌商标,26.8 cm×19.6 cm,民国

1231. 5890.Z3.3204,民国锦生织染布庄古今美人商标,15 cm×19 cm,民国

1232. 5891.Z3.3205,民国裕记织染厂神仙牌商标,26.4 cm×18.4 cm,民国

1233. 5892.Z3.3206,民国江仁兴织染厂孔子图商标,21.4 cm×13 cm,民国

1234. 5893.Z3.3207,民国和达织造厂沙妹牌线衫商标,15.8 cm×54.5 cm,民国

1235. 5894.Z3.3208,民国和达织造厂商标,22.4 cm×17.8 cm,民国

1236. 5895.Z3.3209,民国华美电机织造厂美女牌商标,7.7 cm×20.8 cm,民国

1237. 5896.Z3.3210,民国华美电机织造厂美女牌商标,7.5 cm×16.2 cm,民国

1238. 5897.Z3.3211,民国发记行美女商标,26.8 cm×18.7 cm,民国

1239. 5898.Z3.3212,民国周中亚电机衫袜厂时表牌商标,7.5 cm×19.2 cm,民国

1240. 5899.Z3.3213,民国兴业织造厂帆船牌商标,7.8 cm×20.6 cm,民国

1241. 5900.Z3.3214,民国广州黄时昌织造厂龙虎商标,8.5 cm×20.7 cm,民国

1242. 5901.Z3.3215,民国冠华衫袜织造厂918商标,7.5 cm×14 cm,民国

1243. 5902.Z3.3216,民国冠华衫袜织造厂918商标,15.6 cm×5.3 cm,民国

1244. 5903.Z3.3217,民国物华织造厂玉环商标,7.7 cm×17.6 cm,民国

1245. 5904.Z3.3218,民国美昌厂上等衫双龙牌商标,9 cm×23.5 cm,民国

1246. 5905.Z3.3219,民国广州华隆织造厂赛球牌商标,7.7 cm×18.6 cm,民国

1247. 5906.Z3.3220,民国利工民织造厂鹿牌注册商标,7.9 cm×13.5 cm,民国

1248. 5907.Z3.3221,民国广州利工民鹿牌广告纸,7.7 cm×55.5 cm,民国

1249. 5908.Z3.3222,民国五华织造厂鹊鹿牌商标纸,7.4 cm×16 cm,民国

1250. 5909.Z3.3223,民国利生厂海螺线衫商标纸,8.7 cm×18 cm,民国

1251. 5910.Z3.3224,民国利生厂海螺线衫商标纸,8.7 cm×20.5 cm,民国

1252. 5911.Z3.3225,民国广州时明电机织造厂泰山唛商标,8.6 cm×22.8 cm,民国

1253. 5912.Z3.3226,民国广州时明电机衫袜织造厂单跳舞牌商标,7.5 cm×16.2 cm,民国

1254. 5913.Z3.3227,民国广州时明衫袜织造厂单跳舞牌商标,15 cm×5.9 cm,民国

1255. 5914.Z3.3228,民国广州市永艳色双美图商标,20 cm×14 cm,民国

1256. 5915.Z3.3229,民国双孔雀商标,19.5 cm×13 cm,民国

1257. 5916.Z3.3230,民国中国广州三纶商标,19.7 cm×13 cm,民国

1258. 5917.Z3.3231,民国宝隆丝庄猛虎牌商标,18 cm×19.8 cm,民国

1259. 5918.Z3.3232,民国华达电机织染布厂福寿黄金图商标,26.3 cm×16.8 cm,民国

1260. 5919.Z3.3233,民国中华染织厂双凤牌商标,19.5 cm×13.5 cm,民国

1261. 5920.Z3.3234,民国广州市彩元商标,25.7 cm×18 cm,民国

1262. 5921.Z3.3235,民国利享织造厂孔雀牌商标,20 cm×13.4 cm,民国

1263. 5922.Z3.3236,民国绍之织造有限公司鳄鱼牌商标,7 cm×19.2 cm,民国
1264. 5923.Z3.3237,民国绍之织造厂梵铃牌鳄鱼牌商标,11.4 cm×18.5 cm,民国
1265. 5924.Z3.3238,民国同生厂三友牌线衫商标,7.9 cm×23.5 cm,民国
1266. 5926.Z3.3240,民国周艺兴织造厂单车唛商标,17.6 cm×6 cm,民国
1267. 5927.Z3.3241,民国周艺兴织造厂三轮商标,7.8 cm×17 cm,民国
1268. 5928.Z3.3242,民国风行电机织袜厂风行牌商标,17.3 cm×6.3 cm,民国
1269. 5930.Z3.3244,民国竞新织造厂猫唛牌商标,9.9 cm×19.6 cm,民国
1270. 5931.Z3.3245,民国英华织业厂风帆牌商标,7.9 cm×17.9 cm,民国
1271. 5932.Z3.3246,民国英华行玫瑰头蜡商标,3.1 cm×9.0 cm,民国
1272. 5933.Z3.3247,民国玫瑰商标,7.6 cm×18.4 cm,民国
1273. 5934.Z3.3248,民国大兴织造厂波萝牌商标,10.6 cm×9.1 cm,民国
1274. 5935.Z3.3249,民国爱群电机袜厂商标,8 cm×7 cm,民国
1275. 5936.Z3.3250,民国威麟袜厂麒麟牌商标,7.5 cm×5.2 cm,民国
1276. 5937.Z3.3251,民国华强织造厂双鹅牌线袜商标,17.5 cm×5.8 cm,民国
1277. 5938.Z3.3252,民国棉强织业公司商标,7.6 cm×18.1 cm,民国
1278. 5939.Z3.3253,民国南方袜厂自由车牌商标,7.5 cm×15.9 cm,民国
1279. 5940.Z3.3254,民国恒兴昌记织造厂双锚牌商标,7.5 cm×16 cm,民国
1280. 5941.Z3.3255,民国荣达织业公司商标,7.8 cm×8 cm,民国
1281. 5942.Z3.3256,民国周中亚衫袜厂商标,8 cm×5.3 cm,民国
1282. 5943.Z3.3257,民国弓箭牌商标,15.3 cm×4.3 cm,民国
1283. 5944.Z3.3258,民国棉艺织业公司福禄牌商标,7.5 cm×19 cm,民国
1284. 5945.Z3.3259,民国粤通鼎唛牌商标,8.4 cm×14.8 cm,民国
1285. 5946.Z3.3260,民国广州多福家庭织造厂多福牌商标,6.7 cm×27 cm,民国
1286. 5947.Z3.3261,民国雷宝星电机袜雷公牌线仔袜商标,16.5 cm×5.8 cm,民国
1287. 5948.Z3.3262,民国美利行电机织造厂美足商标,6.6 cm×17.5 cm,民国
1288. 5949.Z3.3263,民国美利行电机织造厂美足商标,17.8 cm×5 cm,民国
1289. 5950.Z3.3264,民国利行兴记电机织造厂仙姑牌商标,7.9 cm×17.3 cm,民国
1290. 5951.Z3.3265,民国利行兴记织造衫袜厂孔雀牌商标,17.1 cm×5.6 cm,民国
1291. 5952.Z3.3266,民国兴华织造厂双鸽牌商标,8.1 cm×19.8 cm,民国
1292. 5953.Z3.3267,民国兴华织造厂双鸽牌商标,15.7 cm×6.9 cm,民国
1293. 5956.Z3.3270,民国利群织造厂双虎牌商标,6.7 cm×16.4 cm,民国
1294. 5957.Z3.3271,民国利群织造厂双虎牌商标,11.4 cm×6 cm,民国
1295. 5958.Z3.3272,民国李裕兴厂红妹商标,6.3 cm×14.4 cm,民国
1296. 5959.Z3.3273,民国安安色布永艳商标,10.5 cm×14.9 cm,民国
1297. 5960.Z3.3274,民国阜泰布号商标,9.7 cm×11.1 cm,民国
1298. 5961.Z3.3275,民国广州共和电机织造厂采莲牌商标,8 cm×11.4 cm,民国
1299. 5962.Z3.3276,1924年广经纶火力机器布厂商标,8.8 cm×14.5 cm,1924年
1300. 5978.Z3.3291,1932年蕴香园月饼价目表,31.5 cm×31.3 cm,1932年
1301. 5984.Z3.3297,民国最香宝塔商标纸,15.5 cm×14.1 cm,民国
1302. 5987.Z3.3300,民国巧心楼老饼家中秋月饼价目表,15.5 cm×9.8 cm,民国

1303. 5988.Z3.3301,民国新德隆罐头公司豆豉鲮鱼商标,4 cm×20.6 cm,民国

1304. 5991.Z3.3304,民国南如饼家中秋月饼价目表,17.3 cm×10.4 cm,民国

1305. 6000.Z3.3313,民国广州永隆织造厂永字商标,7.3 cm×16.3 cm,民国

1306. 6001.Z3.3314,民国广州永隆织造厂隆字商标,7.5 cm×17 cm,民国

1307. 6006.Z3.3319,民国先锋牌电池包装纸,21.3 cm×36.4 cm,民国

1308. 6009.Z3.3322,民国三兴电池厂夜光牌商标,9.8 cm×12.2 cm,5.9 cm×12.2 cm,1套2件,民国

1309. 6010.Z3.3323,民国华兴电池厂飞鸿牌赛马牌商标,11.6 cm×11.5 cm,民国

1310. 6011.Z3.3324,民国兴昌电池厂狮山牌商标,13.2 cm×11.8 cm,7.1 cm×10.8 cm,7.1 cm×12.4 cm,1套3件,民国

1311. 6012.Z3.3325,民国猎牌花露水商标纸,21 cm×30 cm,民国

1312. 6013.Z3.3326,民国万国通金蛇唛电池包装纸,29.2 cm×15.7 cm,民国

1313. 6014.Z3.3327,民国华隆纱绸庄222牌电池包装纸,15.8 cm×31.7 cm,民国

1314. 6015.Z3.3328,民国公鸡牌电池商标,15.4 cm×31.4 cm,民国

1315. 6016.Z3.3329,民国广州公兴电池厂单车牌商标,19.8 cm×21.7 cm,民国

1316. 6017.Z3.3330,民国虎牌电池商标包装纸,15 cm×20.3 cm,民国

1317. 6018.Z3.3331,民国广州克记电池公司商标,12.1 cm×15.9 cm,民国

1318. 6019.Z3.3332,民国广州克记电池公司商标,6.8 cm×11.8 cm,民国

1319. 6020.Z3.3333,民国广州克记电池公司商标,6.9 cm×14.5 cm,民国

1320. 6021.Z3.3334,民国电池商标,6.1—3.1 cm×10.5—4.2 cm,民国

1321. 6022.Z3.3335,民国万国通电池厂猴子牌商标,29.2 cm×15.8 cm,民国

1322. 6023.Z3.3336,民国港粤大中华灯泡厂将军牌商标,9.5 cm×20.7 cm,民国

1323. 6024.Z3.3337,民国艺光电池厂富贵牌商标,5.8 cm×11 cm,民国

1324. 6025.Z3.3338,民国中国明月电池厂明月牌商标,5.7 cm×10.9 cm,民国

1325. 6026.Z3.3339,民国中国美华电池厂商标,5.5 cm×10.6 cm,民国

1326. 6027.Z3.3340,民国将军牌商标,5.7 cm×10.6 cm,民国

1327. 6028.Z3.3341,民国远光厂将军牌商标,5.5 cm×10.2 cm,民国

1328. 6029.Z3.3342,民国明月牌商标,6 cm×12.5 cm,民国

1329. 6030.Z3.3343,民国皇后牌电池商标,5.7 cm×10.9 cm,民国

1330. 6031.Z3.3344,民国开明电池222牌商标,5.7 cm×10.6 cm,民国

1331. 6032.Z3.3345,民国"PO KWONG"电池商标,6.2 cm×11 cm,民国

1332. 6033.Z3.3346,民国华昌厂电池商标,5.7 cm×11.2 cm,民国

1333. 6034.Z3.3347,民国中国广东永利行电池商标,5.7 cm×11.4 cm,民国

1334. 6035.Z3.3348,民国蝴蝶牌电池商标,5.7 cm×10.5 cm,民国

1335. 6036.Z3.3349,民国"WONG LEE YEE"电池商标,6.1 cm×10.5 cm,民国

1336. 6037.Z3.3350,民国"WHAISHUNE"电池商标,6.3 cm×10.8 cm,民国

1337. 6038.Z3.3351,民国广州朗月电器行紫罗兰牌电池商标,6.1 cm×11.1 cm,民国

1338. 6039.Z3.3352,民国广州市体育电池厂商标,6 cm×11.3 cm,民国

1339. 6040.Z3.3353,民国"WHAISUNE"电池商标,6.5 cm×10.3 cm,民国

1340. 6041.Z3.3354,民国"PO KWONG"电池商标,6.1 cm×10.9 cm,民国

1341. 6042.Z3.3355,民国"HINDENBVRG"电池商标,6.5 cm×11.7 cm,民国
1342. 6043.Z3.3356,民国永利行电池商标,6.5 cm×12.1 cm,民国
1343. 6044.Z3.3357,民国桥牌电池商标,6 cm×10.7 cm,民国
1344. 6045.Z3.3358,民国紫罗兰牌电池商标,6 cm×11.3 cm,民国
1345. 6046.Z3.3359,1925年龙珠牌电池商标,5.6 cm×10 cm,1925年
1346. 6047.Z3.3360,民国老虎牌电池商标,6 cm×11.3 cm,民国
1347. 6048.Z3.3361,民国锚牌电池商标,6.1 cm×10.9 cm,民国
1348. 6049.Z3.3362,民国开明电池商标,6 cm×10.7 cm,民国
1349. 6050.Z3.3363,民国永利行电池厂箭日老牌电池商标,4.5 cm×8.6 cm,民国
1350. 6051.Z3.3364,民国星美电池厂麒麟牌电池商标,5.4 cm×10.8 cm,民国
1351. 6052.Z3.3365,民国狗头牌电池商标,5.6 cm×10.9 cm,民国
1352. 6053.Z3.3366,民国双羊牌电池商标,6.1 cm×11.1 cm,民国
1353. 6054.Z3.3367,民国东方化妆品标签纸,28 cm×22 cm,民国
1354. 6055.Z3.3368,民国利隆纱绸布庄大鹏商标,27.5 cm×13 cm,民国
1355. 6056.Z3.3369,民国英华行花露水商标,13.7 cm×31.2 cm,民国
1356. 6057.Z3.3370,民国鸿昌行美丽素馨粉商标,18 cm×17 cm,民国
1357. 6058.Z3.3371,民国广州李裕兴红妹牌商标,10 cm×8.5 cm,民国
1358. 6063.Z3.3376,民国香华花露水商标,12 cm×18 cm,民国
1359. 6064.Z3.3377,民国艳容妆饰厂鹰环牌爆拆香水标签纸,9.6 cm×6 cm,民国
1360. 6065.Z3.3378,民国面脂牌商标,6.5—6.6 cm×5.2—6.5 cm,民国
1361. 6066.Z3.3379,民国广州艳容妆饰厂辟疫臭水商标,8.3 cm×6 cm,民国
1362. 6067.Z3.3380,民国艳容花露水商标,9.1 cm×7 cm,民国
1363. 6069.Z3.3382,民国中国三达化学制造有限公司美星香皂包装纸,16.9 cm×26.3 cm,民国
1364. 6070.Z3.3383,民国中国三达化学制造有限公司美星香皂包装纸,16.3 cm×12 cm,民国
1365. 6071.Z3.3384,民国中国三达化学制造有限公司白玫瑰霜包装盒,16.3 cm×18 cm,民国
1366. 6072.Z3.3385,民国三花蝶香粉包装盒,17.6 cm×15.2 cm,民国
1367. 6074.Z3.3387,民国三达公司花篮牌百花粉包装盒,15.3 cm×15.7 cm,民国
1368. 6075.Z3.3388,民国三达化学制造有限公司白玫瑰霜包装盒,17.1 cm×24.8 cm,民国
1369. 6076.Z3.3389,民国三达化学制造有限公司西湖香粉包装盒,15.5 cm×14.8 cm,民国
1370. 6077.Z3.3390,民国三达化学制造有限公司士丹奥定牙粉包装盒,22.6 cm×21 cm,民国
1371. 6078.Z3.3391,民国三达化学制造有限公司定士牙膏包装盒,13.8 cm×20.2 cm,民国
1372. 6079.Z3.3392,民国三达化学制造有限公司士丹奥定牙膏包装盒,21.1 cm×15.5 cm,民国
1373. 6080.Z3.3393,民国三达龙涎香水商标,15 cm×12.4 cm,民国
1374. 6081.Z3.3394,民国三达化学制造有限公司龙涎香面膏包装盒,20.6 cm×24.7 cm,民国
1375. 6082.Z3.3395,民国三达公司花篮牌花露水商标,11 cm×7 cm,民国
1376. 6083.Z3.3396,民国鸿昌行花露水商标,12 cm×7.7 cm,民国
1377. 6084.Z3.3397,民国牛施化妆品有限公司白玫瑰头水包装盒,26 cm×26 cm,民国
1378. 6085.Z3.3398,民国爱群化学制造厂固齿牙粉一打装商标,7 cm×11.4 cm,民国
1379. 6086.Z3.3399,民国爱群化学制造厂固齿牙粉半打装商标,7.2 cm×11.2 cm,民国
1380. 6087.Z3.3400,民国美利粉庄上西施香粉商标,10.9 cm×7.9 cm,民国

1381. 6088.Z3.3401,民国美利粉庄商标,15.8 cm×8.5 cm,民国

1382. 6089.Z3.3402,民国太乙药房太乙生发油标签纸,17.4 cm×9.9 cm,民国

1383. 6090.Z3.3403,民国美光公司飞妹牌爽身香粉商标,12.6 cm×14.2 cm,民国

1384. 6091.Z3.3404,民国新时代美化用品供应社同心牌洗甲水商标,6.9 cm×13 cm,民国

1385. 6092.Z3.3405,民国两合粉庄三金钱商标,16.9 cm×11 cm,7.8 cm×5.6 cm,1套2件,民国

1386. 6093.Z3.3406,民国两合粉庄飞凤香粉商标,直径7 cm,民国

1387. 6094.Z3.3407,民国两合粉庄三金钱商标,14.8 cm×10 cm,民国

1388. 6095.Z3.3408,民国刘佳记牙擦厂太乙牌牙擦包装盒,8.6 cm×20.4 cm,民国

1389. 6096.Z3.3409,民国袁旺记连环牌保用牙擦包装盒,20.8 cm×13.2 cm,8.9 cm×22 cm,1套2件,民国

1390. 6097.Z3.3410,民国天光牙擦厂天光牌牙擦包装盒,8.4 cm×22.2 cm,民国

1391. 6099.Z3.3412,民国刘佳记牙擦厂牙擦包装盒,8.4 cm×20.9 cm,民国

1392. 6100.Z3.3413,民国大德化制厂爆拆水商标、新时代洗头精商标,7.9 cm×5.1 cm,民国

1393. 6101.Z3.3414,民国美华行玫瑰头蜡商标,9.3 cm×9.3 cm,民国

1394. 6102.Z3.3415,民国派拉蒙化学制造有限公司茉莉爽身粉包装盒,17.7 cm×16.5 cm,民国

1395. 6103.Z3.3416,民国广州文华棉毛肥皂厂梅花商标,5.9 cm×7.1 cm,民国

1396. 6104.Z3.3417,民国中国强华枧厂素心香枧商标,7.2 cm×6.8 cm,民国

1397. 6105.Z3.3418,民国广州市梁华生化妆品药品标签,7.6 cm×23.2 cm,民国

1398. 6106.Z3.3419,民国亚洲大药房梅花牌馨霜包装盒,18 cm×18.8 cm,民国

1399. 6107.Z3.3420,民国广州陈海记牙擦制造厂警钟牌牙擦包装纸,26 cm×21.8 cm,民国

1400. 6121.Z3.3434,民国赵大光药房燕窝精包装盒,14.9 cm×23.5 cm,民国

1401. 6122.Z3.3435,民国宏兴药房鹧鸪菜精包装盒,12.8 cm×18.7 cm,民国

1402. 6123.Z3.3436,民国天然药房凤凰草精包装纸,6.7 cm×10.5 cm,民国

1403. 6131.Z3.3444,民国庐山聊寄用笺,11.5 cm×20.7 cm,民国

1404. 6133.Z3.3446,民国广州东洲电器制品厂东洲牌电手筒时价表,15.8 cm×20.7 cm,民国

1405. 6134.Z3.3447,民国上海同仁制药厂粤行新春贺卡,15.5 cm×20.7 cm,民国

1406. 6136.Z3.3449,民国广州市模范电版所新春贺卡,17.2 cm×10.5 cm,民国

1407. 6138.Z3.3451,民国光大电版公司贺卡,15.3 cm×10.2 cm,民国

1408. 6141.Z3.3454,民国云成印刷所贺卡,15.7 cm×9 cm,民国

1409. 6142.Z3.3455,民国梁鸿钦书画室新年贺卡,7.8 cm×15.5 cm,民国

1410. 6143.Z3.3456,民国积善堂药行心胃气痛散包装盒,14.8 cm×14.7 cm,民国

1411. 6145.Z3.3458,民国亚黄绘画所新年贺卡,8.5 cm×14 cm,民国

1412. 6147.Z3.3460,民国中亚电池厂关公牌电池商标,5.8 cm×11 cm,民国

1413. 6148.Z3.3461,民国振环球第四工场进步英雄炮商标,6.8 cm×19.2 cm,民国

1414. 6149.Z3.3462,民国精致绘制所练习本封面,18.8 cm×15.7 cm,民国

1415. 6150.Z3.3463,民国省港民安印务局贺卡,16.6 cm×20.8 cm,民国

1416. 6153.Z3.3466,民国振东洋烛厂塔乌牌商标,20.5 cm×6.3 cm,民国

1417. 6158.Z3.3471,民国民安印务店贺卡,13.9 cm×8.8 cm,民国

1418. 6161.Z3.3474,民国华达电机布厂标签,24.9 cm×10.9 cm,民国

1419. 6162.Z3.3475,民国万象唛商标,19 cm×14.6 cm,民国

1420. 6164.Z3.3477,民国建德堂万应千金再造丹包装纸,4.1 cm×12.8 cm,民国
1421. 6165.Z3.3478,民国黄宝善开胃消积散包装盒,14.2 cm×16.5 cm,民国
1422. 6167.Z3.3480,民国天吉祥福禄寿商标,8.9 cm×5.5 cm,民国
1423. 6168.Z3.3481,民国永吉祥香庄商标,9.3 cm×5.8 cm,民国
1424. 6169.Z3.3482,民国黄行善补气血丸标签纸,5.1 cm×11.8 cm,民国
1425. 6170.Z3.3483,民国景生商业实用美术研究社招实习学员简章,7.3 cm×10.9 cm,民国
1426. 6171.Z3.3484,民国陈李恒千金妇科保育丸商标,9.4 cm×5 cm,民国
1427. 6172.Z3.3485,民国广州市必得安药房凤凰牌商标,6 cm×10.6 cm,民国
1428. 6175.Z3.3487,民国永吉祥龙诞朱砂息香标签纸,31.5 cm×6.6 cm,民国
1429. 6177.Z3.3489,民国越华报小说丛刊封面,19.1 cm×12.2 cm,民国
1430. 6178.Z3.3490,民国陈翰文发的贺卡,15 cm×19.5 cm,民国
1431. 6179.Z3.3491,民国广州新时代社五花香梘标签,9.5 cm×14 cm,民国
1432. 6180.Z3.3492,民国孔显荣药行万应显荣油标签,5.4 cm×7.2 cm,民国
1433. 6181.Z3.3493,民国兴记布庄包装纸,43.3 cm×59.1 cm,民国
1434. 6182.Z3.3494,民国谦泰新颖绸缎包装纸,30.1 cm×22.5 cm,民国
1435. 6183.Z3.3495,民国纶章丝绸庄包装纸,21.6 cm×31 cm,24 cm×32 cm,1套2件,民国
1436. 6184.Z3.3496,民国仁荣号丝绸包装纸,25 cm×29 cm,民国
1437. 6185.Z3.3497,民国昌利号荔枝干包装纸,34.7 cm×28.5 cm,民国
1438. 6186.Z3.3498,民国广州广公成绸缎包装纸,23.5 cm×27.5 cm,民国
1439. 6187.Z3.3499,民国仁泰顾绣包装纸,20.5 cm×26.8 cm,民国
1440. 6188.Z3.3500,民国怡泰丝发商店包装纸,30.7 cm×23.4 cm,民国
1441. 6189.Z3.3501,民国利康织造厂红花牌包装纸,27.6 cm×17.6 cm,民国
1442. 6190.Z3.3502,民国广州绸缎庄包装纸,62.5 cm×59 cm,民国
1443. 6191.Z3.3503,民国广州市均泰顾绣包装纸,28.6 cm×21.5 cm,民国
1444. 6192.Z3.3504,民国利康织造厂红花牌包装纸,28 cm×18 cm,民国
1445. 6193.Z3.3505,民国荣记祥栈布业行包装纸,40.4 cm×41.5 cm,民国
1446. 6194.Z3.3506,民国广州真光公司包装纸,39.4 cm×26.8 cm,民国
1447. 6200.Z3.3511,民国现代照相馆包装纸,19.4 cm×19.8 cm,民国
1448. 6226.Z3.3537,民国华南化妆品厂免晒白鞋帽粉包装盒,22.5 cm×18 cm,民国
1449. 6231.Z3.3542,民国广天祥商标,9.5 cm×5.9 cm,民国
1450. 6233.Z3.3544,民国广州绵远新布厂飞燕牌商标,26.5 cm×19.6 cm,民国
1451. 6236.Z3.3547,民国真光公司包装纸,62.8 cm×83.5 cm,民国
1452. 6237.Z3.3548,民国先施有限公司包装纸,45.3 cm×37.2 cm,民国
1453. 6246.Z3.3549,1936年中华民国国民革命抗日救国军第一集团军总司令部委任状,26.6 cm×31 cm,1936年
1454. 6247.Z3.3550,民国总理年表,34 cm×54.5 cm,民国
1455. 6249.Z3.3551,民国王云五给树楷先生的书札,30,7 cm×21.5 cm,民国
1456. 6265.Z3.3556,民国中国国民党党立妇女运动讲习所同学录,13.1 cm×9.5 cm,民国
1457. 6267.Z3.3557,1933年学习自由车执照,26.8 cm×16.8 cm,1933年
1458. 6268.Z3.3558,1924年粤军总司令部任命状,38.2 cm×37.5 cm,1924年

1459. 6296.Z3.3559,民国广东李国筠、刘庆镗致财政部公债局电文,28.8 cm×22.1 cm,民国
1460. 6328.Z3.3560,1933年国民革命军第一集团军总司令部委任状,38.9 cm×38.7 cm,1933年
1461. 6330.Z3.3561,民国广东省修筑长途马路奖励章程,15.4 cm×12.9 cm,民国
1462. 6341.Z3.3564,民国中国南洋兄弟烟草有限公司百雀牌香烟包装纸,7 cm×14.8 cm,民国
1463. 6342.Z3.3565,民国华东烟公司百鹿牌香烟包装纸,7.1 cm×14.8 cm,民国
1464. 6343.Z3.3566,民国南洋兄弟烟草有限公司兰芳牌香烟包装纸,7 cm×14.8 cm,民国
1465. 6344.Z3.3567,民国中华美烟公司光华牌香烟包装纸,7.4 cm×15.3 cm,民国
1466. 6345.Z3.3568,民国华东烟公司金菊牌香烟包装纸,7.2 cm×15 cm,民国
1467. 6346.Z3.3569,民国中国华英烟公司万寿香烟包装纸,7.1 cm×14.8 cm,民国
1468. 6347.Z3.3570,民国中国三兴烟草有限公司吉思美香烟包装纸,7.2 cm×14.8 cm,民国
1469. 6348.Z3.3571,民国中国华美烟公司红美时机香烟包装纸,7 cm×14.9 cm,民国
1470. 6349.Z3.3572,民国华芳牌香烟包装纸,7.1 cm×14.5 cm,民国
1471. 6350.Z3.3573,民国中国华东烟公司标华香烟包装纸,7 cm×18 cm,民国
1472. 6351.Z3.3574,民国华品烟公司三妹香烟包装纸,7.1 cm×15.6 cm,民国
1473. 6352.Z3.3575,民国中国和兴烟草股份有限公司红妹香烟包装纸,7.1 cm×14.3 cm,民国
1474. 6353.Z3.3576,民国中国亚洲烟公司飞龙香烟包装纸,7 cm×14.7 cm,民国
1475. 6354.Z3.3577,民国中国中和烟公司球王牌香烟包装纸,7.4 cm×11.2 cm,民国
1476. 6356.Z3.3579,民国中国华东烟公司长庚牌香烟包装纸,7.2 cm×16 cm,民国
1477. 6357.Z3.3580,民国华达烟公司繁华林香烟包装纸,7 cm×14.8 cm,民国
1478. 6358.Z3.3581,民国福昌烟公司影星牌香烟包装纸,7.1 cm×14.4 cm,民国
1479. 6359.Z3.3582,民国民众烟公司孖圈上等香烟包装纸,7.5 cm×14.9 cm,民国
1480. 6360.Z3.3583,民国民众烟公司红棉牌香烟包装纸,7.1 cm×14.2 cm,民国
1481. 6361.Z3.3584,民国新民烟公司双燕牌香烟包装纸,7.2 cm×14.5 cm,民国
1482. 6362.Z3.3585,民国中国华菲烟公司英雄牌香烟包装纸,7.2 cm×15.2 cm,民国
1483. 6363.Z3.3586,民国爱卿牌香烟包装纸,7 cm×14.5 cm,民国
1484. 6364.Z3.3587,民国快乐牌香烟包装纸,7.3 cm×19 cm,民国
1485. 6365.Z3.3588,民国"SWEET CAPDRAL"牌香烟包装纸,7.2 cm×14.6 cm,民国
1486. 6366.Z3.3589,民国中国华东烟公司标准牌香烟包装纸,7 cm×15 cm,民国
1487. 6367.Z3.3590,民国新民烟公司玲珑牌香烟包装纸,7 cm×14.4 cm,民国
1488. 6368.Z3.3591,民国亚洲烟草公司银星香烟包装纸,6.9 cm×14.7 cm,民国
1489. 6370.Z3.3593,民国PLAYER'S NAVYCUT牌香烟包装纸,7.5 cm×12.5 cm,民国
1490. 6371.Z3.3594,民国朱有兰大利牌生切烟包装纸,8 cm×16 cm,民国
1491. 6372.Z3.3595,民国中和烟公司兰亭牌香烟包装纸,7.1 cm×15 cm,民国
1492. 6373.Z3.3596,民国中国三兴烟公司红牌香烟包装纸,7.2 cm×16 cm,民国
1493. 6374.Z3.3597,民国亚洲烟公司六合牌香烟包装纸,7.3 cm×14.5 cm,民国
1494. 6375.Z3.3598,民国新民烟草公司椰树牌香烟包装纸,7.4 cm×11.8 cm,民国
1495. 6376.Z3.3599,民国华东烟公司鼎力香烟包装纸,7.3 cm×11.4 cm,民国
1496. 6377.Z3.3600,民国中国南洋兄弟烟草有限公司千秋牌香烟包装纸,15.7 cm×4.3 cm,民国
1497. 6378.Z3.3601,民国欢迎牌香烟包装纸,15.4 cm×7 cm,民国
1498. 6379.Z3.3602,民国瑞伦烟公司公司牌香烟包装纸,7.4 cm×11.3 cm,民国

1499. 6380.Z3.3603,民国FEDERAL牌香烟包装纸,7.4 cm×12.4 cm,民国
1500. 6381.Z3.3604,民国中国亚洲烟草公司小凤牌香烟包装纸,7.2 cm×14.5 cm,民国
1501. 6382.Z3.3605,民国中国华美烟公司人参牌香烟包装纸,7.5 cm×15 cm,民国
1502. 6383.Z3.3606,民国CHIENMEN牌香烟包装纸(大前门),7.3 cm×11.3 cm,民国
1503. 6384.Z3.3607,民国中国永利昌记烟厂红波牌香烟包装纸,7.4 cm×12.6 cm,民国
1504. 6385.Z3.3608,民国中国新民烟公司孖姑牌香烟包装纸,7.2 cm×15.3 cm,民国
1505. 6386.Z3.3609,民国中国福新烟公司勇士牌香烟包装纸,7.2 cm×14.6 cm,民国
1506. 6387.Z3.3610,民国中国利兴烟公司新皇后香烟包装纸,7.4 cm×15.2 cm,民国
1507. 6388.Z3.3611,民国民众烟公司大来牌香烟包装纸,7.3 cm×13.2 cm,民国
1508. 6389.Z3.3612,民国中国华东烟公司槟榔牌香烟包装纸,7 cm×15 cm,民国
1509. 6391.Z3.3614,民国中国福新烟公司嘉宾牌香烟包装纸,7.2 cm×14.4 cm,民国
1510. 6392.Z3.3615,民国华菲烟公司小吕宋甜纸烟包装纸,7 cm×14.6 cm,民国
1511. 6393.Z3.3616,民国中国永利昌记烟厂金轮牌香烟包装纸,7.1 cm×14.8 cm,民国
1512. 6394.Z3.3617,民国福尔摩斯香烟包装纸,7.2 cm×15 cm,民国
1513. 6395.Z3.3618,民国中国大东烟草有限公司醒狮牌香烟包装纸,7.3 cm×12.3 cm,民国
1514. 6396.Z3.3619,民国中国福新烟厂金字塔牌香烟包装纸,7 cm×12.7 cm,民国
1515. 6397.Z3.3620,民国EMLASSY牌香烟包装纸,7.3 cm×15 cm,民国
1516. 6398.Z3.3621,民国中国亚洲烟公司美满牌香烟包装纸,6.8 cm×14.4 cm,民国
1517. 6399.Z3.3622,民国易和生烟庄大欢喜牌香烟包装纸,8.1 cm×15.8 cm,民国
1518. 6400.Z3.3623,民国中国华美烟公司小将军香烟包装纸,6.9 cm×14.7 cm,民国
1519. 6401.Z3.3624,民国中国福新烟公司红豆香烟包装纸,6.8 cm×14.2 cm,民国
1520. 6402.Z3.3625,民国闽南烟公司铁桥牌香烟包装纸,7.5 cm×15 cm,民国
1521. 6403.Z3.3626,民国中国侨商烟公司两广牌香烟包装纸,7.1 cm×14.7 cm,民国
1522. 6404.Z3.3627,民国中国大东烟草有限公司香宾牌香烟包装纸,7.1 cm×15 cm,民国
1523. 6405.Z3.3628,民国中原烟公司五层楼香烟包装纸,7 cm×14.9 cm,民国
1524. 6406.Z3.3629,民国中国华品烟公司万象香烟包装纸,7.4 cm×13.4 cm,民国
1525. 6407.Z3.3630,民国上海华达烟公司仙马牌香烟包装纸,7.4 cm×14.5 cm,民国
1526. 6408.Z3.3631,民国中国华东烟公司雀屏牌香烟包装纸,7.3 cm×14.7 cm,民国
1527. 6409.Z3.3632,民国中国三兴烟草有限公司大罗天香烟包装纸,7.2 cm×14.6 cm,民国
1528. 6410.Z3.3633,民国五洲烟公司五洲牌香烟包装纸,7 cm×16.5 cm,民国
1529. 6411.Z3.3634,民国中国新民烟草公司椰树牌香烟包装纸,7.1 cm×14.2 cm,民国
1530. 6412.Z3.3635,民国中国亚洲烟公司美满牌香烟包装纸,7 cm×14 cm,民国
1531. 6413.Z3.3636,民国中国江浙烟公司建国牌香烟包装纸,7.2 cm×14.5 cm,民国
1532. 6414.Z3.3637,民国胡裕兴烟庄万字烟王香烟包装纸,8.7 cm×14.5 cm,民国
1533. 6415.Z3.3638,民国中国福新烟公司旗舰牌香烟包装纸,8.2 cm×12.2 cm,民国
1534. 6416.Z3.3639,民国中国三兴烟公司天仙牌香烟包装纸,7.3 cm×11.3 cm,民国
1535. 6417.Z3.3640,民国多福牌香烟包装纸,7.3 cm×14.8 cm,民国
1536. 6418.Z3.3641,民国中国三兴烟草有限公司香烟包装纸,7.2 cm×14.8 cm,民国
1537. 6419.Z3.3642,民国中国华庆公司珍珠牌香烟包装纸,7.9 cm×15.2 cm,民国
1538. 6420.Z3.3643,民国华美烟草股份有限公司香烟包装纸,7.4 cm×17.7 cm,民国

1539. 6421.Z3.3644,民国中国强华厂万寿香槟包装纸,7.5 cm×5.3 cm,民国
1540. 6422.Z3.3645,民国古芸生切樵夫牌烟丝包装纸,13.8 cm×19.7 cm,民国
1541. 6423.Z3.3646,民国广馨号景象牌香烟包装纸,13.4 cm×17.4 cm,民国
1542. 6424.Z3.3647,民国顺成号烟庄龙马牌烟丝包装纸,13.2 cm×18.2 cm,民国
1543. 6425.Z3.3648,民国MAYBLOSSOM牌香烟包装纸,7.3 cm×15.5 cm,民国
1544. 6426.Z3.3649,民国李兰香烟庄八乡桂味牌香烟包装纸,8 cm×15.5 cm,民国
1545. 6427.Z3.3650,民国金火花牌香烟包装纸,7.5 cm×13.5 cm,民国
1546. 6428.Z3.3651,民国华菲烟公司白姑娘香烟包装纸,8.4 cm×12.4 cm,民国
1547. 6429.Z3.3652,民国中国华东烟公司维也纳香烟包装纸,6.7 cm×15.2 cm,民国
1548. 6431.Z3.3654,民国老磨坊牌香烟包装纸,7.3 cm×12.3 cm,民国
1549. 6432.Z3.3655,民国香港合顺隆烟厂嫦娥牌香烟包装纸,24.2 cm×7.8 cm,民国
1550. 6433.Z3.3656,民国华成烟公司美丽牌香烟包装纸,7.5 cm×21.9 cm,民国
1551. 6434.Z3.3657,民国上海中国永和烟草公司桃花女牌香烟包装纸,15.8 cm×6.9 cm,民国
1552. 6435.Z3.3658,民国朱有兰老烟庄光荣牌烟丝包装纸,8.7 cm×16.4 cm,民国
1553. 6436.Z3.3659,民国罗致生烟庄大将军牌香烟包装纸,8 cm×16 cm,民国
1554. 6437.Z3.3660,民国易兰生烟庄细农夫烟丝包装纸,8.1 cm×16 cm,民国
1555. 6438.Z3.3661,民国朱有兰烟庄十字军烟丝包装纸,13.1 cm×16.6 cm,民国
1556. 6439.Z3.3662,民国何芸昌烟庄救国牌香烟包装纸,12.4 cm×17.2 cm,民国
1557. 6440.Z3.3663,民国中国华品烟公司碧玉牌香烟包装纸,15.6 cm×4 cm,民国
1558. 6441.Z3.3664,民国芸升烟庄自由牌烟丝包装纸,13 cm×19.7 cm,民国
1559. 6442.Z3.3665,民国易荣兰经济牌烟丝包装纸,8.6 cm×12.5 cm,民国
1560. 6443.Z3.3666,民国海盗牌香烟包装纸,16.2 cm×8.8 cm,民国
1561. 6445.Z3.3667,民国中国华东烟公司槟榔牌香烟包装纸,16 cm×6.8 cm,民国
1562. 6446.Z3.3668,民国民众烟公司狮马牌香烟包装纸,15.9 cm×4 cm,民国
1563. 6447.Z3.3669,民国顺成号烟庄龙马牌烟丝包装纸,13.4 cm×18 cm,民国
1564. 6448.Z3.3670,民国罗奇生马唛烟丝包装纸,11.3 cm×12.4 cm,民国
1565. 6451.Z3.3671,民国中国新民烟公司孖姑牌香烟包装纸,15 cm×4.1 cm,民国
1566. 6452.Z3.3672,民国易兰生烟庄农夫烟王烟丝包装纸,9.2 cm×16 cm,民国
1567. 6454.Z3.3674,民国中国华成烟公司美丽牌香烟包装纸,7.2 cm×14.9 cm,民国
1568. 6455.Z3.3675,民国加利福尼亚产切斯特菲尔德牌香烟包装纸,7.1 cm×15 cm,民国
1569. 6456.Z3.3676,民国五洲烟公司华贵牌香烟包装纸,7.1 cm×14.6 cm,民国
1570. 6477.Z3.3679,1966年国民大会临时会发给杜从戎的国民大会通知书,38.7 cm×50 cm,1966年
1571. 6481.Z3.3683,民国广州大新有限公司包装纸,39 cm×43.5 cm,民国
1572. 6482.Z3.3684,民国广州大新公司影相包装袋,13.8 cm×10.9 cm,民国
1573. 6483.Z3.3685,民国广州真光公司包装纸,27 cm×38 cm,民国
1574. 6491.Z3.3693,民国广州仁兴纱绸布匹店包装纸,38.7 cm×36 cm,民国
1575. 6492.Z3.3694,民国广州红棉丝绸店包装纸,30 cm×22.8 cm,民国
1576. 6493.Z3.3695,民国广州天成兴记纺织品包装纸,45 cm×60.8 cm,民国
1577. 6497.Z3.3699,民国广州利记万兴隆绸缎包装纸,56 cm×51.9 cm,民国

1578. 6500.Z3.3702,民国广州李裕兴衫袜织造厂包装纸,30.9 cm×20.4 cm,民国
1579. 6501.Z3.3703,1946年广州市酒楼茶室业职业工会通告,22.1 cm×38.5 cm,1946年
1580. 6502.Z3.3704,民国广州科学书局刊版孔子历史,27.9 cm×42.8 cm,民国
1581. 6506.Z3.3708,民国广州明星布厂包装纸,89.5 cm×59.5 cm,民国
1582. 6507.Z3.3709,民国广州大观绸缎庄包装纸,36.6 cm×20.5 cm,民国
1583. 6512.Z3.3714,民国广州华美电机织造厂华美袜包装纸,34 cm×19.8 cm,民国
1584. 6514.Z3.3716,民国国医李仁杰处方笺,30.8 cm×19.6 cm,民国
1585. 6515.Z3.3717,民国广州大东商行丝绸布匹包装纸,45.3 cm×39.5 cm,民国
1586. 6517.Z3.3719,民国乐从一景楼影相包装袋,21 cm×16.5 cm,民国
1587. 6520.Z3.3720,民国香港日新公司服装包装纸,59.5 cm×90.3 cm,民国
1588. 6521.Z3.3721,民国利记布匹包装纸,44.5 cm×39.5 cm,民国
1589. 6962.Z3.3729,1959年台北交通部邮政总局发行的民主导师邮票首日封,11.5 cm×16 cm,1959年
1590. 6968.Z3.3730,1942年美国印发向中国人民长期英勇抗日致敬的首日封,9.2 cm×16.5 cm,1942年
1591. 6969.Z3.3731,1943年美国印制的孙中山与林肯首日封,9.3 cm×16.2 cm,1943年
1592. 6970.Z3.3732,1961年就美国印发孙中山像邮票一事仪式的秩序表及叶公超的讲话稿打印稿宣传折页,20.2 cm×26.8 cm,1961年
1593. 6972.Z3.3733,1961年美国印制的"为光明而奋斗"首日封,9.3 cm×16.5 cm,1961年
1594. 6992.Z3.3734,1961年美国发行纪念辛亥革命50周年邮票首日封,8.3 cm×16.7 cm,1961年
1595. 6993.Z3.3735,1942年美国发行"抗战建国"林肯、孙中山像首日封,9.2 cm×16.6 cm,1942年
1596. 6994.Z3.3736,1961年美国发行"中华民国纪念"邮票首日封,9.2 cm×16.6 cm,1961年
1597. 6995.Z3.3737,1942年美国发行"抗战建国"林肯、孙中山像首日封,9.2 cm×16.6 cm,1942年
1598. 6996.Z3.3738,1961年美国发行纪念辛亥革命50周年邮票首日封,9.3 cm×16.5 cm,1961年
1599. 6999.Z3.3741,1942年美国发行抗战建国纪念邮票首日封,9.1 cm×6.5 cm,1942年
1600. 7000.Z3.3742,1961年美国发行纪念辛亥革命50周年首日封,9.2 cm×16.6 cm,1961年
1601. 7001.Z3.3743,1961年美国发行纪念辛亥革命50周年首日封,9.2 cm×16.6 cm,1961年
1602. 7071.Z3.645,民国邓相业致邓光辉的抄单(十二月),26.2 cm×7 cm,民国
1603. 7074.Z3.648,民国晚景太祖新祠改期进伙的十大原因,23.9 cm×18.6 cm,民国
1604. 7083.Z3.657,民国"绘邓府飞天凤凰全图模"墓穴风水图,28.1 cm×21.6 cm,民国
1605. 7084.Z3.658,民国树灼成亲支数开列清单,51.5 cm×24.4 cm,民国
1606. 7085.Z3.659,民国邓有想致邓相业的账单,25.7 cm×42.6 cm,民国
1607. 7090.Z3.664,民国邓相业致李宽的抄单(十二月初五日),26.2 cm×7 cm,民国
1608. 7092.Z3.666,民国钊利股份入股存据,14.5 cm×25.8 cm,1套2件,民国
1609. 7097.Z3.671,民国邓燊业等人的往来账单,21.6 cm×28 cm,民国
1610. 7098.Z3.672,民国开平邓氏家族家用分配清单,12.6 cm×23.7 cm,19.6 cm×23.7 cm,1

套2件,民国

1611. 7099.Z3.673,1918年邓相业致邓筹隆的抄单,26.1 cm×7.1 cm,1918年
1612. 7100.Z3.674,1918年高密公所捐款清单,14.3 cm×26.3 cm,1918年
1613. 7104.Z3.678,民国美国冈州重建开幕词(未完稿),24.2 cm×16.1 cm,民国
1614. 7108.Z3.682,1918年邓相业致邓稿隆的抄单,26.2 cm×7.2 cm,1918年
1615. 7109.Z3.683,1922年邓相业致邓荫隆的抄单,23.9 cm×12.5 cm,1922年
1616. 7110.Z3.684,1922年邓相业致邓荫隆的抄单,23.7 cm×12.2 cm,1922年
1617. 7124.Z3.698,民国为争举董事请停发护照的具文,24.2 cm×24.7 cm,民国
1618. 7125.Z3.699,民国为瞒举瞒签瞒印请停发护照的具文,24.2 cm×26 cm,民国
1619. 7129.Z3.703,民国某人关于自身经历的便条,25.8 cm×14.3 cm,民国
1620. 7134.Z3.708,1917年怡盛号致邓柏泉的抄单(十二月初五日),25.7 cm×6.9 cm,1917年
1621. 7136.Z3.710,1917年邓相业致其侄的抄单,25.8 cm×8.9 cm,26 cm×9.9 cm,1套2件,1917年
1622. 7139.Z3.713,民国关氏家族拜神红纸,23.1 cm×39.3 cm,民国
1623. 7146.Z3.720,民国开平永美学校教员歌,23.6 cm×36.4 cm,民国
1624. 7150.Z3.724,1909年邓湛业立出顶生意股帖的凭据拟稿,24.2 cm×17 cm,1909年
1625. 7163.Z3.737,民国和源号致邓相业的发货账单,23.6 cm×39.5 cm,民国
1626. 7170.Z3.744,李烈臣观风水之评语,25.1 cm×54.2 cm,民国
1627. 7173.Z3.747,民国果仁善堂司董倡行劝募书,21.6 cm×12 cm,民国
1628. 7181.Z3.755,民国年尾结账清单,24.1 cm×49.8 cm,民国
1629. 7182.Z3.756,1919年邓图业为其侄择期迎亲的文书,24.3 cm×49.8 cm,1919年
1630. 7191.Z3.765,民国广源盛余柏和的家庭情况书,25.8 cm×14.4 cm,民国
1631. 7208.Z3.782,民国邓相业叹女打油诗,25 cm×13.4 cm,民国
1632. 7209.Z3.783,1917年邓相业致徐锦的抄单,26.1 cm×7 cm,1917年
1633. 7210.Z3.784,1918年邓相业致甄昌的抄单,26.2 cm×7.2 cm,1918年
1634. 7211.Z3.785,民国邓相业备忘单,10.6 cm×25.1 cm,民国
1635. 7212.Z3.786,1936年广东省会公安局规定租簿,17.7 cm×12.1 cm,1936年
1636. 7213.Z3.787,1923年广东全省官产清理处颁发的管业执照,59.7 cm×30.1 cm,1923年
1637. 7330.Z3.2519,1842年冼遵仪卖铺给五福堂的断卖契,46.5 cm×45.5 cm,1842年
1638. 7331.Z3.2520,1883年朱尔康堂卖铺给招启恂的断卖契,57 cm×55 cm,1883年
1639. 7332.Z3.2521,1846年朱崇礼堂卖铺给梅宅作屏的断卖契,54 cm×53 cm,1846年
1640. 7333.Z3.2522,1844年黄五福堂卖铺给朱宅的断卖契,52 cm×26 cm,1844年
1641. 7334.Z3.2523,1909年永必堂卖铺给黄思诚堂的断卖契,46 cm×40.2 cm,1909年
1642. 7335.Z3.2524,1909年广东等处承宣布政使司颁发的招永心堂卖给黄思诚堂的断卖契,68 cm×56 cm,1909年
1643. 7336.Z3.2525,1932年张明德堂的分契纸,56 cm×51 cm,1932年
1644. 7337.Z3.2526,1935年广州市土地局征收土地移转增价税收据,31.5 cm×15.8 cm,1935年
1645. 7338.Z3.2527,1933年广州市工务局发给顺成店的建筑凭照,39.8 cm×36 cm,1933年
1646. 7348.Z3.3746,1931年王黄爱群、王颂权的英文护照,28.5 cm×22.6 cm,1931年
1647. 7376.Z3.3749,1952年王棠先生殡葬仪节,17.6 cm×12.6 cm,1952年

1648. 7377.Z3.3750,1950 年 9 月 8 日《三民晨报》剪报"王棠君访问各侨领近闻",13.5 cm×43.5 cm,1950 年

1649. 7378.Z3.3751,1950 年 10 月 2 日檀香山《中华公报》剪报"王棠君抵檀考察商务",17.4 cm×12.1 cm,1950 年

1650. 7379.Z3.3752,1950 年 9 月 28 日 *The Chinese World* 剪报"华总商会请王棠君演讲",13.4 cm×19.9 cm,1950 年

1651. 7380.Z3.3753,1950 年 10 月 11 日《星岛晚报》,58.1 cm×39.2 cm,1950 年

1652. 7382.Z3.3755,1924 年广州市财政局关于崇俭堂华材寺新关街道地段的地价公文,29.7 cm×38.7 cm,1924 年

1653. 7385.Z3.3758,1925 年广州市财政局为大荣公司承请码头重新定价的批文,29.6 cm×39.1 cm,1925 年

1654. 7389.Z3.3762,1927 年广州市工务局关于长堤铺沥青路摊派费用的布告,21.2 cm×31.2 cm,1927 年

1655. 7399.Z3.3767,1948 年 8 月 18 日香港交通银行给王棠的支票冻结说明单,12.1 cm×19.1 cm,1948 年

1656. 7400.Z3.3768,1948 年 10 月 5 日香港交通银行给王棠的支票冻结说明单,12.1 cm×19.1 cm,1948 年

1657. 7406.Z3.3769,民国驻纽约培道培正同学联欢会欢迎王棠的合影(印刷品),27.1 cm×19.5 cm,民国

1658. 7461.Z3.3775,1929 年国民政府任命梁寒操为铁道部参事的简任状,42.3 cm×49.8 cm,1 套 2 件,1929 年

1659. 7462.Z3.3776,1928 年国民政府任命梁寒操为铁道部秘书的简任状,42.4 cm×50.1 cm,1 套 2 件,1928 年

1660. 7463.Z3.3777,1927 年国民政府任命梁寒操为财政部参事的简任状,42.4 cm×49.9 cm,1 套 2 件,1927 年

1661. 7464.Z3.3778,1931 年国民政府任命梁寒操为铁道部总务司司长的简任状,41.3 cm×48.2 cm,1 套 2 件,1931 年

1662. 7465.Z3.3779,1927 年国民政府任命梁寒操为交通部秘书的简任状,42.5 cm×49.6 cm,1 套 2 件,1927 年

1663. 7467.Z3.3781,1925 年李文范委任梁寒操为国民政府秘书处办事员的委任状,42.2 cm×49.7 cm,1925 年

1664. 7468.Z3.3782,1927 年国民政府委任梁寒操为财政部秘书的荐任状,42.4 cm×49.3 cm,1 套 3 件,1927 年

1665. 7469.Z3.3783,1939 年中国国民党中央执行委员会给梁寒操的任用书,35.4 cm×41.2 cm,1939 年

1666. 7470.Z3.3784,1945 年国民政府军事委员会政治部聘用梁寒操为业务指导委员的聘书,27.5 cm×38.3 cm,1945 年

1667. 7471.Z3.3785,1941 年国民党中央执行委员会任用梁寒操为特别党部书记长的任用书,35.3 cm×37.7 cm,1941 年

1668. 7472.Z3.3786,1940 年中国国民外交协会聘用梁寒操为广西分会筹备委员的聘书,

26.5 cm×19.9 cm,1940 年
1669. 7473.Z3.3787,1939 年国民党中央执行委员会任用梁寒操为军事委员会委员长桂林行营特别党部执行委员的任用书,34.3 cm×39.7 cm,1939 年
1670. 7475.Z3.3789,1940 年国民政府发给梁寒操陆海空军甲种一等奖章执照,34.2 cm×38.5 cm,1 套 2 件,1940 年
1671. 7476.Z3.3790,1938 年国民党中央执行委员会任用梁寒操为党务委员会委员的任用书,35.9 cm×25.6 cm,1938 年
1672. 7477.Z3.3791,1943 年三民主义青年团中央团部任用梁寒操为第一届中央干事会常务干事任用书,33.6 cm×42.0 cm,1943 年
1673. 7478.Z3.3792,1939 年三民主义青年团中央团部任用梁寒操为中央干事会干事任用书,30.3 cm×21.1 cm,1939 年
1674. 7480.Z3.3794,1931 年铁道部调任梁寒操为总务司司长的令,28.9 cm×83.1 cm,1 套 2 件,1931 年
1675. 7482.Z3.3796,1945 年中国乡村文化协会聘梁寒操为名誉理事的聘书,26.1 cm×32.0 cm,1945 年
1676. 7483.Z3.3797,民国国民党中央执行委员会调宣传部长梁寒操为海外部部长的调令,30.4 cm×20.5 cm,1 套 2 件,民国
1677. 7485.Z3.3799,1945 年民国政府军事委员会政治部业务指导委员会组织简则,25.6 cm×17.2 cm,1 套 2 件,1945 年
1678. 7486.Z3.3800,1945 年"人生哲学研究会"聘梁寒操为主任宣导委员的聘书,23.5 cm×30.4 cm,1 套 2 件,1945 年
1679. 7487.Z3.3801,1945 年中华全国中医师公会联合会筹备委员会聘梁寒操为设计委员的聘书,28.6 cm×34.6 cm,1945 年
1680. 7488.Z3.3802,1945 年中华全国中医师公会联合会筹备委员会致梁寒操的开会通知,29.1 cm×21.2 cm,1 套 2 件,1945 年
1681. 7489.Z3.3803,1943 年三民主义青年团中央团部聘梁寒操为夏令营讲师的聘书,34.6 cm×24.8 cm,1 套 2 件,1943 年
1682. 7494.Z3.3808,1942 年中山文化教育馆财务委员会名单,28.1 cm×17.6 cm,1942 年
1683. 7495.Z3.3809,1942 年中山文化教育馆审议会名单,27.1 cm×12.8 cm,1 套 2 件,1942 年
1684. 7497.Z3.3811,1939 年国民政府军事委员会政治部派梁寒操为桂林行营政治部主任令,27.5 cm×81.9 cm,1939 年
1685. 7499.Z3.3813,民国梁寒操《运沪寄存之藏书目录》一册,27.8 cm×39.0 cm,1 套 12 件,民国
1686. 7502.Z3.3815,1951 年珠海学院附梁上元"常识复习测验"试卷寄给梁寒操,26.5 cm×20.2 cm,1 套 2 件,1951 年
1687. 7508.Z3.3817,1930 年驻长崎领事抄录部令(随习领事王万年),27.5 cm×20.2 cm,24.2 cm×12.2 cm,1 套 2 件,1930 年
1688. 7510.Z3.3819,1930 年驻长崎领事张翅抄录外交部令(11 月 24 日),28.8 cm×39.9 cm,1930 年
1689. 7536.Z3.3845,1926 年上海吴淞何本制造厂第二届董事及第四届监察人名单,27.5 cm×22.4 cm,1926 年
1690. 7540.Z3.3847,1919 年福州同乡会改良时中学校的统一的办法管见,46.0 cm×24.3 cm,

1919 年

1691． 7542.Z3.3849,民国中华纱缎业云锦公所对于日本加征重税之意见书,28.1 cm×34.5 cm,1 套 2 件,民国

1692． 7543.Z3.3850,民国中华国货维持会对于日本加增重税之意见书,28.0 cm×34.5 cm,1 套 2 件,民国

1693． 7548.Z3.3853,1919 年 8 月 17 日《答复改良时中学校意见书》,27.7 cm×19.9 cm,1 套 2 件,1919 年

1694． 7549.Z3.3854,1930 年中华民国外交部训令王万年暂代驻长崎领馆馆务,28.5 cm×82.7 cm,1930 年

1695． 7550.Z3.3855,民国中华国货维持会致江苏实业厅电(抄录),27.3 cm×36.2 cm,1 套 4 件,民国

1696． 7554.Z3.3857,民国时中学校改良办法意见书资料,27.7 cm×20.2 cm,1 套 3 件,民国

1697． 7557.Z3.3858,民国中华盛泾绸业公所对于日本加征重税之意见书,28.0 cm×34.6 cm,1 套 2 件,民国

1698． 7558.Z3.3859,1932 年广东会所同人鲍演昭等人给王万年的祭词,24.6 cm×33.8 cm,1932 年

1699． 7560.Z3.3861,1932 年福州同乡会全体代表詹敏崇给王万年的祭词,30.2 cm×34.2 cm,1932 年

1700． 7562.Z3.3863,1932 年长崎贸易商同业组合组长小山丰安给王万年的悼辞,19.0 cm×99.6 cm,1932 年

1701． 7568.Z3.3869,广东会所关于改良时中学校讨论终结稿,24.7 cm×52.8 cm,民国

1702． 7576.Z3.3872,吴敬恒诗稿《屏东小集即事呈同仁二首》,28.5 cm×14.2 cm,民国

1703． 7577.Z3.3873,吴敬恒古韵诗稿《此调已成广陵散》,28.3 cm×9.3 cm,民国

1704． 7578.Z3.3874,吴敬恒给蒋东字便条(国史馆顾问事宜),18.5 cm×4.2 cm,民国

1705． 7580.Z3.3876,钟伯毅就筹建事宜致玄奘塔寺书札(1956 年 7 月 7 日),27.0 cm×19.4 cm,1 套 2 件,1956 年

1706． 7583.Z3.3879,薛大可致炎午先生诗稿《春节感怀再赋》,27.4 cm×20.4 cm,民国

1707． 7584.Z3.3880,胡宗铎感怀诗稿一页(9 月 20 日),28.3 cm×21.4 cm,民国

1708． 7610.Z3.3886,1922 年李锦成的国民党驻三藩市总支部凭照,23.4 cm×31.4 cm,1922 年

1709． 7611.Z3.3887,1930 年中华民国驻覃必古领事馆发给李锦成的驻墨西哥护照,35.0 cm×21.4 cm,1930 年

1710． 7612.Z3.3888,1910 年 Mar Hon How 及其子 Mar Ming 的驻旧金山护照,36.4 cm×23.0 cm,1 套 2 件,1910 年

1711． 7615.Z3.3890,民国美洲总支部刊《中国国民党党纲释义》,10.4 cm×6.6 cm,1 套 2 件,民国

1712． 7636.Z3.3897,1861 年华人麻连赴古巴的劳动合同书(卖猪仔合同),31.6 cm×21.6 cm,1861 年

1713． 7637.Z3.3898,1915 年广东上博单致公债司电文稿,28.7 cm×22.8 cm,1 套 3 件,1915 年

1714． 7769.Z3.1020,民国广东泡步乡蔚星剧团庆祝国父诞辰公演优待券,11.3 cm×7.5 cm,民国

1715． 8036.Z3.3904,清末官督商办广东士敏土厂简章,24.1 cm×38.8 cm,清末

1716． 8037.Z3.3905,1932 年广州市调查人口委员会为征求调查员敬告学生会传单,26.1 cm×

54.8 cm,1932 年

1717. 8043.Z3.3909,1947 年广东省罗卓英签发免职另用连平县县长邓飞鹏的训令,28.3 cm×28.2 cm,1947 年

1718. 8044.Z3.3910,1931 年广州市社会局局长伍伯良签发的广州市国贸展览会谢状,33.5 cm×44.1 cm,1931 年

1719. 8046.Z3.3912,1923 年廖云炳的南斐洲中国国民党支部党务科副主任委任,27.3 cm×34.3 cm,1923 年

1720. 8050.Z3.3913,1932 年广州市工务局印《广州市修正取缔建筑章程》,25.6 cm×18.6 cm,1932 年

1721. 8108.Z3.3924,民国新制广东省城明细地图,54.5 cm×78.5 cm,民国

1722. 8124.Z3.3926,1935 年李雅征的广州市卫生局发助产士开业执照,36.6 cm×35.4 cm,1935 年

1723. 8125.Z3.3927,1926 年国民政府外交部发给刘氏的英属吉隆坡护照,32.5 cm×31.6 cm,1926 年

1724. 8129.Z3.3930,1925 年广州嘉南堂置业有限公司第八届股东常会选举票,13.7 cm×7.9 cm,1925 年

1725. 8151.Z3.3934,1925 年广州嘉南堂置业有限公司召开第八届股东常会通知单,21.6 cm×31.6 cm,1925 年

1726. 8152.Z3.3935,1925 年广州嘉南堂置业有限公司发涨股单通知,27.3 cm×15.7 cm,1925 年

1727. 8179.Z3.3937,1933 年广东治河委员会制作《黄埔港计划图》,46.6 cm×60.9 cm,1933 年

1728. 8181.Z3.3938,民国广东省长陈炯明之广东省长公署布告第三号禁赌告示,62.4 cm×101.3 cm,民国

1729. 8201.Z3.3940,民国上海中国图书公司和记印刷所印广东全省明细大地图,114.9 cm×120.9 cm,民国

1730. 8264.Z3.4002,1926 年古应芬关于政府税收问题的讨论,27.5 cm×20.8 cm,1921 年

1731. 8266.Z3.4004,1926 年古应芬讲话记录,28.5 cm×42.8 cm,1926 年

1732. 8270.Z3.4008,1931 年 4 月国民党训政研究会告同志书,32 cm×45.5 cm,1 套 4 件,1931 年

1733. 8348.Z3.4086,1924 年 6 月李敏功关于请试仿行欧西地契办法清丈沙田条陈,25.2 cm×152 cm,1924 年

1734. 8393.Z3.4130,1924 年 9 月 30 日孙中山给古应芬的委任令,26.8 cm×76.7 cm,29.5 cm×16.5 cm,1 套 2 件,1924 年

1735. 8498.Z3.4235,民国选举党务委员会成员票数统计情况及结果,30 cm×42.4 cm,1 套 2 件,民国

1736. 8499.Z3.4236,民国粤军编制方法,27.7 cm×51.8 cm,1 套 3 件,民国

1737. 8500.Z3.4237,1919 年 3 月 25 日维持广东现状折,信封 20.5 cm×10.4 cm,内页 21.4 cm×97.8 cm,1 套 2 件,1919 年

1738. 8503.Z3.4240,民国粤军编制方法,21.3 cm×50.5 cm,1 套 2 件,民国

1739. 8504.Z3.4241,1924 年广东都市土地税条例,28.5 cm×21.3 cm,1 套 11 件,1924 年

1740. 8506.Z3.4243,1928 年 10 月四川民众救川请愿运动大会呈折,信封 29.3 cm×15 cm,内页 27 cm×120 cm,1 套 2 件,1928 年

1741. 8512.Z3.4249,民国签到纸,16.5 cm×26.1 cm,民国
1742. 8523.Z3.4260,民国土改意见书及古应芬手书的土改讨论稿,信封22 cm×15.7 cm,意见书21.5 cm×14 cm,讨论稿26 cm×17 cm,1套6件,民国
1743. 8525.Z3.4262,1929年6月28日南京国民政府任命古应芬为总理陵园管理委员简任状,信封35.8 cm×22 cm,内页42.3 cm×49.4 cm,1套2件,1929年
1744. 8529.Z3.4266,民国《古委员公祭国葬典礼须知》,18.8 cm×12.8 cm,民国
1745. 8530.Z3.4267,民国《古委员国葬专刊》,21.5 cm×15.3 cm,民国
1746. 8532.Z3.4269,1927年总理葬事委员会第四十八次会议记录,信封21.5 cm×10.3 cm,折页28 cm×41.6 cm,1套2件,1927年
1747. 8533.Z3.4270,1929年总理奉安委员会第一次会议议事记录,28 cm×20.4 cm,1套4件,1929年
1748. 8534.Z3.4271,1929年总理奉安委员会第一次事务会议议事记录,29.6 cm×22.8 cm,1套4件,1929年
1749. 8535.Z3.4272,1929年总理奉安委员会第二次事务会议议事记录,29.7 cm×22.9 cm,1套4件,1929年
1750. 8536.Z3.4273,1929年总理奉安委员会第三次事务会议议事记录,29.4 cm×22 cm,1套4件,1929年
1751. 8537.Z3.4274,1929年《总理奉安须知》,册8.5 cm×13.0 cm,厚0.8 cm,信封27.7 cm×20.2 cm,1套2件,1929年
1752. 8555.Z3.4257,1919年黄履中书呈古应芬《照霞楼进支总数表》,信封20.1 cm×10.2 cm,内页25.2 cm×52.8 cm,1套2件,1919年
1753. 8586.Z3.4308,1925年8月3日广东省政府省务会议第二十一次议事日程,29.5 cm×44 cm,1925年
1754. 8587.Z3.4309,1925年9月11日国民政府委员会第十七次会议议事录,30.8 cm×22.3 cm,1套3件,1925年
1755. 8588.Z3.4310,1925年10月13日国民政府委员会第十八次会议议事录,29.7 cm×22.6 cm,1套3件,1925年
1756. 8589.Z3.4311,1925年8月4日广东省政府省务会议第二十二次议事日程,29.5 cm×44.2 cm,1925年
1757. 8590.Z3.4312,1925年8月15日广东省政府省务会议第二十五次议决案,29.4 cm×44.2 cm,1925年
1758. 8591.Z3.4313,1925年8月5日广东省政府省务会议第二十三次议事日程,29.6 cm×44.2 cm,1925年
1759. 8592.Z3.4314,1925年9月14日广东省政府省务会议第三十六次议事日程,册30.4 cm×22 cm,页30.3 cm×44 cm,1套4件,1925年
1760. 8593.Z3.4315,1925年9月26日广东省政府省务会议第三十八次议决案,30.5 cm×44.6 cm,1925年
1761. 8594.Z3.4316,1925年10月8日广东省政府省务会议第四十三次议事日程,30 cm×44.5 cm,1925年
1762. 8595.Z3.4317,1925年9月26日广东省政府省务会议第四十次议事日程,30.5 cm×

44.5 cm,1套2件,1925年

1763. 8596.Z3.4318,1925年10月13日广东省政府省务会议第四十四次议事日程,29.7 cm×44.5 cm,1925年

1764. 8597.Z3.4319,1925年8月5、6日广东省政府秘书处来文摘要呈广东省政府省务会议,29.7 cm×44.5 cm,1套3件,1925年

1765. 8598.Z3.4320,1925年9月18日广东省政府省务会议第三十八次议事日程,30.2 cm×43.5 cm,1套5件,1925年

1766. 8599.Z3.4321,1925年9月16日广东省政府省务会议第三十七次议事日程,30.3 cm×43.3 cm,1925年

1767. 8600.Z3.4322,1925年广东省政府省务会议第二十六次议决案,29.6 cm×43.8 cm,1925年

1768. 8601.Z3.4323,1925年9月18日广东省政府省务会议第三十六次议决案,30.2 cm×44.1 cm,1925年

1769. 8602.Z3.4324,1925年9月18日广东省政府省务会议第三十八次会议议事日程,30.3 cm×22 cm,1套3件,1925年

1770. 8603.Z3.4325,1925年8月11日广东省政府省务会议第二十六次议事日程,30 cm×22.5 cm,1套2件,1925年

1771. 8604.Z3.4326,1925年8月11日广东省政府省务会议第二十三次议决案,29.6 cm×44.3 cm,1925年

1772. 8605.Z3.4327,1925年8月11日广东省政府省务会议第二十四次议决案,29.5 cm×44.5 cm,1925年

1773. 8606.Z3.4328,1925年8月18日国民政府委员会第十五次会议议事录,29.5 cm×44.3 cm,1套3件,1925年

1774. 8607.Z3.4329,1925年9月8日国民政府委员会第十六次议事日程,30 cm×43 cm,1925年

1775. 8608.Z3.4330,1925年10月6日国民政府军事委员会第三十次会议录,30 cm×44.6 cm,1套3件,1925年

1776. 8609.Z3.4331,1925年10月8日国民政府军事委员会第三十一次会议录,30 cm×44.5 cm,1套3件,1925年

1777. 8610.Z3.4332,1925年10月10日国民政府军事委员会第三十二次会议录,30 cm×44.5 cm,1套3件,1925年

1778. 8611.Z3.4333,1925年10月13日国民政府军事委员会第三十三次会议录,29.5 cm×44.5 cm,1套3件,1925年

1779. 8612.Z3.4334,1925年10月15日国民政府军事委员会第三十四次会议录,29.5 cm×44.5 cm,1套4件,1925年

1780. 8613.Z3.4335,1925年10月17日国民政府军事委员会第三十五次会议录,29.5 cm×45.2 cm,1套3件,1925年

1781. 8614.Z3.4336,1923年大本营空白公用笺,31.2 cm×21.2 cm,1923年

1782. 8616.Z3.4337,1928年1月1日申报第11版"邓泽如古应芬查办汪兆铭等之呈覆",58 cm×40.5 cm,1928年

1783. 8622.Z3.4342,民国广东地方善后委员会章程,26.8 cm×36 cm,民国

1784. 8623.Z3.4343,民国广东地方善后委员会案奉大元帅核准试办输送团章程,21 cm×

32 cm,1套2件,民国

1785. 8629.Z3.4349,1923年惠潮梅及赣南交通路线图,73.8 cm×60.8 cm,1923年
1786. 8632.Z3.4350,1931年10月16日广州国民政府军事委员会参谋团情报处给古应芬的呈文,35.2 cm×50.5 cm,1931年
1787. 8644.Z3.4362,民国成德公司组织内容,25.4 cm×17 cm,民国
1788. 8646.Z3.4364,民国福建省金库出纳事务规程,9.5 cm×24.3 cm,1套4件,民国
1789. 8647.Z3.4365,民国福建银号条例,9.5 cm×24.3 cm,1套2件,民国
1790. 8648.Z3.4366,民国福建省金库暂行规则,9.5 cm×24.3 cm,民国
1791. 8649.Z3.4367,民国福建省金库检查规程,9.5 cm×24.3 cm,1套3件,民国
1792. 8650.Z3.4368,1926年前后古应芬关于政府税收问题之讨论手稿六,27.6 cm×20.8 cm,1套2件,1926年
1793. 8651.Z3.4369,1924年税验契局十二月份征收契税上盖公费数目开列表,29.3 cm×42 cm,1924年
1794. 8654.Z3.4370,1924年12月13日广州市财政厅给留法学生的学费,26.8 cm×8.4 cm,27.5 cm×20.6 cm,1套2件,1924年
1795. 8655.Z3.4371,民国梁秀山等五人的呈文,26 cm×26.5 cm,民国
1796. 8657.Z3.4373,民国黄埔商埠有限公司事务档,27.9 cm×40.5 cm,1套2件,民国
1797. 8658.Z3.4374,民国药方(5月18日),23 cm×13 cm,民国
1798. 8666.Z3.4381,1923年11月21日中国国民党中央执行委员会给古应芬的停开会议通知,31.5 cm×21.7 cm,1923年
1799. 8667.Z3.4382,1925年9月广州财政厅厅长李基鸿的提议书,23.7 cm×110.4 cm,1925年
1800. 8680.Z3.4395,1931年中国国民党军政府宣言初稿,29 cm×21 cm,1套7件,1931年
1801. 8692.Z3.4407,1923年10月24日马君武关于广西军队改编问题呈古应芬文,29.3 cm×43.1 cm,1923年
1802. 8715.Z3.4429,民国中央第一八〇次常会议案封面,27.1×19.8 cm,民国
1803. 8716.Z3.4430,民国中国国民党中央执行委员会宣传部组织条例修正草案,信封30.8 cm×15.3 cm,册26.8 cm×20.9 cm,页26.8 cm×28.7 cm,1套7件,民国
1804. 8717.Z3.4431,民国《世界日报》剪报九一八前后之政治派系(朱沛莲),20.8 cm×16.4 cm,1套9件,民国
1805. 8719.Z3.4433,1920年广东田赋清理处呈文,31.4 cm×45.5 cm,1920年
1806. 8720.Z3.4434,1920年广东省财政厅第二科呈文,29.5 cm×44.1 cm,1920年
1807. 8721.Z3.4435,1929年国军编遣委员会临时秘书处给古应芬的开会通知,信封21.1×10.2 cm,内页31.4 cm×21.4 cm,1套2件,1929年
1808. 8722.Z3.4436,1920年广东禁烟总处处长李海云的报告,28.5 cm×42 cm,1套2件,1920年
1809. 8723.Z3.4437,1927年广东沙田清理处五月二十九日收数表,29.4 cm×41.5 cm,1927年
1810. 8724.Z3.4438,民国国民政府财政部所管现行每月应支军政行政费预算简明表,28.9 cm×42.6 cm,1套5件,民国
1811. 8725.Z3.4439,1927年5月1日起至28日止国库收入总数表,28.6 cm×41.7 cm,1套4件,1927年
1812. 8726.Z3.4440,1927年烟酒公卖处五月份收数一览表,29.6 cm×42.3 cm,1927年

1813. 8727.Z3.4441,1927年财政部筹饷总处会计科五月份收支数目表,32.6 cm×4.2 cm, 1927年

1814. 8731.Z3.4445,1920年11月9日陈炯明委任古应芬为广东省政务厅厅长令,信封 16 cm×8.8 cm,内页30 cm×22.5 cm,1套2件,1920年

1815. 8738.Z3.4452,1923年10月3日筱斋给罗翼群的报告,页20.6 cm×15.5 cm,信封 17.9 cm×8.4 cm,1套4件,1923年

1816. 8741.Z3.4455,民国古应芬任广东省民政厅长时期关于拟派县长的便条,26.3 cm× 7.4 cm,1套2件,民国

1817. 8743.Z3.4457,1925年6月30日广东省长公署第一一四三号批文附省长令,批文 25.6 cm×80.3 cm,令30.5 cm×28.5 cm,信封18.0 cm×8.6 cm,1套3件,1925年

1818. 8751.Z3.4465,1928年黄仲簏等人呈古应芬文,27.5 cm×121.4 cm,1928年

1819. 8756.Z3.4470,1925年10月4日邓惟贤给古应芬的报告,信封22.3 cm×10.8 cm,页 31.5 cm×21.5 cm,1套3件,1925年

1820. 8758.Z3.4472,民国陈根履历未完稿,内页28.5 cm×40.7 cm,信封16 cm×7.2 cm,1套2 件,民国

1821. 8768.Z3.4481,民国广州市公安局局长吴铁城签发训令(第三零八三号),27.8 cm× 30.8 cm,民国

1822. 8783.Z3.4496,民国徐景唐、蒋光鼐拟委谭芷滨为东莞县明伦堂总董便条,12.3 cm× 8.4 cm,15.4 cm×23.2 cm,1套2件,民国

1823. 8789.Z3.4501,1928年11月15日中国国民党中央执行委员会组织部给古应芬的附党员登记表,信封21.2 cm×10.2 cm,表52.1 cm×31.6 cm,函30.3 cm×21.2 cm,1套4件,1928年

1824. 8790.Z3.4502,1923年12月1日马晓军就任抚河招抚使宣言书,内页24.8 cm×107.4 cm, 信封20.8 cm×10.1 cm,1套2件,1923年

1825. 8797.Z3.4508,民国《中国国货银行章程草案》,24.5 cm×15 cm,1套2件,民国

1826. 8808.Z3.4517,1921年前后古应芬手书关于广东政务问题的主张,25.7 cm×17.5 cm, 1921年

1827. 8812.Z3.4521,1927年5月1日至25日国民政府广东省库收支分类统计表,30.3 cm× 23 cm,1927年

1828. 8813.Z3.4522,1927年5月30日烟酒公卖处收付日计报告表,23.6 cm×25.5 cm,1927年

1829. 8817.Z3.4524,1932年广州市道路系统图,芯64 cm×94.3 cm,裱83.2 cm×134.5 cm, 1932年

1830. 8839.Z3.4545,民国国民政府财政部盐务署职员履职表,内页31.9 cm×20.9 cm,信封 22 cm×10.3 cm,1套4件,民国

1831. 8845.Z3.4551,民国国民政府江海关二五附税国库券发行简章,26 cm×53.7 cm,民国

1832. 8849.Z3.4555,1925年8月28日台山县庙边乡达德学校被翁连优等破坏等情节略, 23.7 cm×110.4 cm,1925年

1833. 8850.Z3.4556,1921年南方通讯社节略,21.4 cm×100 cm,1921年

1834. 8862.Z3.4568,1921、1922年7、8月税收表,24 cm×53.5 cm,1922年

1835. 8863.Z3.4569,1927年前方发行湘赣桂毫洋券表,30.5 cm×41.6 cm,1套2件,1927年

1836. 8869.Z3.4575,民国修正第九区民团联合办事处章程,24.7 cm×14.2 cm,民国

1837. 8874.Z3.4580,1928年中国国民党童子军司令部编印资料,14.8 cm×9.9 cm,17.2 cm×11.6 cm,15.3 cm×10.6 cm,20.6 cm×12.9 cm,1套4件,1928年

1838. 8876.Z3.4581,民国许淑珍撰《先夫刘纪文的蒙恩见证》,13.7 cm×19.4 cm,民国

1839. 8877.Z3.4582,民国广东省财政厅编辑处职员姓名及到差日期薪水数目表,29.5 cm×21.5 cm,民国

1840. 8878.Z3.4583,民国文官处等级条例草案,30.5 cm×44.2 cm,民国

1841. 8879.Z3.4584,民国文官官等表,44.5 cm×30.5 cm,1套4件,民国

1842. 8881.Z3.4586,民国改革税制大纲、出厂税管理局组织章程、财政部奖励国货委员会简章,27.6 cm×21 cm,民国

1843. 8882.Z3.4587,民国裁厘加税约数表,21.6 cm×28 cm,民国

1844. 8883.Z3.4588,民国盛俊《裁厘加税一案呈文》,21.5 cm×113.4 cm,民国

1845. 8884.Z3.4589,民国蔡治民《取缔外钞问题》,18.5 cm×13 cm,民国

1846. 8885.Z3.4590,民国苏皖浙闽粤桂六省裁厘加税约数表,21.7 cm×28 cm,1套3件,民国

1847. 8886.Z3.4591,民国进口洋货奢侈品表,29.5 cm×162.6 cm,民国

1848. 8890.Z3.4594,民国刘纪文撰《聘妻古霁雪墓表》,14 cm×10.9 cm,25.9 cm×16.8 cm,1套5件,民国

1849. 8891.Z3.4595,民国古公湘芹事略,31.2 cm×16.2 cm,民国

1850. 8895.Z3.4599,1931年11月4日古应芬治丧处第二次会议记录,27.2 cm×40 cm,1931年

1851. 8898.Z3.4601,民国中央银行收条抄件,33 cm×22.1 cm,1套11件,民国

1852. 8899.Z3.4602,民国中央银行1926、1927年收入略计,30.5 cm×41.5 cm,1套2件,民国

1853. 8900.Z3.4603,民国宋子文具名中央银行文件,26.8 cm×20.4 cm,1套3件,民国

1854. 8901.Z3.4604,1926年中央银行文件,21.8—41.8 cm×12.8—41.9 cm,1套30件,1926年

1855. 8902.Z3.4605,民国中央银行文件,21.7—42.1 cm×12.9—25.4 cm,1套14件,民国

1856. 8910.Z3.4607,民国李仙根等人手书便条,10.6—31.2 cm×16.7—22 cm,1套4件,民国

1857. 9000.Z3.4610,1931年广州黄和悦公司租铺合同,26.7 cm×37.5 cm,1931年

1858. 9001.Z3.4611,1937年广州棉社装饰公司修铺工程合同,28.3 cm×29.2 cm,1937年

1859. 9002.Z3.4612,民国元年断卖新契纸,57 cm×53 cm,1套5件,1912年

1860. 9003.Z3.4613,宣统元年房屋断卖契纸,67.3 cm×55.7 cm,1909年

1861. 9004.Z3.4614,1931年按押屋契,56.8 cm×52.7 cm,1931年

1862. 9006.Z3.4616,民国廿五年房屋永远断卖屋契,57 cm×54 cm,1937年

1863. 9007.Z3.4617,民国元年广东财政司改换断卖新契纸,31.7 cm×58.3 cm,1912年

1864. 9008.Z3.4618,1920年房屋断卖契纸,54 cm×48 cm,1920年

1865. 9009.Z3.4619,黄帝纪元四千六百零九年房屋断卖契纸,56.5 cm×42.6 cm,1911年

1866. 9011.Z3.4620,民国法律文书,33 cm×21.2 cm,1套2件,民国

1867. 9013.Z3.4622,1937年广东省会警察局蒙圣分局布告,38.3 cm×29.3 cm,1937年

1868. 9017.Z3.4625,1935年广州市自来水管理处发出的通告(廿五日),30.9 cm×21.3 cm,1935年

1869. 9018.Z3.4626,1935年广州市自来水管理处发出的通告(廿六日),30.9 cm×21.3 cm,1935年

1870. 9022.Z3.4630,1918年黄光裕向黄忠有揭银契约,50 cm×26.5 cm,1918年

1871. 9024.Z3.4632,民国槐给东长的便条,16.4 cm×13 cm,民国

1872. 9046.Z3.4637,民国广东女子体育学校学生团印制"袁世凯称帝"宣传单,21.3 cm×31.1 cm,民国

1873. 9047.Z3.4638,民国公立第二高小学生自治会印制"二十一条之一"宣传单,20.6 cm×30.8 cm,民国

1874. 9055.Z3.4640,1929年中国国民党经费册,11 cm×7.4 cm,1929年

1875. 9068.Z3.4643,1908年广东法政学堂理财科甲班梁鋆元"外国贸易"考卷,28×79.7 cm,1908年

1876. 9069.Z3.4644,1909年广东法政学堂理财科甲班梁鋆元"政治学"考卷,26.3 cm×7.9 cm,1909年

1877. 9070.Z3.4645,1910年广东法政学堂理财科甲班梁鋆元"工业政策"考卷,28×79.3 cm,1910年

1878. 9073.Z3.4646,民国《战事新闻》传单,23 cm×37.3 cm,民国

1879. 9085.Z3.4650,民国初年广州对联比赛评阅单一组,21—40.2 cm×18.5—63 cm,1套25件,民初

1880. 9387.Z3.4655,1923年民权运动大同盟为沈逆叛变事敬告广东同胞书,27 cm×40.2 cm,1923年

1881. 9388.Z3.4656,1918年广东省长公署给示通销戒烟新药公文,31.5 cm×37.4 cm,1918年

1882. 9410.Z3.4657,民国银质国民政府主席敬赠日本铜质"援助中国革命追念"之章,章12 cm×5.6 cm,证24.4 cm×17.1 cm,1套2件,民国

1883. 9412.Z3.4658,1909年大清分省分县明细图,46 cm×58 cm,1套48件,1909年

1884. 9444.Z3.4600,民国北平荣宝斋笺谱,32 cm×21.2 cm,1套2件,民国

1885. 9490.Z3.4661,民国勤勤大学师范学院何绵荫的物理题解作业本,20.4 cm×16.6 cm,民国

1886. 9491.Z3.4662,民国勤勤大学师范学院何绵荫的物理题解作业本,20.5 cm×16.7 cm,民国

1887. 9492.Z3.4663,民国勤勤大学师范学院何绵荫的化学作业本,20.4 cm×16.5 cm,民国

1888. 9493.Z3.4664,清末番禺县优增生次取第捌名陈宗侃的经卷,27.1 cm×106.5 cm,清末

1889. 9494.Z3.4665,清末辛卯年广雅书院文学第二名番禺县副员生陈庆龢正课卷,26.9 cm×108.6 cm,26.9 cm×82.9 cm,1套2件,1891年

1890. 9495.Z3.4666,清末肆业副贡生陈庆龢正课卷《子曰惟仁者能好人能恶人》,27.2 cm×158.3 cm,清末

1891. 9496.Z3.4667,清末应元书院外课卷《汤之子伊尹桓公之子管仲》,26.2 cm×111.1 cm,清末

1892. 9497.Z3.4668,清末番禺县学生员陈宗侃经卷《孟子出外时地考》,27.3 cm×187.6 cm,清末

1893. 9498.Z3.4669,清末南海县附生庄葆清经卷《孝经天经地义说》,27.8 cm×103 cm,27.6 cm×54.8 cm,1套2件,清末

1894. 9499.Z3.4670,清末番禺县副贡生陈庆龢正课卷,26.9 cm×189.4 cm,清末

1895. 9500.Z3.4671,清末菊坡精舍陈庆龢课卷《赋得水作夜窗风雨来》,25.9 cm×111 cm,清末

1896. 9501.Z3.4672,清末番禺县学优增生陈庆龢课卷及手稿,28 cm×105.1 cm,28 cm×108.6 cm,26.6 cm×105.7 cm,1套3件,清末

1897. 9502.Z3.4673,民国第六十五期中山影戏院放映《孙总理奉安大典》戏单,26.4 cm×38.3 cm,民国

1898. 9503.Z3.4674,民国第五十九期中山影戏院放映《孙总理奉安大典》戏单,26.3 cm×

36.1 cm,民国

1899. 9504.Z3.4675,民国第六十期中山影戏院放映《孙总理奉安大典》戏单,26.3 cm×36 cm,民国

1900. 9505.Z3.4676,民国第五十六期中山影戏院放映《孙总理奉安大典》戏单,26.4 cm×36 cm,民国

1901. 9512.Z3.4680,1923年大本营内政部发给朱兆槐的西医生开业执照,50.4 cm×51 cm,1923年

1902. 9516.Z3.4684,民国乙卯年十二月赖兰芝草堂婚娶对联评阅结果名单,26.7 cm×64 cm,1916年

1903. 9517.Z3.4685,1916年(洪宪元年)1月16日台山县立中学校长训词,21 cm×40 cm,1916年

1904. 9521.Z3.4688,1931年永同乐班接开平爱莲学校粤戏合同,21.7 cm×40.4 cm,1931年

1905. 9522.Z3.4689,清光绪三十四年广东提学使司按察使司发给黄泽澍的塾师凭照,34.4 cm×38.8 cm,1908年

1906. 9523.Z3.4690,民国辛末年新嫦娥女班接番禺新坑粤戏合同,46.7 cm×31.5 cm,1931年

1907. 9524.Z3.4691,1922年3月21日滇军总司令部云南省长公署第100号训令,27.3 cm×81.2 cm,1922年

1908. 9525.Z3.4692,1921年6月18日广州市政厅财政局发给黄和悦堂的骑楼地执照,46.4 cm×68 cm,1921年

1909. 9526.Z3.4693,1924年9月4日广州市财政局发给黄述良堂的骑楼地执照,43.7 cm×70 cm,1924年

1910. 9527.Z3.4694,1919年1月25日广东财政厅清理官产处发给树基堂的执照,54 cm×52.5 cm,1919年

1911. 9528.Z3.4695,1921年2月14日广东财政厅发给树基堂的广州市内不动产甲种上盖补税执照,62.6 cm×33.5 cm,1921年

1912. 9529.Z3.4696,1933年广东西村士敏土厂介绍册,26 cm×33.5 cm,厚0.5 cm,1933年

1913. 9535.Z3.4697,民国元年三月《广东讨虏军司令部造呈固镇宿州两役特别出力各将校军士分奖给勋章清册》,33.7 cm×24.7 cm,厚0.5 cm,1912年

1914. 9536.Z3.4698,1923年广东财政厅发给源兴的戊种二级商业牌照,38.8 cm×28.6 cm,1923年

1915. 9537.Z3.4699,1926年广东财政厅发给源兴的戊种二级商业牌照,39 cm×28.2 cm,1926年

1916. 9542.Z3.4701,1923年10月9日广东全省官产清理处第一一六四号布告,63.3 cm×44.3 cm,1923年

1917. 9544.Z3.4703,1925年建国联军总司令部发给方顺兴的北伐纪念章及执照,3.8 cm×3 cm,26.9 cm×29.4 cm,1套2件,1925年

1918. 9549.Z3.4704,民国中国国民革命艺术宣传社出品"废除不平等条约"宣传画,39.7 cm×27.3 cm,民国

1919. 9632.Z3.4707,1938年10月5日刘纪文梦见古应芬后所写梦境记录,19.8 cm×16 cm,1938年

1920. 9633.Z3.4708,1934年8月1日刘纪文撰写《广州市平民官记》,16.5 cm×20.4 cm,1934年

1921. 9634.Z3.4709,1947年10月10日刘纪文撰写《四书集泾志》,16.5 cm×20.4 cm,1947年
1922. 9642.Z3.4717,民国刘纪文起草关于革命实践研究院大礼堂经费的手稿,28.5 cm×21.8 cm,1套2件,民国
1923. 9643.Z3.4718,民国刘纪文起草关于革命实践研究院大礼堂经费的呈文,27 cm×19.4 cm,民国
1924. 9644.Z3.4719,现代刘纪文对国民党的献策案,27.1 cm×19.5 cm,1套2件,现代
1925. 9645.Z3.4720,1933年11月刘纪文题《广州市第一次展览会发刊词》手稿,16.5 cm×20.4 cm,1933年
1926. 9646.Z3.4721,1930年1月刘纪文撰《南京特别市工作报告弁言》手稿,16.7 cm×20.4 cm,1930年
1927. 9647.Z3.4722,1930年7月4日至10日刘纪文日记手稿,19.7 cm×26.9 cm,1套5件,1930年
1928. 9649.Z3.4724,1933年1月刘纪文为《广州市经界图》撰序言手稿,16.5 cm×20.4 cm,1934年
1929. 9652.Z3.4727,民国二十四年1月刘纪文为《广州市年鉴》所作序文手稿,16.7 cm×20.5 cm,1套2件,1935年
1930. 9661.Z3.4736,现代刘纪文手抄《圣经》祷文,20.7 cm×17 cm,现代
1931. 9662.Z3.4737,民国刘纪文撰《对于本党改造纲要之意见》手稿,27.7 cm×21 cm,1套5件,民国
1932. 9663.Z3.4738,民国刘纪文撰《对于本党改造纲要之意见》油印稿,29.5 cm×28.1 cm,1套3件,民国
1933. 9690.Z3.4765,1953年刘纪文对东京改造委员会的提票修改稿,25.5 cm×36 cm,1953年
1934. 9692.Z3.4767,民国刘纪文撰《当前侨务之管见》手稿,26.3 cm×38.3 cm,民国
1935. 9742.Z3.4817,1942年周演明手撰《刘纪文同志参加革命事迹之一页》,27.2 cm×20.4 cm,1套4件,1942年
1936. 9746.Z3.4821,民国五年三月初六日孙中山签发给刘纪文的财政部部员委任状,30.1 cm×34 cm,1916年
1937. 9747.Z3.4822,1928年4月11日任命刘纪文为陆海军经理法规编撰委员会筹备委员的命令,29.8 cm×31.7 cm,1928年
1938. 9748.Z3.4823,1928年5月16日任命刘纪文为陆海军经理法规编撰委员会特别委员的命令,29.8 cm×31.8 cm,1928年
1939. 9749.Z3.4824,1932年3月25日广东省政府主席林云陔任命刘纪文为代理广州市市长令,29.4 cm×43.7 cm,1932年
1940. 9810.Z3.4825,1930年4月30日国民党中央执行委员会政治会议委任吴铁城、刘纪文主持北方自治组织的照会,30.8 cm×20.6 cm,1930年
1941. 9811.Z3.4826,1928年3月9日国民政府军事委员会委任谭延闿、于右任、刘纪文等九人为军医监理委员会委员的照会,31.8 cm×21.4 cm,1928年
1942. 9812.Z3.4827,1928年3月国民革命军总司令部任刘纪文为经理处处长的委任令,26.4 cm×74 cm,1928年
1943. 9813.Z3.4828,1929年3月23日国民革命军总司令部任刘纪文为战时军医监理委员会委员的委任令,27.9 cm×52.6 cm,1929年

1944. 9815.Z3.4830,1928年5月12日刘纪文的环球中国学生会会凭,23.9 cm×29.1 cm,1928年
1945. 9818.Z3.4833,1929年3月国民党南京特别市执行委员会发给刘纪文当选为出席代表的通知,31.3 cm×21.8 cm,1929年
1946. 9819.Z3.4834,1931年6月4日国民政府委任刘纪文为政务委员会常务委员的训令,29.5 cm×86.8 cm,1931年
1947. 9821.Z3.4836,1941年3月20日国民政府行政院委任刘纪文兼邮政储金汇业局监察委员会副主任委员的训令,28.6 cm×42 cm,1941年
1948. 9822.Z3.4837,1945年4月18日南洋华侨协会聘刘纪文为名誉理事的聘书,29.1 cm×41.6 cm,1945年
1949. 9823.Z3.4838,1942年2月28日审计部长林云陔派刘纪文为审计人员训练班主任的训令,27.6 cm×38.4 cm,1942年
1950. 9824.Z3.4839,1943年7月7日新西北建设协进会聘刘纪文为名誉理事的聘书,24.4 cm×17.8 cm,1943年
1951. 9826.Z3.4841,1952年11月中国大陆灾胞救济总会聘刘纪文为联络委员的聘书,29.7 cm×34.9 cm,1952年
1952. 9827.Z3.4842,1949年海南特区行政长官陈济棠聘刘纪文为公署高等顾问的聘书,30 cm×20.9 cm,1949年
1953. 9829.Z3.4844,1954年10月9日聘刘纪文为"光复大陆设计研究院委员会"委员的聘书,26.5 cm×35.6 cm,1954年
1954. 9838.Z3.4849,1928年7月21日国民政府军事委员会任命刘纪文为整理委员会军需部副主任令,30.2 cm×32.1 cm,1928年
1955. 9839.Z3.4850,民国国民政府军事委员会任命吴思豫、刘纪文等五人为整理南京城厢驻军营房设计委员令,30 cm×31.9 cm,民国
1956. 9844.Z3.4855,1954年5月18日聘刘纪文为国策顾问聘书,26.6 cm×35.6 cm,30.9 cm×20.8 cm,29.2 cm×14.4 cm,1套3件,1954年
1957. 9847.Z3.4856,民国刘纪文手稿册,纵20.7 cm,横26.5 cm,厚2.4 cm,民国
1958. 9848.Z3.4857,民国刘纪文《回思录》手稿本,纵18 cm,横25 cm,厚1.1 cm,民国
1959. 9851.Z3.4859,1929年中央国术馆聘刘纪文为顾问的聘书,33.4 cm×45.3 cm,1929年
1960. 9852.Z3.4860,1931年国民政府派刘纪文为国民会议代表招待处招待员的简派状,41.7 cm×47.5 cm,1931年
1961. 9853.Z3.4861,1941年11月国民政府派刘纪文为三十年普通考试审计人员临时考试典试委员长的简派状,42.8 cm×51.8 cm,1941年
1962. 9854.Z3.4862,1947年2月南京市政府聘刘纪文为南京市都市计划委员会委员的聘书,30.2 cm×44.3 cm,1947年
1963. 9855.Z3.4863,1928年6月许淑珍的上海晏摩女学校毕业文凭,40.6 cm×50.7 cm,1928年
1964. 9862.Z3.4870,1937年2月国民政府任命刘纪文为审计部政务次长的简任状,43.7 cm×53.2 cm,1937年
1965. 9863.Z3.4871,1938年10月国民政府任命刘纪文为邮政储金汇业局监察委员的简任状,43.1 cm×53.6 cm,1938年
1966. 9864.Z3.4872,1940年11月国民政府行政院派刘纪文为陪都建设计划委员会委员的派

状,42.8 cm×55.5 cm,1940 年

1967. 9867.Z3.4875,1946 年 7 月特派刘纪文为国父陵园管理委员会委员的特派状,41.5 cm× 49.9 cm,1946 年

1968. 9871.Z3.4879,1936 年国民政府人民刘纪文为广东省政府委员的简任状,43.7 cm× 53.5 cm,1936 年

1969. 9873.Z3.4881,1928 年国民政府任命刘纪文为国民革命军总司令部经理处处长的简任 状,42.5 cm×49.5 cm,1928 年

1970. 9874.Z3.4882,1928 年国民政府任命刘纪文为南京特别市市长的简任状,42.6 cm× 49.4 cm,1928 年

1971. 9875.Z3.4883,1929 年国民政府任命刘纪文兼任首都建设委员会秘书长的简任状, 42.5 cm×49.8 cm,1929 年

1972. 9876.Z3.4884,1929 年国民政府特派刘纪文为国民政府首都建设委员会委员的特派 状,42.4 cm×49.6 cm,1929 年

1973. 9877.Z3.4885,1929 年国民政府聘刘纪文为建设委员会委员的聘书,42.6 cm×49.5 cm, 1929 年

1974. 9878.Z3.4886,1930 年国民政府任命刘纪文为首都建设委员会委员的简任状,41.5 cm× 48.3 cm,1930 年

1975. 9879.Z3.4887,1931 年国民政府特派刘纪文为首都建设委员会常务委员的特派状, 41.7 cm×47.5 cm,1931 年

1976. 9880.Z3.4888,1929 年特派刘纪文为国民政府赈灾委员会委员的特派状,42.5 cm× 49.6 cm,1929 年

1977. 9881.Z3.4889,1929 年国民政府派刘纪文为总理奉安迎榇指挥的简派状,42.4 cm× 49.8 cm,1929 年

1978. 9882.Z3.4890,1929 年国民政府派刘纪文为总理陵园管理委员会委员的简派状,42.5 cm× 49.6 cm,1929 年

1979. 9883.Z3.4891,1930 年国民政府任命刘纪文为江海关监督的简任状,41.3 cm×48.2 cm, 1930 年

1980. 9884.Z3.4892,1931 年国民政府特任刘纪文为政务委员会委员的特任状,38.7 cm× 40.9 cm,1931 年

1981. 9885.Z3.4893,1931 年国民政府任命刘纪文为广东治河委员会委员的任命状,38.8 cm× 41.2 cm,1931 年

1982. 9886.Z3.4894,1931 年国民政府特任刘纪文为西南政务委员会委员的特任状,39 cm× 39.8 cm,1931 年

1983. 9887.Z3.4895,1931 年国民政府特任刘纪文为西南军事分会委员的特任状,39 cm× 39.8 cm,1931 年

1984. 9888.Z3.4896,1932 年国民政府西南政务委员会派刘纪文代理广州市市长派状,39 cm× 39.8 cm,1932 年

1985. 9918.Z3.4899,1950 年代刘纪文革命实践研究院研究员登记表,38.8 cm×26.2 cm,1950 年代

1986. 9919.Z3.4900,1950 年代刘纪文英文履历报告,32.6 cm×20.3 cm,1 套 2 件,1950 年代

1987. 9920.Z3.4901,1946年3月刘纪文给上海密勒氏评论报的个人英文履历回执,27.5 cm×21 cm,1946年

1988. 9921.Z3.4902,1955年刘纪文的《中国国民党第二次党员自清表》存稿,26.6 cm×19.3 cm,1955年

1989. 9922.Z3.4903,1956年刘纪文家的户籍腾本,26.8 cm×39.1 cm,1956年

1990. 9923.Z3.4904,1957年于右任、王宠惠等撰印《刘纪文先生事略》,26.5 cm×38.5 cm,1957年

1991. 9924.Z3.4905,1957年刘纪文先生追悼会哀挽文辞,26.8 cm×19.2 cm,1957年

1992. 9932.Z3.4908,1953年刘纪文中国国民党党员出席小组会议缴纳党费记录表,10 cm×6.8 cm,1953年

1993. 10133.Z3.4914,1949年国民党拟《为建设海南反共基地对美国请求援助备忘录》,纵29.4 cm,横18.8 cm,厚0.80 cm,1949年

1994. 10150.Z3.4927,1950年4月海南岛长官公署矿务局对日出售铁砂事物的香港代理人合约草稿,24.8 cm×17.4 cm,1套7件,1950年

1995. 10151.Z3.4928,1950年海南岛长官公署草拟《驻港之代理人职务合约》,信封10.1 cm×22.7 cm,内页29.7 cm×21 cm,1套5件,1950年

1996. 10152.Z3.4929,1949年11月海南七五零一二五至七五零一二七号公文抄件,27.5 cm×21.3 cm,1949年

1997. 10154.Z3.4931,1950年代刘纪文关于联华公司合约讨论草稿,21 cm×17.7 cm,1套4件,1950年代

1998. 10158.Z3.4935,1947年海南岛矿务局与香港联华公司第一次合约及其抄件,1—5/11 27.2 cm×20.9 cm,6—11/11 28.2 cm×21.6 cm,1套11件,1947年

1999. 10159.Z3.4936,民国海南岛矿物局与香港联华公司第二次合约,1—2/10 27.9 cm×21.7 cm,3—9/10 26.8 cm×21.3,10/10 25.8 cm×11.3 cm,1套10件,民国

2000. 10160.Z3.4937,1949年海南岛矿务局与香港联华公司第三次合约抄本,27.9 cm×21.6 cm,1套2件,1949年

2001. 10161.Z3.4938,1950年海南岛矿务局与香港联华公司第四次合约抄本,1—4/5 27.1 cm×20.7 cm,5/5 16.4 cm×21.3 cm,1套5件,1950年

2002. 10162.Z3.4939,1950年海南岛矿务局寄给刘纪文的与香港联华公司售卖铁砂的合约草稿,1—5/6 27.9 cm×21.4 cm,6/6 10.5 cm×23.9 cm,1套6件,1950年

2003. 10163.Z3.4940,1955年台北阳明山管理局给刘纪文土地复丈定期通知书,26.6 cm×18 cm,1955年

2004. 10164.Z3.4941,1952年台北阳明山管理局给周忠谔的通知,26.4 cm×23.5 cm,1952年

2005. 10165.Z3.4942,1953年台北阳明山管理局给周忠谔的通知,26.7 cm×38.5 cm,1953年

2006. 10167.Z3.4944,1945年刘纪文战后财产损失报告表(自存),36.2 cm×25.1 cm,1套4件,1945年

2007. 10169.Z3.4946,1954年台北阳明山管理局给周忠谔的房捐查定通知书,17.9 cm×23.8 cm,1套2件,1954年

2008. 10228.Z3.4948,民国广州松岗模范住宅区平面图,36 cm×64.2 cm,民国

2009. 10229.Z3.4949,1937年11月19日广东省政府第八届委员会第四十八次会议议事录,26.4 cm×18.9 cm,1937年

2010. 10230.Z3.4950,1954年刘纪文夫妇台湾户口名簿,19.2 cm×26.3 cm,1954年
2011. 10249.Z3.4955,1946年刘良栋私立金陵大学附属中学秋季成绩报告表,18.5 cm×19.4 cm,1946年
2012. 10250.Z3.4956,1947年刘良栋私立金陵大学附属中学成绩报告表,18.8 cm×20.6 cm,1套5件,1947年
2013. 10251.Z3.4957,1947年刘良栋南京市私立弘光中学成绩报告表,22.1 cm×20.2 cm,22.cm×10.1 cm,22.cm×10.1 cm,22.cm×10.1 cm,1套4件,1947年
2014. 10252.Z3.4958,1948年刘良栋广州市私立培正中学校成绩报告表,24.5 cm×25.9 cm,23.9 cm×25 cm,1套2件,1948年
2015. 10253.Z3.4959,1945年刘良栋私立广州兴华中学校成绩报告表,35.6 cm×25.3 cm,25.6 cm×36.4 cm,1套2件,1945年
2016. 10257.Z3.4963,1949年至1950年刘良栋香港圣保罗书院成绩月报簿,19.2 cm×13.3 cm,1949年
2017. 10258.Z3.4964,1939年刘良栋香港圣保罗书院成绩表,30.1 cm×17.2 cm,1939年
2018. 10284.Z3.4966,1956年刘纪文的阳明山管理局实施都市平均地价申报书,21.1 cm×12.9 cm,1956年
2019. 10288.Z3.4968,1950年采购海南铁矿安全备忘录复件,29.8 cm×21 cm,1套2件,1950年
2020. 10291.Z3.4971,1950年4月4日海南铁矿局代表刘纪文与日本公司签订买卖铁矿合约,信封27 cm×13.5 cm,内页29 cm×20.5 cm,1套13件,1950年
2021. 10292.Z3.4972,1950年4月8日日文版海南铁矿买卖合约,25.1 cm×35.6 cm,1套5件,1950年
2022. 10293.Z3.4973,1949年12月20日海南铁矿局一零一号合同附录,30.3 cm×21 cm,1套6件,1949年
2023. 10294.Z3.4974,1950年3月16日买卖海南铁矿协议复件,28.9 cm×20.5 cm,1套6件,1950年
2024. 10295.Z3.4975,1950年3月18日买卖海南铁矿协议复件,29.8 cm×20.9 cm,1套6件,1950年
2025. 10296.Z3.4976,1950年4月8日买卖海南铁矿协议复件,28.9 cm×20.5 cm,1套6件,1950年
2026. 10297.Z3.4977,1950年代海南岛铁矿局与日本公司买卖铁砂矿协议草稿(残件),30.3 cm×20.9 cm,1套10件,1950年
2027. 10298.Z3.4978,1950年海南铁矿局售卖铁砂代理协议,30.4 cm×21 cm,1套10件,1950年
2028. 10299.Z3.4979,1947年海南铁砂运输日本契约手稿,27 cm×38.6 cm,1套11件,1947年
2029. 10300.Z3.4980,1947年招商局轮船公司等与香港注册的英国公司关于矿砂运输的合同手稿,24 cm×21.6 cm,1套11件,1947年
2030. 10301.Z3.4981,1947年12月18日海南岛至日本矿砂运输租船合同,43 cm×28.2 cm,1套6件,1947年
2031. 10302.Z3.4982,1948年9月30日海外联合运输处与英国公司关于矿砂运输的租船合同,43.3 cm×28.3 cm,1套7件,1948年
2032. 10303.Z3.4983,1950年代日本政府国际贸易工业部与英国公司关于海南矿砂的进口合同,35.9 cm×25.3 cm,1套6件,1950年代

2033. 10304.Z3.4984,1950年1月19日日本会社与英国公司关于海南矿砂买卖契约手稿,21.6 cm×28 cm,1套4件,1950年

2034. 10305.Z3.4985,1950年1月19日海南矿砂买卖备忘录复件,26.9 cm×20.9 cm,1套2件,1950年

2035. 10306.Z3.4986,1947年12月16日南京国民政府国家资源委员会与英国公司关于海南矿砂的协议,30.3 cm×20.9 cm,1套4件,1947年

2036. 10307.Z3.4987,1950年海南铁砂局与香港公司关于海南铁矿的代理协议,30.2 cm×21 cm,1套4件,1950年

2037. 10308.Z3.4988,1950年代刘纪文关于海南矿砂售卖运输检验等事项的手稿,29.7 cm×21 cm,1套2件,1950年代

2038. 10309.Z3.4989,1947年12月16日南京国民政府国家资源委员会与英国衣轲公司合约手稿,21.5 cm×27.6 cm,1套2件,1947年

2039. 10310.Z3.4990,1950年代日本通商产业省代表日本政府订定之进口合同抄件,33 cm×22.9 cm,1套11件,1950年代

2040. 10311.Z3.4991,1947年刘纪文手稿《资源委员会与联华之经过》,20.9 cm×29.8 cm,1套2件,1947年

2041. 10314.Z3.4994,1949年5月20日日本政府代理贸易委员会关于铁矿的进口合同,36.1 cm×25.5 cm,1套9件,1949年

2042. 10315.Z3.4995,1950年4月18日刘纪文手稿《海南岛铁砂销售日本之交涉经过报告》,29.9 cm×20.9 cm,1套6件,1950年

2043. 10317.Z3.4997,1950年代英文版海南省政府草拟的售卖铁矿协议主要条款及条件,28 cm×21.5 cm,1套7件,1950年代

2044. 10320.Z3.5000,1950年3月28日驻日使团贸易代表关于海南铁矿贸易问题的公文复件,27.9 cm×21.2 cm,1950年

2045. 10322.Z3.5002,1949年韩国喜商行与日本日新通商株式会社的买卖契约书,25.5 cm×18.1 cm,1949年

2046. 10323.Z3.5003,1950年代日文版《海南岛铁矿石研究相关研究问题》,25.2 cm×35.5 cm,1套2件,1950年代

2047. 10324.Z3.5004,1950年1月9日日文版《铁矿石输入事情》,25.3 cm×35.6 cm,1950年

2048. 10326.Z3.5006,1949年英文版《战后日本进口铁矿》,30.3 cm×21 cm,1套3件,1949年

2049. 10330.Z3.5010,1950年2月23日日文版《觉书》,24.9 cm×35.7 cm,1950年

2050. 10335.Z3.5015,1950年4月18日日文版《海南岛铁矿石相关问题必要执务事项》,25.2 cm×35.7 cm,1套2件,1950年

2051. 10338.Z3.5018,1949年海南铁矿售日协议及公文(日文),75.1 cm×17.5 cm,27 cm×28.7 cm,27 cm×28.7 cm,1套3件,1949年

2052. 10339.Z3.5019,1950年代刘纪文关于海南铁矿售卖的协议手稿,18 cm×25.1 cm,1套5件,1950年代

2053. 10353.Z3.5033,1939年程潜撰写《中山先生丰功伟烈颂》,27.5 cm×36.4 cm,1套5件,1939年

（九）证书证件

1. 0008.Z3.001,1924年大元帅府核准的民产保证,45.8 cm×39 cm,1924年
2. 0069.Z3.008,1936年区垲烘夫妇的结婚证书,39 cm×54 cm,1936年
3. 0071.Z3.010,民国中医公会会员梁壶叟证书,37 cm×40 cm,民国
4. 0072.Z3.011,民国广州市中医开业证书,39 cm×42.5 cm,民国
5. 0073.Z3.012,民国广州市卫生局中医生注册证书,27 cm×39 cm,民国
6. 0078.Z3.017,民国台山县小学教员登记证(甲种),26 cm×25 cm,民国
7. 0080.Z3.019,民国中山县国民基础学校毕业证书,28 cm×24.4 cm,民国
8. 0123.Z3.025,1913年国民党党员证,10.6 cm×12.9 cm,1913年
9. 0131.Z3.033,民国美国驻广州领事馆核准的回乡证,30.8 cm×44.4 cm,民国
10. 0185.Z3.075,1931年坤甸苏丹皇授予潘受之的医术证明,26 cm×21.4 cm,1931年
11. 0249.Z3.107,1937年国立中山大学医学院出具给马群超的实习证书,27.3 cm×21.2 cm,1937年
12. 0252.Z3.110,1937年广州市卫生局发给曹球的家犬登记凭证,18.2 cm×12.2 cm,1937年
13. 0254.Z3.112,1936年梁鎏光与周顺坤的结婚证书,26 cm×36.4 cm,1936年
14. 0256.Z3.114,1914年广东财政厅给业主进崑的验契证据,26.5 cm×16.1 cm,1914年
15. 0257.Z3.116,1914年广东财政厅给业主承癸的验契证据,26.5 cm×16.1 cm,1914年
16. 0258.Z3.117,1936年张锡富与高宝珠的结婚证书,26.4 cm×18.4 cm,1936年
17. 0259.Z3.118,1929年广州图强医学专门学校校长伍伯良出具的证明书,26.5 cm×82 cm,1929年
18. 0260.Z3.115,1914年广东财政厅给业主刘进坤的验契证据,26.5 cm×16.1 cm,1914年
19. 0261.Z3.119,1925年周清泉的风人新社美术专门学校毕业证书,30.1 cm×34.5 cm,1925年
20. 0265.Z3.123,1926年广州博济医院发给彭君伟的毕业证书,43 cm×33.7 cm,1926年
21. 0266.Z3.124,1923年两广浸信会培正学校高等小学发给刘荣舜的毕业证书,44.4 cm×34 cm,1923年
22. 0277.Z3.135,1925年余荣的广州旅业联合总会公会证书,15 cm×9.4 cm,1925年
23. 0304.Z3.162,1925年杜澄乡旅美澄美堂会会员证,13.8 cm×9 cm×0.2 cm,1925年
24. 0468.Z3.196,1925年广东全省民产保证处发给业户李伟美的民产保证,45.5 cm×35.6 cm,1925年
25. 0471.Z3.199,民国粤省商团第一期模范军证书(空白),39.3 cm×37.7 cm,民国
26. 0473.Z3.201,1922年周礼现的中国国民党证书,11.3 cm×13.9 cm,1922年
27. 1013.Z3.477,1932年美洲同源总会芝加高同源会会员李苟缴纳筹备恤款凭证,23.0 cm×44.2 cm,1932年
28. 1014.Z3.478,1924年广东顺德第五区国民党学校国文科霍绍添的毕业证书,26.3 cm×30.1 cm,1924年
29. 1020.Z3.484,1928年吴秀云的广州私立知用中学初级中学毕业证书,39.4 cm×31.9 cm,1928年
30. 1021.Z3.485,1933年邓文锐的私立广州培英中学修业证书,35.5 cm×41.6 cm,1933年
31. 1026.Z3.490,1937年高观识的广东省教育会国语讲习所毕业证书,34.3 cm×27.0 cm,1937年
32. 1027.Z3.491,1937年雷明星的私立广州培英中学校高级中学修业证书,38.1 cm×42.8 cm,

1937 年

33. 1028.Z3.492,1937 年邝翠华的私立图强助产学校毕业证书,31.8 cm×39.6 cm,1937 年
34. 1029.Z3.493,1925 年谭德好的台山县城谭氏高级小学校毕业证书,30.9 cm×30.9 cm, 1925 年
35. 1030.Z3.494,1928 年陈爱莲的广东保生产科医学校毕业证书,53.6 cm×39.3 cm,1928 年
36. 1031.Z3.495,1918 年黄松茂的广东工艺局毕业证书,29.2 cm×34.5 cm,1918 年
37. 1032.Z3.496,1927 年马杰的广东酒楼茶室总工会证书,10.5 cm×7.0 cm,1927 年
38. 1033.Z3.497,1926 年何星樵的广州当按押同业店员工会南海支会会证(附月费部及徽章),13.9 cm×8.3 cm,1 套 3 件,1926 年
39. 1037.Z3.501,1930 年余尧庆的私立广州法政专门学校毕业证书,42.3 cm×40.4 cm,1930 年
40. 1038.Z3.502,1933 年广州律师工会发给余尧庆的律师证,9.0 cm×5.6 cm,1933 年
41. 1040.Z3.504,1933 年余尧庆的广州律师公会入会证书,34.4 cm×29.3 cm,1933 年
42. 1042.Z3.506,1913 年博泉的共和党党员证,10.2 cm×7.0 cm,1913 年
43. 1043.Z3.507,1937 年雷泽民的广东省立勷勤大学休学证书,26.3 cm×15.1 cm,1937 年
44. 1044.Z3.508,1937 年佘惠娟的广州车衣业女工会会员证书,11.2 cm×7.7 cm,1937 年
45. 1045.Z3.509,1933 年胡惠初的中华全国机器总工会修勘科会员证书,13.1 cm×8.4 cm, 14.8 cm×9.3 cm,1 套 2 件,1933 年
46. 1047.Z3.511,1938 年邝荣炽的私立培英中学校上课证,12.8 cm×16.8 cm,1938 年
47. 1048.Z3.512,1933 年许兆和的广州私立维新中学学生证,8.1 cm×11.7 cm,1933 年
48. 1049.Z3.513,1934 年朱荣参的广州兴华中学校上课证,9.5 cm×7.7 cm,1934 年
49. 1051.Z3.515,1936 年朱荣达的国立中山大学成绩证,22.6 cm×11.1 cm,1936 年
50. 1052.Z3.516,1934 年黄秉雄的广州市市立第一中学借书证,11.9 cm×7.7 cm,1934 年
51. 2163.Z3.956,1918 年唐家不侵占饶家墓地的保证书,24.4 cm×34 cm,1918 年
52. 2169.Z3.958,1915 年台山县立中学毕业证书,29.8 cm×36.5 cm,1915 年
53. 2171.Z3.959,1921 年刘儒漱的广州东山嘉南堂三益储蓄会会证,36.2 cm×23.5 cm,1921 年
54. 2199.Z3.963,1925 年开平县第八区私立□群高等小学校毕业证书,27.2 cm×33.2 cm, 1925 年
55. 2274.Z3.984,1937 年华安合群保寿股份有限公司给陈锡春的保费证书,27.4 cm×19 cm,1937 年
56. 2275.Z3.985,1938 年华安合群保寿股份有限公司给陈锡春的保费证书,27.5 cm×19 cm,1938 年
57. 2484.Z3.1074,1941 年陆军第七十六军无线电训练班第一期毕业证明书,26.7 cm× 26.4 cm,1941 年
58. 2490.Z3.1075,1938 年广东省会警察局发给陈国东的证明书,39.7 cm×17 cm,1938 年
59. 2491.Z3.1076,1935 年广东省立广雅中学毕业证书,30.5 cm×36 cm,1935 年
60. 2510.Z3.1085,1919 年新西兰发给周岗的证书,34.2 cm×21.3 cm,1919 年
61. 2514.Z3.1087,1936 年广东军事政治学校学员赵汉元的毕业证书,36.3 cm×47.9 cm,1936 年
62. 2522.Z3.1092,1922 年中华国民烟草有限公司给易乾谱的招股值理证书,31.5 cm× 54.2 cm,33 cm×14 cm,1 套 2 件,1922 年
63. 2532.Z3.1095,1924 年广州市民产保证局给业户全德堂的民产保证,46 cm×36.6 cm,1924 年
64. 2537.Z3.1098,1932 年私立广州培正中学校给学生黄金源的初中毕业证,35 cm×37.5 cm, 1932 年

65. 2659.Z3.1155,1936年广州马百行保真证券,5.7 cm×10.5 cm,1936年
66. 2745.Z3.1224,1908年华侨朱氏一家三口申请美国籍证明书,33.1 cm×21.5 cm,1套3件,1908年
67. 3113.Z3.1588,1936年刘华材在知用中学的成绩证(七月一日),26.6 cm×15 cm,1936年
68. 3114.Z3.1589,1934年刘华材在知用中学的成绩证(一月三十日),25.9 cm×13.9 cm,1934年
69. 3115.Z3.1590,1934年刘华材在知用中学的成绩证(七月一日),26 cm×14 cm,1934年
70. 3116.Z3.1591,1935年刘华材在知用中学的成绩证(二月一日),26.8 cm×15.2 cm,1935年
71. 3117.Z3.1592,1935年刘华材在知用中学的成绩证(七月十五日),26.8 cm×15.1 cm,1935年
72. 3118.Z3.1593,1936年刘华材在知用中学的成绩证(三月一日),26.5 cm×15 cm,1936年
73. 3128.Z3.1595,1921年龙冈阅书报社给刘维耀的委任证书(三月六日),25.6 cm×16.7 cm,1921年
74. 3129.Z3.1596,1939年刘华球的私立香港知用中学毕业证书,32.1 cm×39.1 cm,1939年
75. 3130.Z3.1597,1933年刘华材的台山县立师范学校毕业证书,31.8 cm×37.5 cm,1933年
76. 3131.Z3.1598,1936年刘华材的私立广州知用中学校毕业证书,30.5 cm×35.9 cm,1936年
77. 3132.Z3.1599,1933年刘华材的台山县立师范学校童子军初级毕业证书,25.5 cm×21.5 cm,1933年
78. 3155.Z3.1619,1953年台山县人民政府发出的第三百九十八号土地房产所有证(四月二十一日),52.5 cm×31.5 cm,1953年
79. 3156.Z3.1620,1953年台山县人民政府发出的第四百一十三号土地房产所有证(四月二十一日),53 cm×32 cm,1953年
80. 3181.Z3.1627,1930年广东台山县第六学区达材小学校校长刘中给刘华材的毕业证明书,31.5 cm×21.0 cm,1930年
81. 3187.Z3.1631,民国"MONTGOMERY WARD"袜子保修证书,12.7 cm×17.4 cm,民国
82. 3213.Z3.1638,1951年台山县人民政府第八区瑞芬乡临时行政委员会发给梅宗超的证明书(一月三日),30.5 cm×21.7 cm,18 cm×9.4 cm,1套2件,1951年
83. 3265.Z3.1676,1950年梅彭健的台山县瑞芬乡第三中心国民学校毕业证书,28.2 cm×21.5 cm,1950年
84. 3287.Z3.1685,民国"RECISTRATION"证书,6.4 cm×10.3 cm,民国
85. 3293.Z3.1690,1948年陆军整编第六十三师司令部军用差假证(十二月十二日),26.1 cm×12.9 cm,1948年
86. 3441.Z3.1809,1913年江西国民捐总局发给刘绍烈的爱国证,32.4 cm×17.4 cm,1913年
87. 3443.Z3.1810,1916年三藩市中国国民党美洲总支部发给关裕的国民党党员证,11.3 cm×14.2 cm,1916年
88. 3639.Z3.1961,1939年7月28日香港政府开具的霍乱免疫证明,19 cm×17.5 cm,1939年
89. 3640.Z3.1962,1915年宿口开智图书报社发给关国藻的中国阅读俱乐部会员证,9.8 cm×13.5 cm,1915年
90. 3641.Z3.1963,1903年9月14日菲律宾马尼拉政府发给关祥的税务证明,13.2 cm×17.1 cm,1903年
91. 3655.Z3.1977,1913年劳炼久还钱给得山的凭借证,23.7 cm×10.3 cm,1913年
92. 3693.Z3.2007,1913年中华国民党飞律滨支部入会证书,25.2 cm×30.9 cm,1913年
93. 3723.Z3.2021,1928年广东互助产科医学校毕业证书,39.5 cm×54.8 cm,1928年

94. 3724.Z3.2022,1928年广东省立工业专门学校毕业证书,39 cm×32.2 cm,1928年
95. 3725.Z3.2023,1923年五华银行会计员关宗超的任职证明,35.6 cm×25.5 cm,1923年
96. 3726.Z3.2024,1930年广州协和女子师范学校毕业证书,38.8 cm×53.5 cm,1930年
97. 3727.Z3.2025,1910年广东公医学堂毕业证书,41.5 cm×44.5 cm,1910年
98. 3728.Z3.2026,1925年国立广东大学毕业证书,39 cm×49.6 cm,1925年
99. 3729.Z3.2027,1930年台山县立童子军教练员训练所毕业证书,38.5 cm×43.2 cm,1930年
100. 3730.Z3.2028,1933年广东省教育会会立国语讲习所毕业证书,26.5 cm×27.5 cm,1933年
101. 3731.Z3.2029,1922年台山县第七区私立端芬高小学校毕业证书,26.6 cm×32.9 cm,1922年
102. 3732.Z3.2030,1917年德庆县立高等小学校毕业证书,26.5 cm×30 cm,1917年
103. 3865.Z3.2090,1898年广东人在美国加利福利亚州的美籍证明书,33 cm×20.3 cm,1898年
104. 3866.Z3.2091,1911年美国华侨国籍证明书,7.5 cm×18.8 cm,1911年
105. 3867.Z3.2092,1913年加拿大华侨国籍证明书,17.3 cm×23.6 cm,1913年
106. 3908.Z3.2118,1938年财政部广东硝磺局给何昌记的专卖硝磺类内地转运证,26.8 cm×20 cm,1938年
107. 4066.Z3.2225,1918年开平县第11号初选当选证书,27.4 cm×35 cm,1918年
108. 4067.Z3.2226,1918年云南第二届省议会议员选举姚安县初选区第15号初选当选证书(7月),32.6 cm×43.5 cm,1918年
109. 4068.Z3.2227,1918年番禺县政府发给六乡九约业主李植的第一期筑围实田证,39 cm×23.6 cm,1918年
110. 4086.Z3.2231,1931年培正中学王照良借书证,7.1 cm×12.4 cm,1931年
111. 4151.Z3.2276,民国广东高等法院给李树南的钞录费收证,28 cm×10.9 cm,民国
112. 4176.Z3.2293,1936年广州市政府收回广州电力公司附股登记证第41852号,30 cm×20.3 cm,1936年
113. 4177.Z3.2294,1936年广州市政府收回广州电力公司附股登记证第41853号,30.3 cm×20.1 cm,1936年
114. 4178.Z3.2295,1936年广州市政府收回广州电力公司附股登记证第41855号,30.3 cm×20.2 cm,1936年
115. 4193.Z3.2299,1914年广东财政厅验契证据,23 cm×16 cm,1914年
116. 4194.Z3.2300,1932年广东省公安局发出的营业闭歇证,29 cm×12 cm,1932年
117. 4221.Z3.2308,1919年美国华侨证明书,7.1 cm×18.5 cm,9 cm×19.7 cm,1套2件,1919年
118. 4222.Z3.2309,1919年中华民国驻墨使署发给郑俊的国籍证明书,30 cm×43.5 cm,1919年
119. 4223.Z3.2310,1923年中华民国驻墨使馆发给陈吕先的国籍证明书,34.8 cm×26 cm,1923年
120. 4224.Z3.2311,1931年中华民国驻墨顺拏腊领事馆发给郑俊的国籍证明书,21.7 cm×27.9 cm,1931年
121. 4225.Z3.2312,1931年中华民国驻顺拏腊领事馆发给郑俊的华侨登记证,15.3 cm×20.8 cm,1931年
122. 4226.Z3.2313,1941年香港出生登记证明书,22.7 cm×16.1 cm,1941年
123. 4227.Z3.2314,1931年墨西哥内政部移民局发给郑俊的身份证,12.5 cm×19.7 cm,1931年

124. 4228.Z3.2315,1931年墨西哥内政部移民局发给陈吕先的身份证,13.6 cm×21 cm,1套3件,1931年
125. 4229.Z3.2316,1930年郑俊的墨西哥移民登记证,13.6 cm×21 cm,1930年
126. 4230.Z3.2317,1928年郑俊与陈吕先在墨西哥的结婚证书,24.9 cm×38 cm,1928年
127. 4232.Z3.2319,1931年墨西哥瓜萨韦市政厅关于郑俊的身份证明,27.5 cm×21.3 cm,1931年
128. 4234.Z3.2321,1929年墨西哥政府关于陈吕先的身份证明,28.5 cm×21.6 cm,1929年
129. 4235.Z3.2322,民国墨西哥政府关于陈吕先的证明,35.4 cm×21.9 cm,民国
130. 4236.Z3.2323,1930年墨西哥北加利福尼亚州政府关于陈吕先的证明,35.5 cm×21.5 cm,1930年
131. 4237.Z3.2324,1925年墨西哥政府关于郑俊的证明复印件,15 cm×18.5 cm,1925年
132. 4352.Z3.2338,1933年何焯贤加入国民党证明书,29 cm×14.5 cm,1933年
133. 4549.Z3.2428,1953年广东省南海县李寅灼等人的土地房产所有证,53 cm×34.5 cm,1953年
134. 4550.Z3.2429,1953年广东省南海县李锦均的土地房产所有证,53 cm×33.2 cm,1953年
135. 4551.Z3.2430,1953年广东省南海县黄四的土地房产所有证,53 cm×33.5 cm,1953年
136. 4594.Z3.2466,1923年南海丹灶醒华学校发给黎秀生的毕业证书,38.8 cm×51.5 cm,1923年
137. 4595.Z3.2467,1930年私立广东南海醒华学校发给黎秀芳的毕业证书,39.5 cm×54.7 cm,1930年
138. 4596.Z3.2468,1927年私立广东南海醒华学校发给黎秀芳的毕业证书,39.5 cm×55 cm,1927年
139. 4597.Z3.2469,1927年私立广东南海醒华学校发给黎秀芳的毕业证书,39.5 cm×55 cm,1927年
140. 4605.Z3.2474,1925年中国国民党发字第三九六号党证,11 cm×7.2 cm,1925年
141. 4683.Z3.2533,1948年澳大利亚卫生部关于Mr.R Shing的注射疫苗证,17.5 cm×10.5 cm,1948年
142. 4686.Z3.2536,1948年澳大利亚卫生部发给Ah Shing的疫苗接种证明,21.2 cm×18.8 cm,1948年
143. 4781.Z3.2579,1943年永安人寿保险有限公司雇员保寿证,19.1 cm×12.7 cm,1943年
144. 4782.Z3.2580,1944年永安人寿保险有限公司雇员保寿证,1/3 19 cm×12.8 cm,2/3 18.7 cm×12.6 cm,3/3 20 cm×13.2 cm,1套3件,1944年
145. 4846.Z3.2602,1919年北京中国大学学生证,14.3 cm×19.5 cm,1919年
146. 4847.Z3.2603,1922年北京中国大学学生证,14 cm×19.5 cm,1922年
147. 5138.Z3.2762,1912年余源的美国三藩市同源会会员证,20.9 cm×29.5 cm,1912年
148. 5140.Z3.2764,1933年余源的国籍证书,35.5 cm×21.5 cm,1套3件,1933年
149. 5176.Z3.2774,1935年广州私立培道女子中学校发给刘敏智的毕业证书,43 cm×36.4 cm,1935年
150. 5333.Z3.2891,1919年汪宗洙的广东律师公会入会证书,32.3 cm×29 cm,1919年
151. 5399.Z3.2823,1917年中国红十字会发给陈子密的救护纪念证书,26 cm×30.5 cm,1917年

152. 5400.Z3.2904,民国广州中华岭南学校共进会会员证,24 cm×31.8 cm,民国
153. 5402.Z3.2906,1922年岭南中学给陈伟钟的毕业证书,30.6 cm×35.5 cm,1922年
154. 5404.Z3.2908,1924年广州市市商会给同珍宝号的会员证书(10月15日),16 cm×21.4 cm,1924年
155. 5405.Z3.2909,1934年广东省教育厅给周宗谟的教员许可证,25.8 cm×18.9 cm,1934年
156. 5406.Z3.2910,1933年开平县检定小学教师资格委员会给周宗谟的检定证书,36.8 cm×41.5 cm,1933年
157. 5407.Z3.2911,1924年国立广东大学附设师范给周宗谟的毕业证书,30.5 cm×39.5 cm,1924年
158. 5412.Z3.2914,1926年广州市卫生局发给李美容的产科师注册证书,35 cm×36.4 cm,1926年
159. 5420.Z3.2920,1926年东征军总指挥部交通处交通训练学校毕业证书,37.8 cm×40 cm,1926年
160. 5447.Z3.2935,1930年前澳门王家书塾校长王少良开具的王万年读书证明草稿,19.9 cm×27.3 cm,1930年
161. 5484.Z3.2970,民国契约证书,23.9 cm×16.5 cm,民国
162. 5485.Z3.2971,民国契约证书,24 cm×16.5 cm,民国
163. 5487.Z3.2973,民国在同文学校第二十三届授予毕业证书仪式上的讲话,42.3 cm×32.5 cm,民国
164. 5583.Z3.3058,1924年大理院兼管司法行政事务甄拔律师委员会发给邓彤窗的证明书,32.9 cm×34.9 cm,1924年
165. 5586.Z3.3060,1931年范倬新和黄昭环的结婚证书,35.4 cm×46.8 cm,1931年
166. 5604.Z3.3072,1925年华侨议员选举监督发给刘善授的国民代表会议议员证书,49 cm×63.8 cm,1925年
167. 5605.Z3.3073,1919年南华医院附属产科学校毕业证书,42.3 cm×50.6 cm,1919年
168. 5606.Z3.3074,1921年广东台山六村团军讲习所毕业证书,43.4 cm×53.3 cm,1921年
169. 5664.Z3.3081,1933年广东救护调剂学校毕业证书,53 cm×38.5 cm,1933年
170. 5665.Z3.3082,1938年广东省政府教育厅厅长许崇清发给黄念一的毕业证明书,29.7 cm×42.9 cm,1938年
171. 5666.Z3.3083,1928年东山培正素波巷分校发给李家翰的毕业证书,39 cm×31.8 cm,1928年
172. 5674.Z3.3085,1933年广东省财政厅煤油总代理营业证,38.3 cm×31.5 cm,1933年
173. 5694.Z3.3090,1925年广州花地培英学校毕业证书,34 cm×37.7 cm,1925年
174. 6256.Z3.1099,1931年广东省公安局警士教练所发给学生李心田的毕业证,44 cm×39.2 cm,1931年
175. 6828.Z3.3727,1941年台山县县长发给黄清莲的小学教员登记证,26.2 cm×25 cm,1941年
176. 6868.Z3.3728,1913年子君的共和党党员证,10.1 cm×7 cm,1913年
177. 7329.Z3.2518,1921年潮安县第十七区私立桂南高等小学校毕业证书,25.5 cm×33.3 cm,1921年
178. 7347.Z3.3745,1949年王棠之子王颂权的香港出生证明纸复件,20.4 cm×32.6 cm,1949年
179. 7381.Z3.3754,1935年李同的广州市土地局铺底顶手登记确定证,38.5 cm×25.6 cm,

1935年

180. 7383.Z3.3756,1922年广东高等审判厅广州登记局铺底顶手登记完毕证(永兆祥洋遮店),32.4 cm×19.5 cm,1922年
181. 7384.Z3.3757,1933年广东中山县政府土地局登记确定证(黄澧群),51.8 cm×31.9 cm,1933年
182. 7386.Z3.3759,民国广州天成路及大新路三七三、一三一、一二九号联合契证及登记证,25.7 cm×36.2 cm,民国
183. 7396.Z3.3765,1937年李同的广东省会警察局缴捐证,19.5 cm×21.6 cm,1937年
184. 7448.Z3.3770,1934年王棠的旅非太原王氏家族自治会会员证,27.3 cm×34.9 cm,1934年
185. 7449.Z3.3771,1939年王棠、杨玉梅协议脱离同居关系律师证明纸,29.0 cm×18.7 cm,1939年
186. 7458.Z3.3772,1944年梁寒操的二等景星勋章证书,41.6 cm×50.9 cm,1套2件,1944年
187. 7479.Z3.3793,1931年铁道部关于办理甄别证致梁寒操训令,29.0 cm×86.3 cm,1套2件,1931年
188. 7496.Z3.3810,民国铁道部参事梁寒操资格证明文件,29.9 cm×41.5 cm,民国
189. 7613.Z3.3889,1921年中华民国驻墨西哥使署发给李锦成的国籍证明书,29.7 cm×43.0 cm,1921年
190. 7616.Z3.3891,1929年广东国民大学童军团发给胡潮溥的初级童军证,29.1 cm×24.2 cm,1929年
191. 7635.Z3.3896,1884年广东前山华人侨居古巴国籍证明书,16.1 cm×21.9 cm,1884年
192. 7663.Z3.3900,1930年余尧庆的广州法政专门学校毕业证,48.4 cm×39.2 cm,1930年
193. 7777.Z3.2031,1947年广州市小学教员登记证,31.4 cm×17.3 cm,1947年
194. 7785.Z3.2967,1915年中华革命党党务部发出的党员证书,11.2 cm×14.0 cm,1915年
195. 8002.Z3.3903,1924年孙中山颁发给霍炯堂二等金质奖章的奖凭,42.2 cm×49.4 cm,1924年
196. 8042.Z3.3908,1941年邓龙光给邓飞鹏证明书,27.4 cm×33 cm,24.3 cm×10.2 cm,1套2件,1941年
197. 8045.Z3.3911,1937年吴铁城签发给陈慧英广州市防护人员训练班证明书,26.5 cm×27.4 cm,1937年
198. 8098.Z3.3923,1947年赵超、黄伯度、吴雅觉写给黄允权1927—1928年抗日救国工作证明,25.7 cm×33.2 cm,1947年
199. 8115.Z3.3932,1922年广州中学校学生黄锡煖毕业证书,34.2 cm×38.7 cm,1922年
200. 8126.Z3.3928,1935年李雅征私立广东妇孺助产学校毕业证书,38.8 cm×41.9 cm,1935年
201. 8159.Z3.3936,民国罗仪霭广州店员总工会西药分会证书,11.5 cm×7.1 cm,11.8 cm×7.9 cm,1套2件,民国
202. 8518.Z3.4255,民国军人乘车凭证,31.4 cm×16.2 cm,1套3件,民国
203. 8519.Z3.4256,民国军人乘车证,19.5 cm×10.9 cm,民国
204. 8913.Z3.4609,1925年古应芬先生中国国民党党员证,10.9 cm×7.3 cm,12.3 cm×9.2 cm,1套2件,1925年
205. 8938.Z3.5032,民国绸质古应芬大本营第315号出入证,7.5 cm×5 cm,民国
206. 9005.Z3.4615,1933年广州市土地局不动产登记确定证,48.2 cm×33.6 cm,1933年

207. 9045.Z3.4636,民国广东省会公安局缴捐证,21.8 cm×横 17.7 cm,民国
208. 9057.Z3.4641,1938年台山县民众抗敌后援会给勤勤大学学员李杏荣证明书,26.8 cm×33.8 cm,1938年
209. 9075.Z3.4647,1924年广州伍汉持纪念医院产科医学校文凭证书,49 cm×53.3 cm,1924年
210. 9076.Z3.4648,1924年广州市卫生局产科师注册证书,30.8 cm×37.2 cm,1924年
211. 9083.Z3.4649,1935年私立图强助产学校毕业证书,53.2 cm×38.1 cm,1935年
212. 9382.Z3.4652,1913年范洵铜进步党党员证,9.9 cm×6.7 cm,1913年
213. 9506.Z3.4677,1921年朱兆槐广州市卫生局西医生注册证书,27.3 cm×39.2 cm,1924年
214. 9507.Z3.4678,1924年雷耀卿的广州市卫生局产科师注册证书,30.8 cm×37.1 cm,1924年
215. 9508.Z3.4679,1925年朱兆槐的广州市卫生局药剂师注册证书,30.8 cm×37.1 cm,1925年
216. 9513.Z3.4681,1924年3月广州市民产保证局发给树基堂的民产保证,45 cm×38.9 cm,1924年
217. 9514.Z3.4682,1924年6月广州市民产保证局发给黄和悦堂的民产保证,45.3 cm×36.5 cm,1924年
218. 9515.Z3.4683,1925年5月广东全省民产保证处发给雷绍平堂的民产保证,45.3 cm×35.6 cm,1925年
219. 9518.Z3.4686,1934年7月广东省立民众教育馆发给伍治平的毕业证书,39.4 cm×40.4 cm,1934年
220. 9520.Z3.4687,民国元年王价潘的泰安县监察员证书,31 cm×21.8 cm,1912年
221. 9539.Z3.4700,1941年广东省财政厅发给源兴的营业税调查证,33 cm×25.4 cm,1941年
222. 9543.Z3.4702,1946年3月18日广东南海县共和乡给黄伦苏(国猷)的证明书,25.2 cm×13.7 cm,1946年
223. 9639.Z3.4714,1917年日本私立法政大学学长松室给刘纪文出具的证明书,27.7 cm×19.5 cm,1917年
224. 9640.Z3.4715,1917年7月20日留日学生监督彭清鹏给刘纪文出具的证明书,26.8 cm×20 cm,1917年
225. 9664.Z3.4739,1913年6月30日刘纪文受洗证书,17.3 cm×21.9 cm,1913年
226. 9737.Z3.4812,民国许淑珍上海晏摩女校学业证书,18 cm×27.3 cm,1套8件,民国
227. 9745.Z3.4820,民国元年八月十九日刘纪文中国同盟会广东支部入会证书,26 cm×30.2 cm,1912年
228. 9814.Z3.4829,1929年1月22日中华全国道路建设协会请刘纪文为名誉董事的证书,26.6 cm×28.5 cm,1929年
229. 9817.Z3.4832,1929年3月国民党南京特别市第三次代表大会颁发给刘纪文当选出席代表证明书,36 cm×26 cm,1929年
230. 9820.Z3.4835,1941年4月19日国民政府监察院为刘纪文开具的调查证,29.5 cm×22 cm,1941年
231. 9828.Z3.4843,1950年3月9日海南公署派刘纪文赴日给办销售铁砂事宜的证明书,29.6 cm×20.8 cm,1950年
232. 9830.Z3.4845,1953年4月刘纪文东京直属支部执行委员证明书,35.2 cm×29.5 cm,1953年

233. 9856.Z3.4864,1913年9月刘纪文日本私立志成学校修业证书,25.7 cm×35 cm,1913年
234. 9857.Z3.4865,1914年4月刘纪文日本私立志成学校修业证书,25.7 cm×34.9 cm,1914年
235. 9858.Z3.4866,1914年刘纪文日本私立志成学校卒业证书,31.6 cm×43.3 cm,1914年
236. 9859.Z3.4867,1915年刘纪文日本私立法政大学修业证,26.5 cm×34.2 cm,1915年
237. 9860.Z3.4868,1916年刘纪文日本私立法政大学修业证,26.5 cm×34.3 cm,1916年
238. 9861.Z3.4869,1917年刘纪文日本私立法政大学卒业证,31.6 cm×43.6 cm,1917年
239. 9865.Z3.4873,1944年国民政府授予审计部政务次长刘纪文二等景星勋章证书及训令,41.8 cm×50.6 cm,27.2 cm×41 cm,1套2件,1944年
240. 9866.Z3.4874,1945年5月选举刘纪文为国民党第六届中央执行委员的证书,33.7 cm×41.7 cm,1945年
241. 9868.Z3.4876,1948年3月刘纪文当选为国民大会广州市区域代表的当选证书,31 cm×37.1 cm,1948年
242. 9869.Z3.4877,1932年刘纪文当选为中国国民党广州特别市第五届执行委员会委员的证明书,34 cm×29.5 cm,1932年
243. 9870.Z3.4878,1934年刘纪文当选为广州特别市第六届执行委员的证明书,33.8 cm×32 cm,1934年
244. 9872.Z3.4880,1936年国民政府为国民革命军誓师十周年纪念特颁给刘纪文的纪勋章证书,43.5 cm×53 cm,27 cm×20.2 cm,1套2件,1936年
245. 9917.Z3.4898,1956年刘纪文及许淑珍的台湾省入境证,24.9 cm×14.1 cm,24.9 cm×14.1 cm,1套2件,1956年
246. 9926.Z3.4906,1945年10月国民政府发给许淑珍抗战胜利勋章及证书,40.4 cm×52 cm,17.5 cm×7.2 cm,1套2件,民国
247. 9933.Z3.4909,民国刘纪文中国国民党党员证,10.3 cm×7.6 cm,民国
248. 9934.Z3.4910,1915年刘纪文中华革命党党员证,11 cm×13.9 cm,民国
249. 9935.Z3.4911,1945年10月国民政府发给刘纪文抗战胜利勋章及证书(带盒),40.3 cm×52 cm,16.8 cm×7.3 cm,1套2件,民国
250. 10132.Z3.4913,1930年刘纪文总理陵园新村领地证,证28 cm×35.6 cm,封20.7 cm×10.2 cm,1套2件,民国
251. 10166.Z3.4943,1956年台湾阳明山管理局北投镇公所给刘纪文人民印鉴证明书,25.6 cm×17.8 cm,1956年
252. 10168.Z3.4945,1954年周忠谔与刘纪文的不动产杜卖证书,25.1 cm×18.7 cm,1954年
253. 10198.Z3.4947,1928年10月18日刘纪文与许淑珍结婚证书,63.7 cm×64.3 cm,1928年
254. 10235.Z3.4954,1919年许淑珍上海私立思敬国民学校毕业证书,24.9 cm×30.1 cm,1919年
255. 10254.Z3.4960,1946年刘良栋南京金陵中学校准考证,7.1 cm×10.3 cm,1946年
256. 10255.Z3.4961,1947年刘良栋私立金陵大学附属中学校毕业证书,31.8 cm×40.4 cm,28.1 cm×19.9 cm,1套2件,1947年
257. 10256.Z3.4962,1944年刘良栋重庆市私立德精代用中心小学校毕业证书,28.4 cm×29.6 cm,1944年
258. 10286.Z3.4967,现代叶启聪国际通话预纳料金受领证,26 cm×18.4 cm,1套2件,现代

第二部分

图版

前 言

孙中山大元帅府纪念馆是依托1996年国务院公布的全国重点文物保护单位广州大元帅府旧址而建的纪念馆。旧址始建于1906年，原为广东士敏土厂。1917至1925年，孙中山先生两度征用此地为大元帅大本营，为国民共享民主幸福而奋斗。百年来，历史风云变幻，广州大元帅府旧址的功能历经变迁。自1997年广州市人民政府筹建纪念馆以来，纪念馆的发展得到社会各界景仰孙中山先生与致力于保护广州近代历史记忆的国内外友好人士的大力支持，140多位热心人士先后无私地把多年珍藏捐赠给我馆。他们秉承孙中山先生"天下为公"的精神，化私为公，将收藏分享于全社会，拳拳爱国之心、大公无私的精神，令人感佩。图版部分特精选部分捐赠文物及相关信息附录于后，以表感激之情。

一

帅府档案

　　孙中山领导的辛亥革命，结束了中国延续两千余年的封建帝制。为捍卫民主共和，孙中山在广东先后三次建立革命政权，其中1917年创建中华民国军政府，1923年创建陆海军大元帅大本营，两次设府于广东士敏土厂办公楼，领导民主革命，深刻影响乃至改变了当时历史的走向。

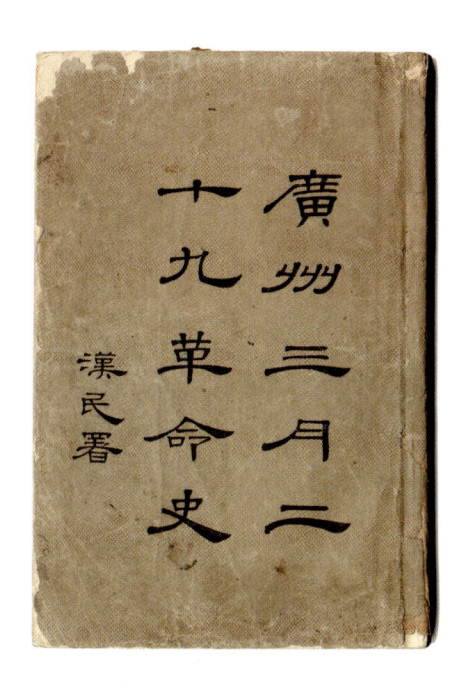

1926年初版

《广州三月二十九革命史》

纵 22.5cm，横 15.0cm

梁基永 捐赠

为推翻清政府的统治，中国同盟会于1911年4月27日在广州举行起义，因孤军作战，起义坚持一昼夜后失败。起义该日是农历三月二十九日，故称"三·二九"起义，又因起义牺牲烈士丛葬于黄花岗，也称"黄花岗起义"。这是1926年《广州三月二十九革命史》，为邹鲁编撰、胡汉民题署书名。

帅府档案

民国彩五色旗十八星旗图瓷壶

口径 7.6cm，底径 7.3cm，通高 12.7cm

梁基永 捐赠

辛亥革命后，各地曾生产一批纪念瓷，有的绘有铁血十八星旗，有的绘有五色共和旗，有的绘有孙中山、袁世凯、黎元洪等头像。这些民间生活用瓷，在当时起到很好的宣传作用。

孙中山像中华民国开国纪念币

直径 2.3cm

李志平 捐赠

1912年1月1日，孙中山就任中华民国临时大总统，宣告中华民国正式成立。为纪念中华民国成立，南京临时政府铸造开国纪念币。这是1912年孙中山像中华民国开国纪念币。

民国青花双旗纹瓷碟

口径 12.5cm，足径 7.9cm，高 2.5cm

古长明 捐赠

辛亥革命共和纪念指挥刀

长 96.0cm

陈少湘 捐赠

1916年孙中山与讨袁敢死队在上海徐园的合影

纵 25.3cm，横 30.6cm
刘良栋　捐赠

1916年初，袁世凯恢复帝制，孙中山发动讨袁运动。同年9月30日，孙中山在上海徐园慰问并宴请美加华侨讨袁敢死队，这是宴后合影。

1917年孙中山等人致犬养毅函

函：纵 26.0cm，横 16.8cm　封：纵 21.4cm，横 10.5cm
古滂　捐赠

1917年孙中山在广州创建中华民国军政府，领导起轰轰烈烈的护法运动。1917年9月，孙中山等人联名致函日本政界要人犬养毅（字木堂），希望得到日本政府对南方护法政府的支持。

1918年孙中山、宋庆龄与大元帅府要员的合影

纵 27.0cm，横 34.0cm

刘良栋 捐赠

孙中山南下开展护法运动，得到了大批革命精英人士的支持。1918年3月7日，孙中山、宋庆龄与大元帅府军政要员在大元帅府后花园合影。

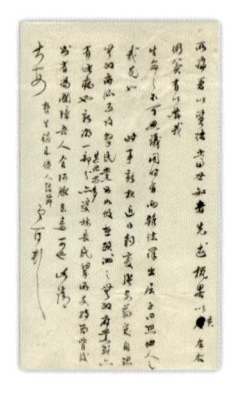

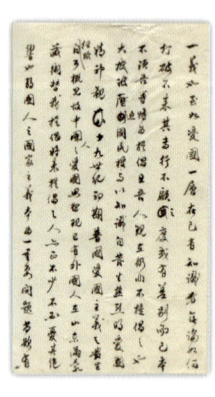

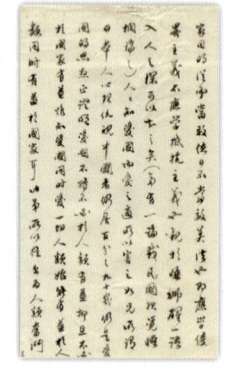

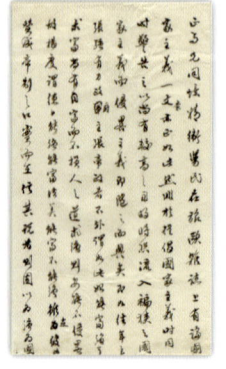

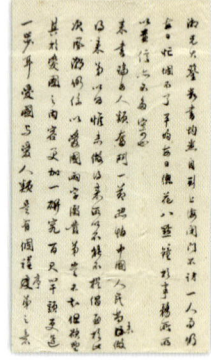

1919年朱执信致古应芬函

纵 23.0cm，横 25.8cm

古滂 捐赠

护法运动失败后，孙中山坚定追随者朱执信为唤起民众，在上海创办《星期评论》和《建设》杂志。在1919年6月30日致古应芬的信函中，他与古应芬讨论了爱国主义问题。

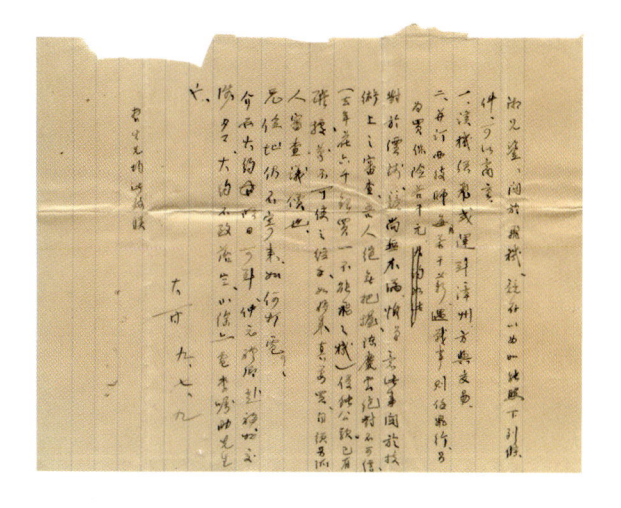

1920年朱执信致古应芬函

函：纵 15.9cm，横 20.3cm　封：纵 9.0cm，横 15.0cm

古滂　捐赠

1920年，孙中山积极谋划在广州重建护法大本营，并要求陈炯明回攻广州，陈炯明非常重视飞机在回攻广州战争中的作用。1920年7月9日，朱执信致函古应芬，提到陈炯明关于购买飞机的条件。

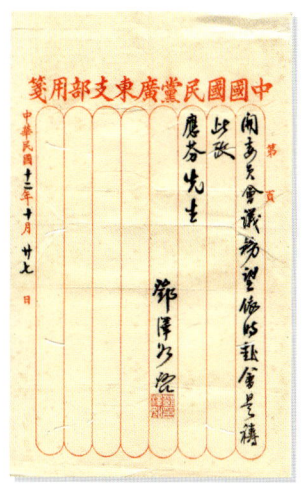

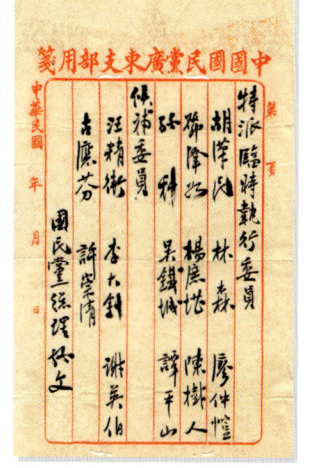

1923年邓泽如致古应芬函

函：纵 31.8cm，横 18.5cm　名单：纵 26.5cm，横 15.8cm　封：纵 19.7cm，横 9.9cm

古滂　捐赠

1923年，孙中山第三次在广东建立起革命政权，创建陆海军大本营。同年，国民党改组预备会议在广州召开，孙中山特派人员筹备国民党改组事宜，文物呈现了相关人员名单以及共产党员帮助国民党改组的历史经过。

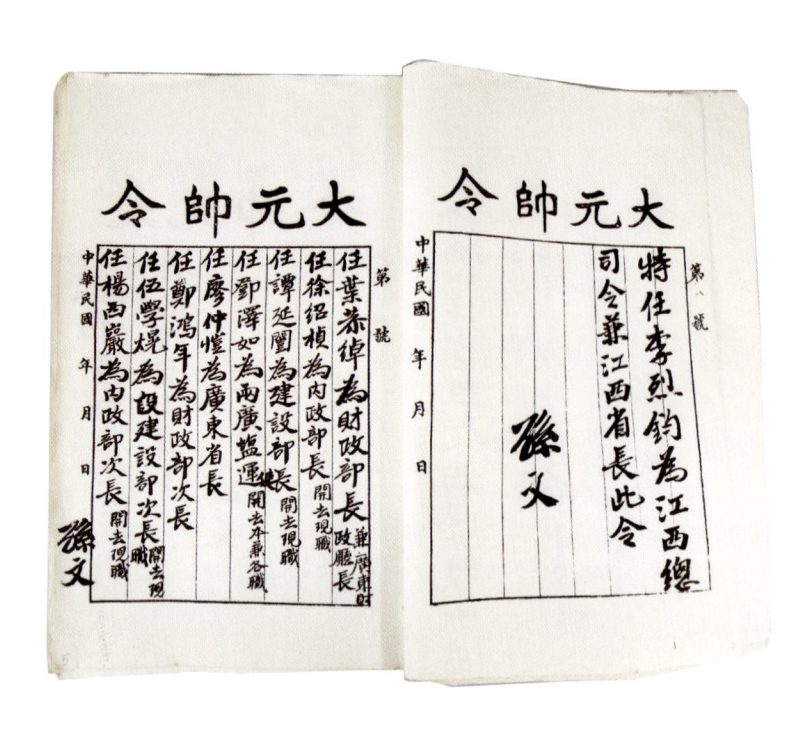

1928年《大元帅府令汇编》第一辑

长 36.1cm,宽 24.4cm,高 2.5cm
刘良栋 捐赠

《大元帅府令汇编》收录了陆海军大元帅大本营的大量命令文件。

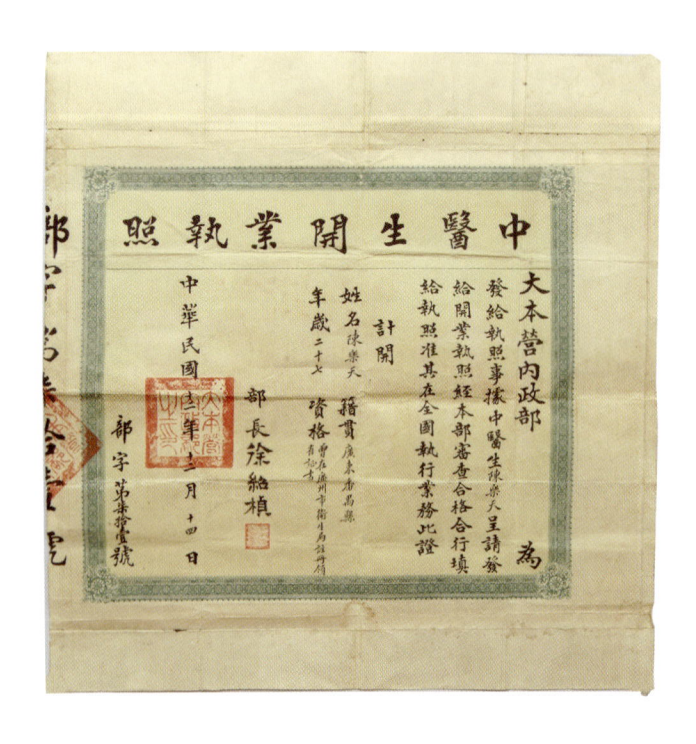

1923年海陆军大元帅大本营内政部核发的中医生开业执照

纵 51.5cm,横 53.0cm
梁乃昌 捐赠

大元帅府大本营内设秘书处、参军处、法制局、内政部、财政部、军政部等机构,这是大本营内政部1923年开出的中医生开业执照。

1924年春孙中山在大元帅府的留影

纵 21.7cm，横 16.9cm
梁学培 余翠雁 捐赠

1924年孙中山于大元帅府南楼回廊起草《国民政府建国大纲》时摄影。

孙中山著作《建国大纲》

长 13.5cm，宽 9.3cm，厚 0.8cm
陈灿培 捐赠

1924年孙中山在广州陆海军大本营写下《建国大纲》，这是孙中山针对国家建设提出的规划方案。

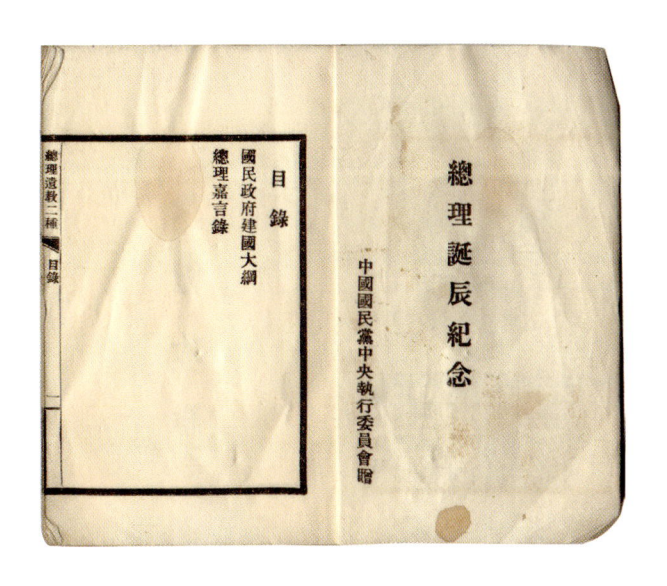

1923年孙中山、宋庆龄视察岭南大学时的留影

纵 20.5cm，横 15.7cm

梁学培 余翠雁 捐赠

1923年12月21日，孙中山偕夫人宋庆龄到岭南大学视察，发表《学生要立大志做大事，不可做大官》的著名演说，这是当天他们在岭南大学的留影。

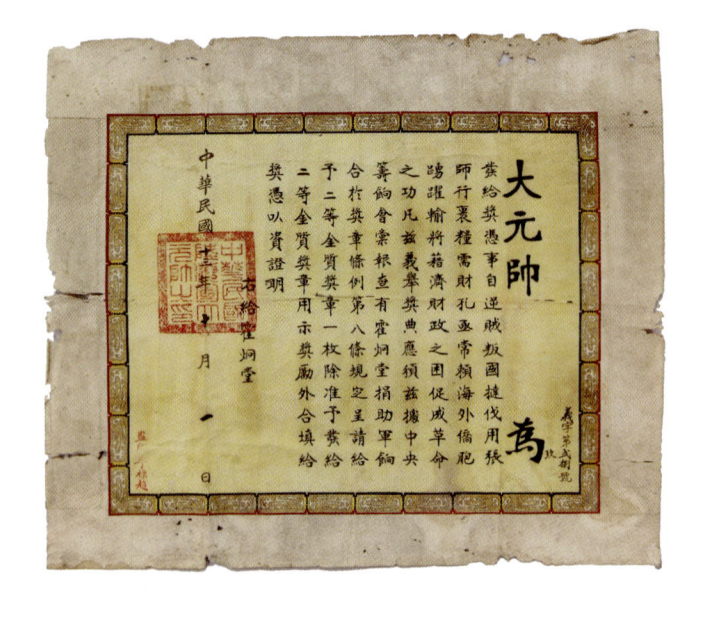

1924年大元帅孙中山颁给霍炯堂的二等金质奖章的奖凭

纵 42.2cm，横 49.4cm

霍金枝 捐赠

爱国华侨霍炯堂先生，慷慨捐助大批军饷，有力支持了孙中山先生及其领导的民主革命事业，1924年孙中山向其颁发了二等金质奖章及奖凭，以资表彰。

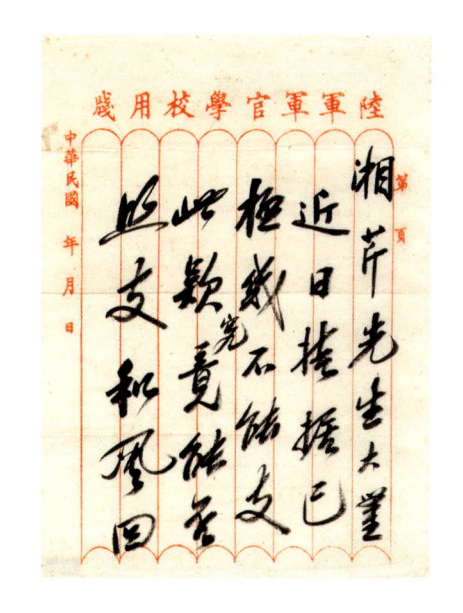

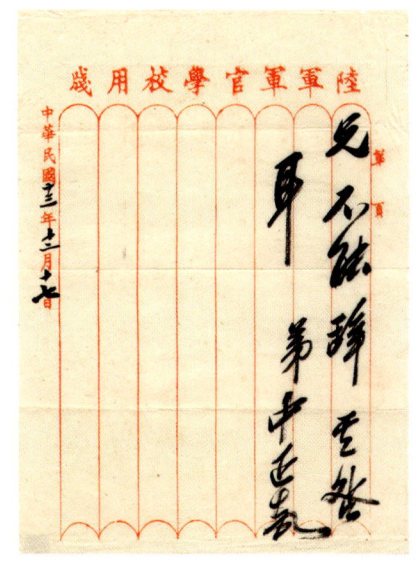

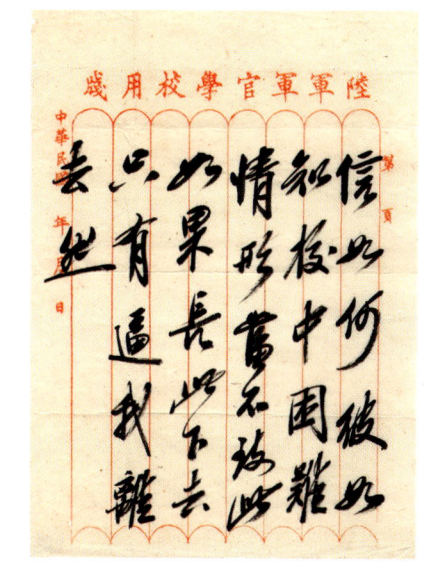

1924年蒋介石致古应芬函

纵 31.0cm，横 21.7cm

古滂 捐赠

1924年，孙中山创办了黄埔军校。黄埔军校校长蒋介石在给大本营财政部长古应芬的信中提到，军校经费十分紧张，急切盼望拨款，否则军校将无法维持。

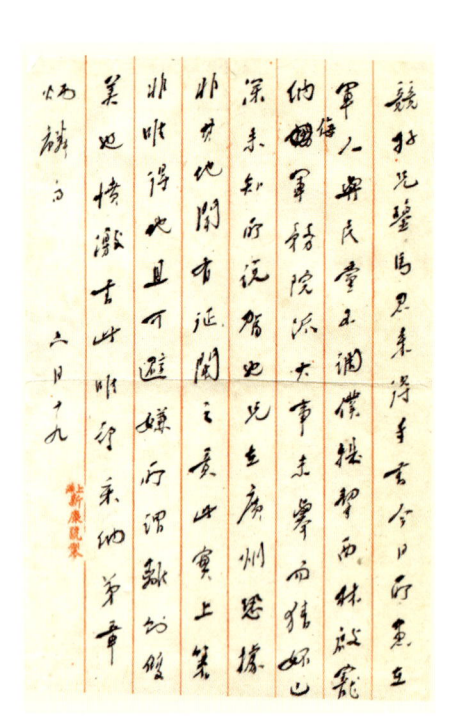

1918年章炳麟致陈炯明函

纵 26.8cm，横 17.3cm
古滂 捐赠

章炳麟（1869-1936）初名学乘，字枚叔，号太炎，是孙中山南下广州领导第一次护法运动时期第一任大本营秘书长。1918年6月19日，他致函陈炯明，对于陈率领援闽粤军到福建开拓新局面表示高度赞赏，并对孙中山离开广州后广东军政府的内讧表示谴责。

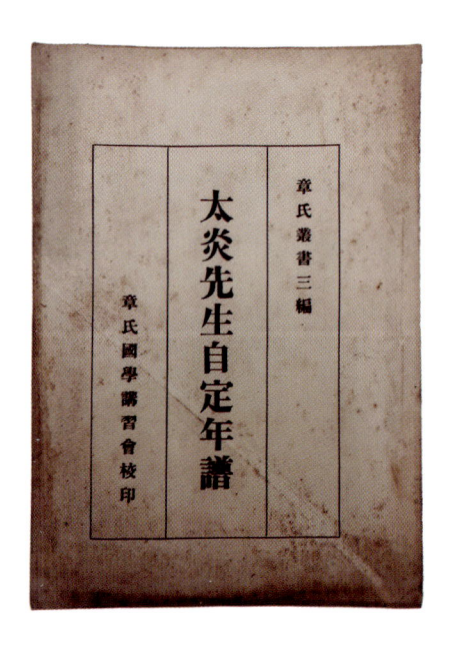

章氏国学讲习会校印《太炎先生自定年谱》

纵 25.8cm，横 18.2cm，厚 0.3cm
章念翔 捐赠

1924年章太炎著《清建国别记》

纵 25.6cm，横 15.1cm，厚 0.7cm
章念翔 捐赠

章太炎是著名的革命元勋，也是国学大师，从其两本遗著中，我们可以看到他作为近代朴学大师的另一面。

古应芬与家人合影

纵 21.5cm，横 27.0cm
古滂 捐赠

古应芬（1873-1931），广东番禺人，字勷勤、湘芹。1905年加入同盟会。护法运动开始后，古应芬逐渐成为孙中山先生重要助手之一。1917年古应芬任大元帅府秘书，1923年任大本营法制局长，继后任大元帅府大本营秘书长；1924年，任大本营财政部长、兼中央军需总监。以下证章是他在孙中山二次在广东建立政权时期任职的重要见证，而书画则体现了他与其他革命人士的深情厚谊。

古应芬大元帅府徽章

纵 8.8cm，横 4.3cm
古滂 捐赠

古应芬第四十一号大元帅府出入证

纵 7.5cm，横 5.6cm
古滂 捐赠

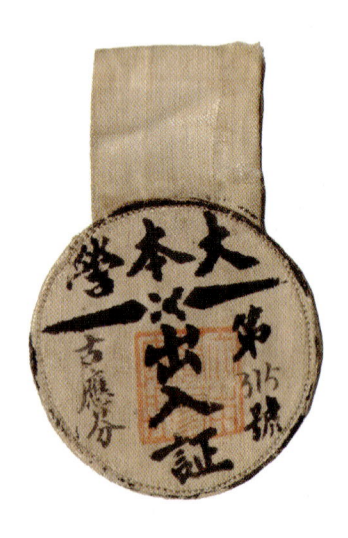

古应芬大本营第 315 号出入证

纵 7.5cm，横 5.0cm
古滂 捐赠

古应芬大元帅府大本营特别出入证

纵 11.6cm，横 7.3cm
古滂 捐赠

古应芬军政府证章

纵 8.1cm，横 2.9cm
古滂 捐赠

1919 年古应芬广东省议会第二届议员证章

纵 9.1cm，横 3.8cm
古滂 捐赠

古应芬广东省长公署证章

纵 6.6cm，横 2.9cm
古滂 捐赠

古应芬国民政府证章

直径 3.0cm
古滂 捐赠

古应芬国民政府立法院证章

直径 3.0cm
古滂 捐赠

1925 年古应芬先生中国国民党党员证

纵 12.3cm，横 9.2cm
古滂 捐赠

1930年古应芬行书七言诗赠陆匡文

芯：纵 165.6cm，横 35.2cm　裱：纵 209.0cm，横 51.4cm

古滂 捐赠

古应芬手书《书谱》节录赠刘纪文妻许淑珍

芯：纵 145.8cm，横 38.0cm　裱：纵 179.2cm，横 51.5cm

古滂 捐赠

刘纪文在日本法政大学毕业后，追随孙中山回国，后得国民党元老古应芬赏识，并拟以女古婉仪嫁与他，但古婉仪不幸早逝。刘纪文此后一直视古应芬如父，古亦视之如子。这是古应芬手书《书谱》节录赠刘纪文妻许淑珍。

1924年程潜参加国民党"一大"后的留影

纵 8.6cm，横 13.6cm
程瑜 捐赠

程潜（1882-1968），字颂云，湖南醴陵人。1923年3月任陆海军大元帅大本营军政部长兼陆军讲武学校校长。1924年1月20日，中国国民党第一次全国代表大会在广州隆重开幕。程潜作为代表之一，出席了这次重要会议。

1924年孙中山出席俄军事顾问葬礼的照片

纵 13.6cm，横 8.6cm
程瑜 捐赠

1924年程潜陪同孙中山参加俄军事顾问巴甫罗夫葬礼。孙中山（前排右），程潜（前排左一）

作为有"中国海军之家"的美誉的珠村，村中最为突出的是潘文治三兄弟。潘文治是黄埔水师学堂第八期毕业生，曾留学英国，回国后开创了中国历史上首次远洋访问英美的军舰外访，1924年为大元帅府练习舰队司令。潘文谱1917年南下护法时为海军上尉，1918年任江防舰队"广海舰"舰长，抗战时为海军"海瑞舰"上校舰长。潘文绚1917年曾任"飞鹰舰"舰长，南下护法时为海军上尉。2010年，潘家后人将三件"传家宝"捐赠给孙中山大元帅府纪念馆。

民国"飞鹰舰"军舰上使用的铁水桶

直径29.0cm，高47.5cm
潘晓智 捐赠

民国"广海舰"军舰上使用的铁床

长183cm，宽63.0cm，高89.0cm
潘剑明 捐赠

民国广东江防舰队司令部使用过的会议座椅

纵53.0cm，横52.0cm，高99.0cm
潘鸿枢 捐赠

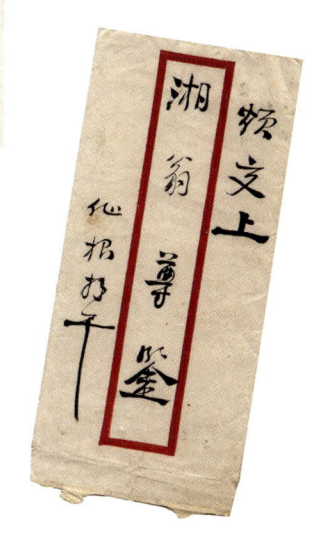

1925年李仙根致古应芬函

函：纵 25.8cm，横 16.0cm　　封：纵 17.5cm，横 8.8cm

古滂　捐赠

1925年2月10日，孙中山的秘书李仙根致函古应芬，详细介绍了孙中山的病情，并提到孙中山不愿按反中医治疗的原因。

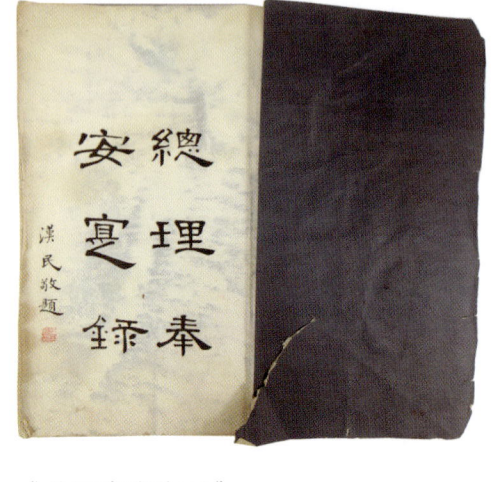

《总理奉安实录》

纵 35.0cm，横 24.0cm
梁荣照 捐赠

1925年3月12日，一代伟人孙中山逝世。《总理奉安实录》详细记载了1925年4月至1929年6月1日期间，孙中山先生葬事筹备及奉安大典完成的过程。

1925年周恩来致汪精卫、陈公博、古应芬等人的电文

纵 32.4cm，横 29.2cm
古滂 捐赠

孙中山逝世后，其未竟事业得以继续进行。1925年，共产党人周恩来率领所部集结准备进占惠州城，并自石龙行营致电国民政府汪精卫、陈公博、古应芬等，介绍战事情况。

孙中山逝世后，社会各界人士深切缅怀这位伟大的民主革命先行者，举办了一系列纪念活动，相关纪念品随之产生，同时，收录孙中山言行与重要活动的书籍也大量出版。

中山先生治丧处赠予孙中山勤务员区壃烘纪念的孙中山像

框：纵 28.2cm，横 20.5cm　像：纵 22.2cm，横 14.8cm
区勇铭 区勇波 区勇锡 捐赠

孙中山大元帅府纪念馆可移动文物普查编目

孙中山遗嘱纪念镜

框纵 25.3cm，横 20.8cm，厚 1.9cm
古长明 捐赠

1926年广州各界人民纪念孙总理逝世一周年纪念章

连环长 2.9cm，章直径 2.6cm
万学工 捐赠

1926年3月12日，广州东较场召开了各界人民纪念孙中山逝世一周年大会，之后一周内连续组织了讲演大会、游艺会等纪念活动。

总理遗嘱纪念章

连链长 6.0cm，章直径 6.1cm
何国钧 捐赠

1929年6月，在南京钟山南麓（即今中山陵）隆重举行了孙总理的奉安大典，这枚总理遗嘱纪念章为葬事筹备委员会定制的纪念章款式之一，是当时发给入场参加大典的代表佩挂在胸前作识别之用。

**1929年孙中山铜像从
日本运送回国前合影**

纵 26.7cm，横 20.9cm
刘良栋 捐赠

在孙中山逝世后，日本友人梅屋庄吉克服种种困难、阻挠，筹资铸造4尊孙中山铜像，分别赠予黄埔军校、中山大学、南京中山陵、澳门国父纪念馆。

总理遗嘱铜墨盒

纵 7.0cm，横 7.0cm，厚 2.8cm
李志平 捐赠

孙中山大元帅府纪念馆可移动文物普查编目

孙中山炭画像

纵 107.0cm，横 53.0cm
罗绍蕉 捐赠

广东兴宁人罗卫群所画孙中山戎装照炭画像，以寄托对一代伟人的哀思。

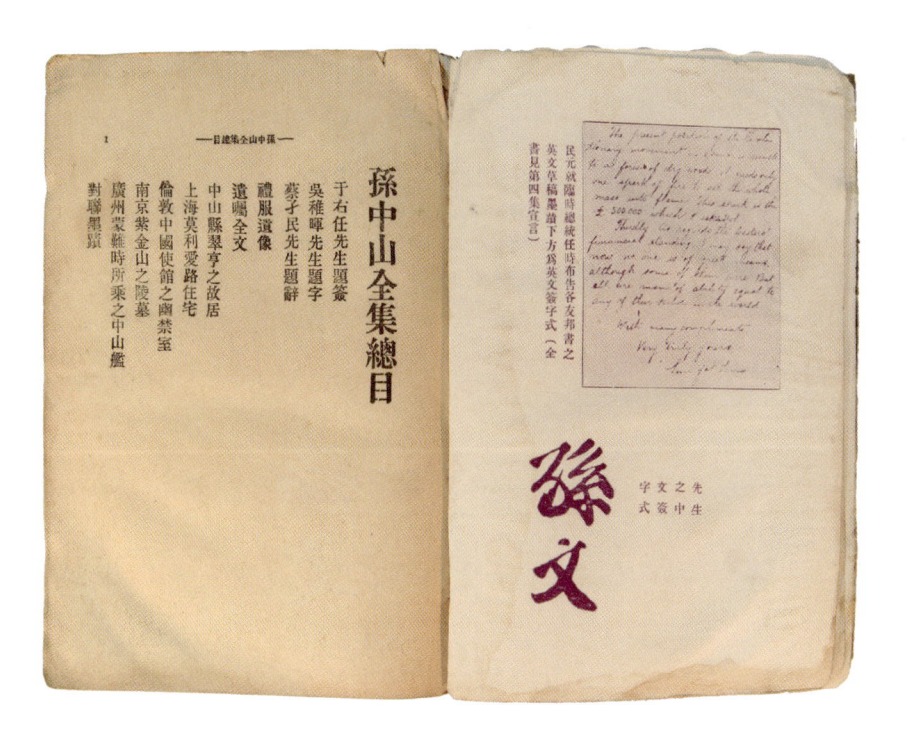

《孙中山全集》

纵 18.1cm，横 13.4cm
许恩正 捐赠

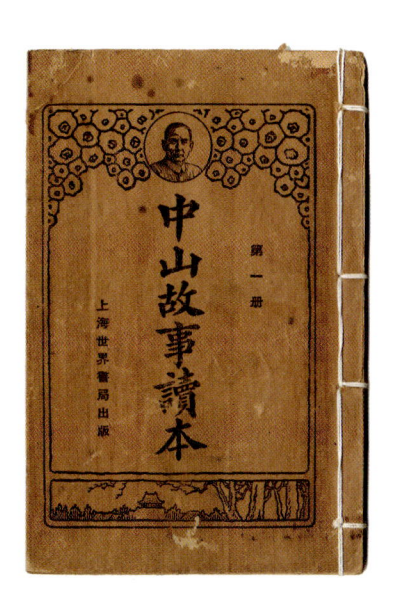

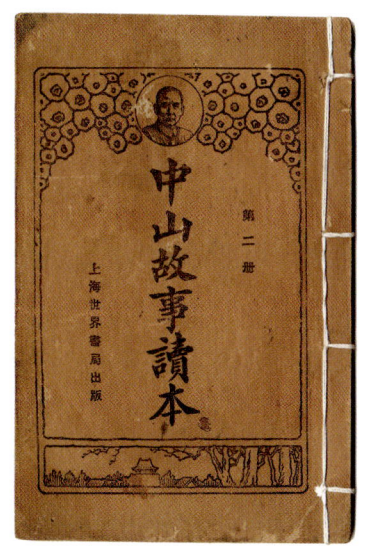

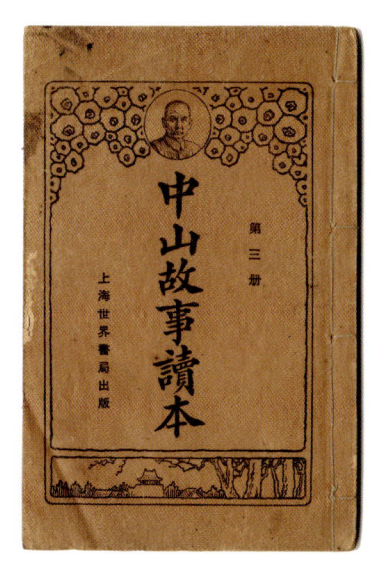

《中山故事读本》

纵 20.0cm，横 13.0cm
梁其永 捐赠

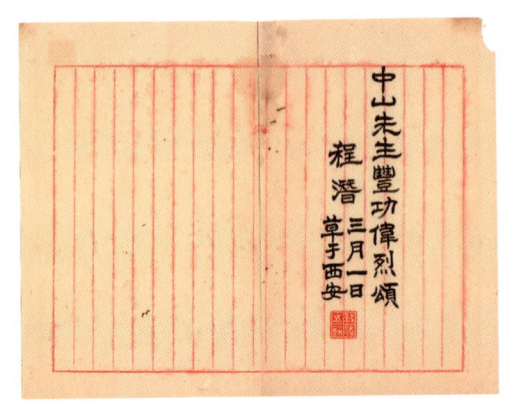

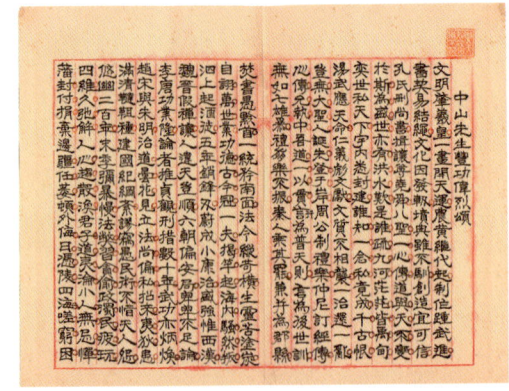

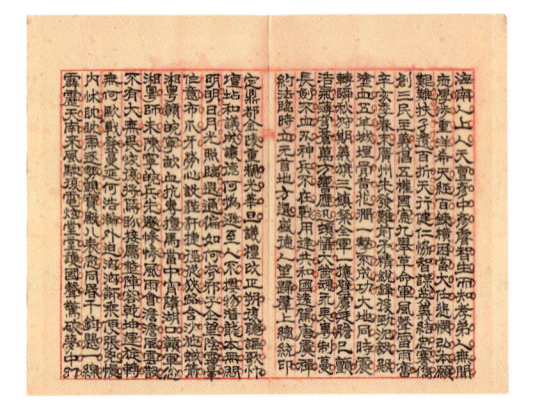

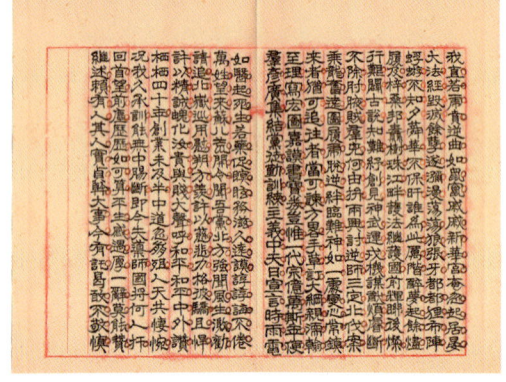

1939年程潜手撰《中山先生丰功伟烈颂》

纵 27.4cm，横 36.4cm

程瑜 捐赠

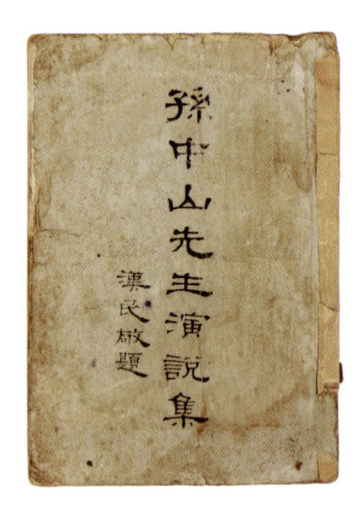

《孙中山先生演说集》

纵 21.0cm，横 15.0cm，厚 1.7cm

陈灿培 捐赠

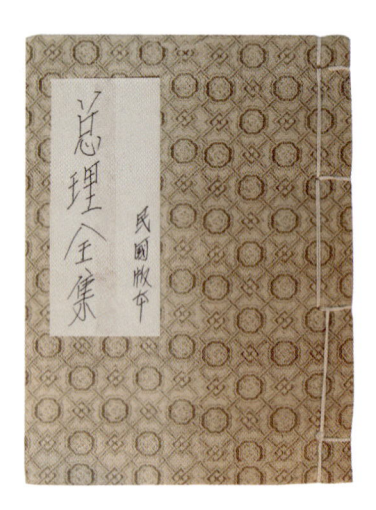

《总理全集》第1集下册

纵 20.9cm，横 15.0cm

梁基永 捐赠

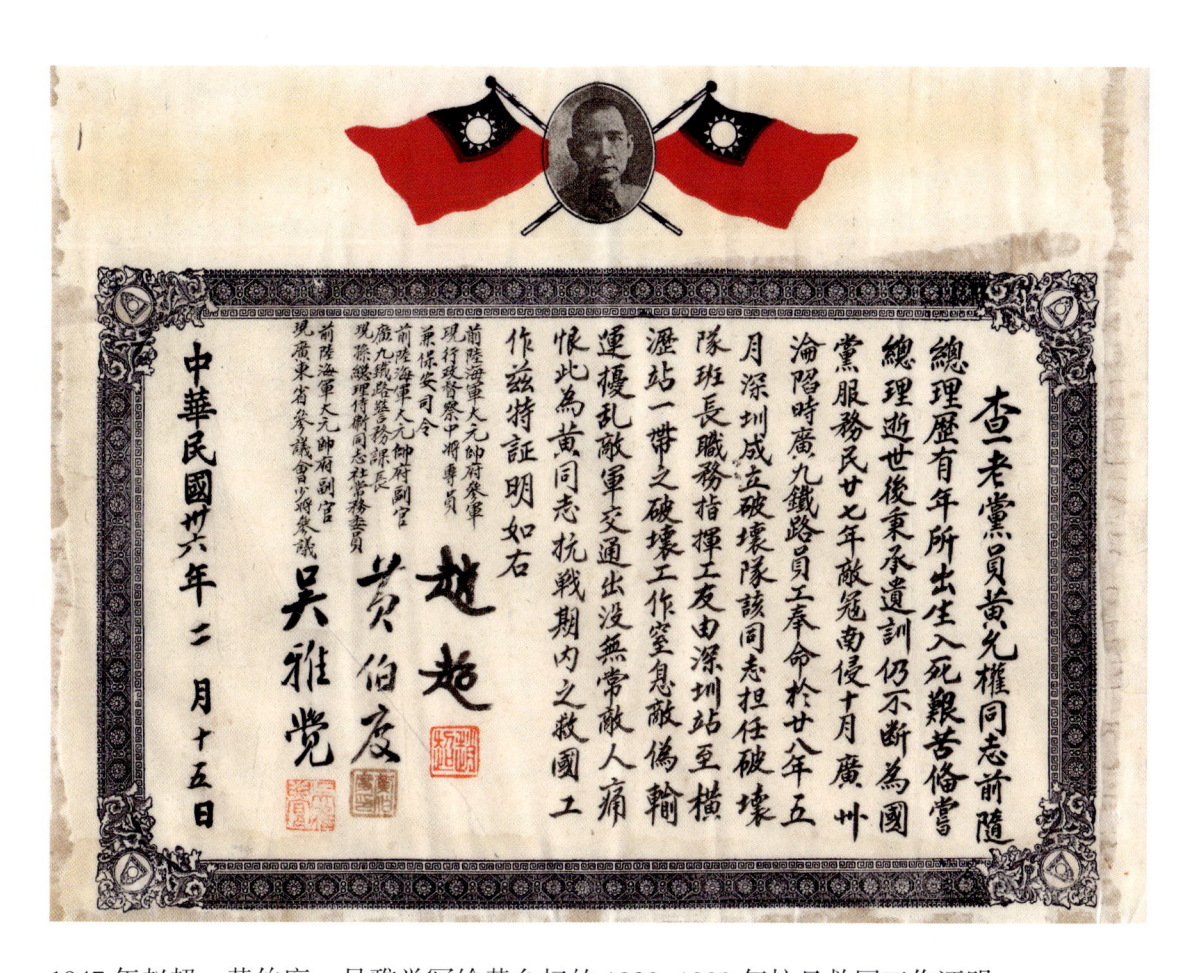

1947年赵超、黄伯度、吴雅觉写给黄允权的1938-1939年抗日救国工作证明

纵25.7cm，横33.2cm
黄允权 捐赠

孙中山身穿海陆军大元帅服像

纵 30.8cm，横 18.2cm
区勇铭 区勇波 区勇锡 捐赠

1920 年，区垲烘到大元帅府担任孙中山的勤务员，照料先生的日常起居生活。1925 年孙中山逝世后，他继续随侍宋庆龄女士，直至 1936 年离沪返穗。这是孙中山在其本人身穿海陆军大元帅服像上亲签"孙文"二字赠予区垲烘。

宋庆龄赠予区垲烘的孙中山黑色大衣

肩宽 52.0cm，长 121.0cm
区勇铭 区勇波 区勇锡 捐赠

宋庆龄为感谢区垲烘十余年来的悉心照料，将珍藏的孙中山大衣赠予区垲烘御寒。大衣经区垲烘长期穿着已较为残破，但仍然可以看出布料上乘，做工考究。

1936年后，区垲烘先生在穗工作和生活，与宋庆龄女士依旧保持书信往来。这些书信反映宋庆龄对于早年随从的长期关怀。

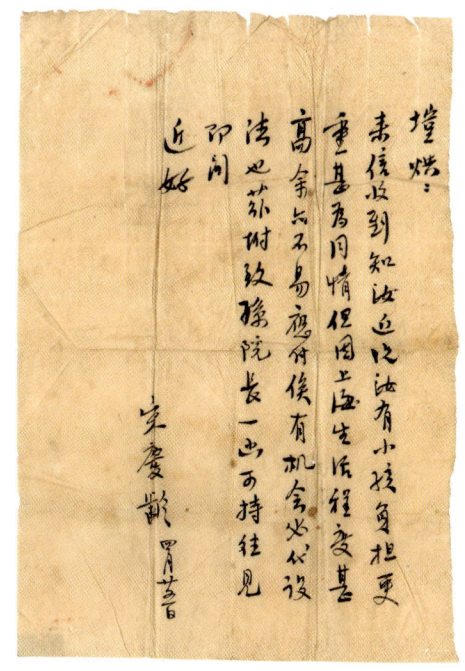

1949年宋庆龄致区垲烘函

函：纵 26.7cm，横 18.8cm
封：纵 19.0cm，横 9.5cm
区勇铭 区勇波 区勇锡 捐赠

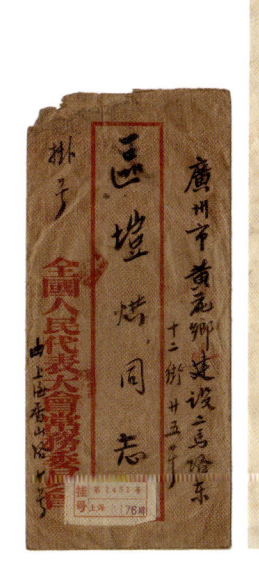

1962年宋庆龄致区垲烘函

函：纵 28.4cm，横 24.3cm
封：9.3cm，横 20.3cm
区勇铭 区勇波 区勇锡 捐赠

1966年宋庆龄寄给区噇烘的丰收图贺年卡

纵 15.3cm，横 12.5cm

区勇铭 区勇波 区勇锡 捐赠

1977年宋庆龄在唐山地震后致区噇烘函

函：纵 26.8cm，横 19.4cm
封：纵 17.0cm，横 9.0cm

区勇铭 区勇波 区勇锡 捐赠

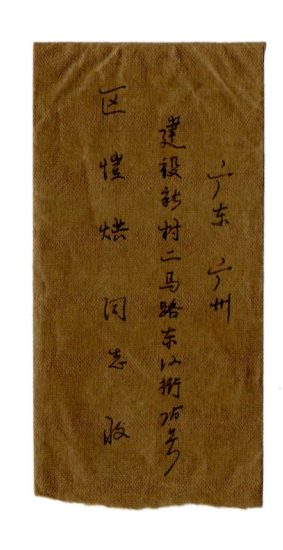

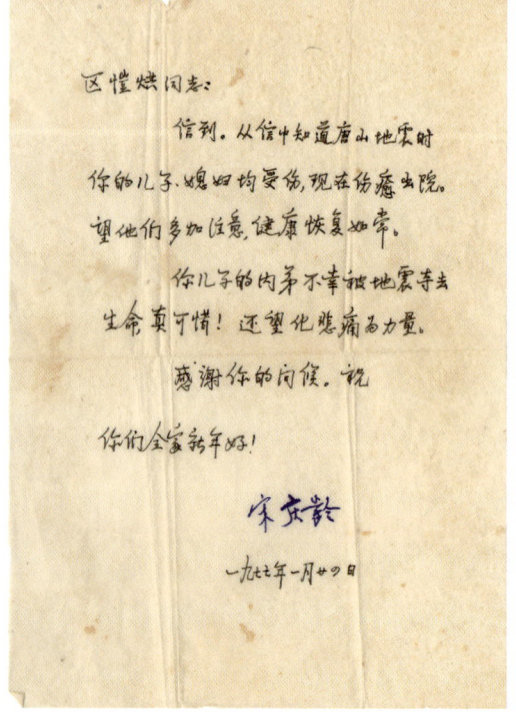

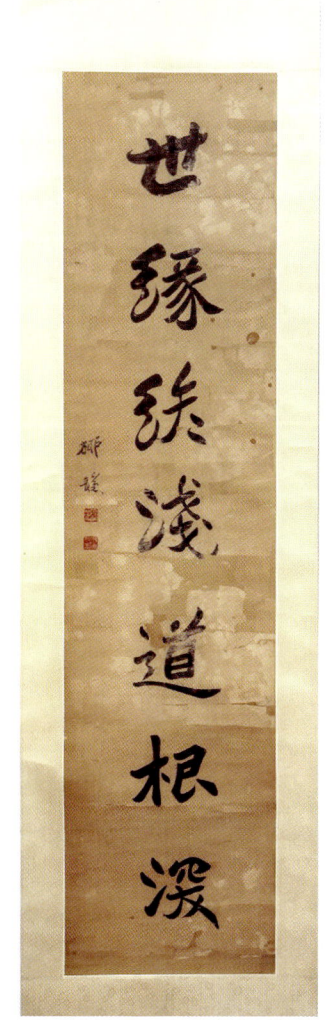

廖柳移行书赠梁照林对联

芯纵：131.0cm，横：30.8cm
裱纵：200.0cm，横：43.5cm
梁栋雄 捐赠

梁照林（1906－1992），广东番禺人。1923年任孙中山的近身侍卫。1925年后，在国民政府外交部、监察院、文官处任职。这是广东诗画家廖柳移赠予梁照林的行书对联。

林黄卷先生的六角形烟灰缸

口径8.5cm，底径12.3cm，高5.5cm
林士明　李冠文　捐赠

林黄卷（1891－1968），字经农，福建莆田人。1910年加入中国同盟会。1923年，任陆海军大本营财政部秘书。1949年中华人民共和国成立后，参加民革和侨联工作。这是林黄卷曾用过的六角形烟灰缸。

/ 二 /

广州记忆

20世纪二三十年代是民国广州城市发展最快的时期,广州市开展了城市规划、治安、卫生、道路、教育等一系列市政建设。这与孙中山的建设理念与历任广州市长的具体践行是分不开的。这一时期广州的城市面貌焕然一新,城市化进程走在了全国前列。

1929年版《实业计划》

纵 17.5cm，横 11.0cm

梁基永 捐赠

孙中山在漫长的革命生涯中，对国家建设逐渐产生深刻的认识和研究，1917年至1920年，孙中山撰写了《实业计划》一书。孙中山认为，广州是中国南部的商业中心和花园城市，拟将之建设成中国三大港口之一的南方大港，并从水路、铁路、都市功能分区等方面展开论述。

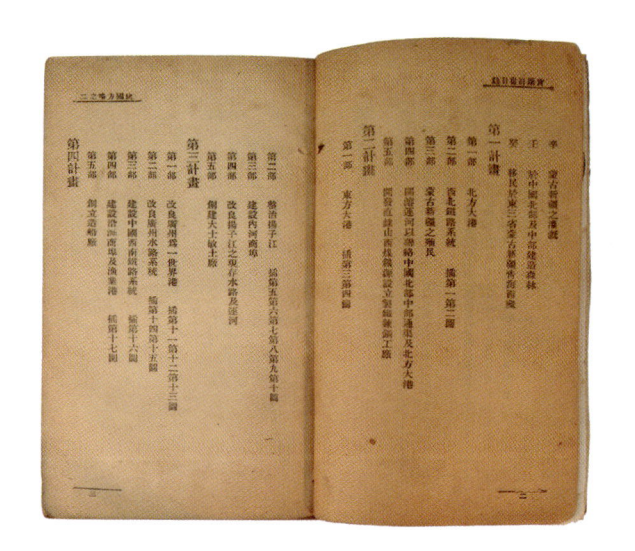

1921年，由孙科制定的《广州市暂行条例》颁布并施行，广州成为全国第一个具有近代市政制度的城市。广州市政厅设立了公安、卫生、教育、工务、财政、公用等6个局，并赋予相应的行政职权。1925年后，市政厅职能机构作了多次调整。

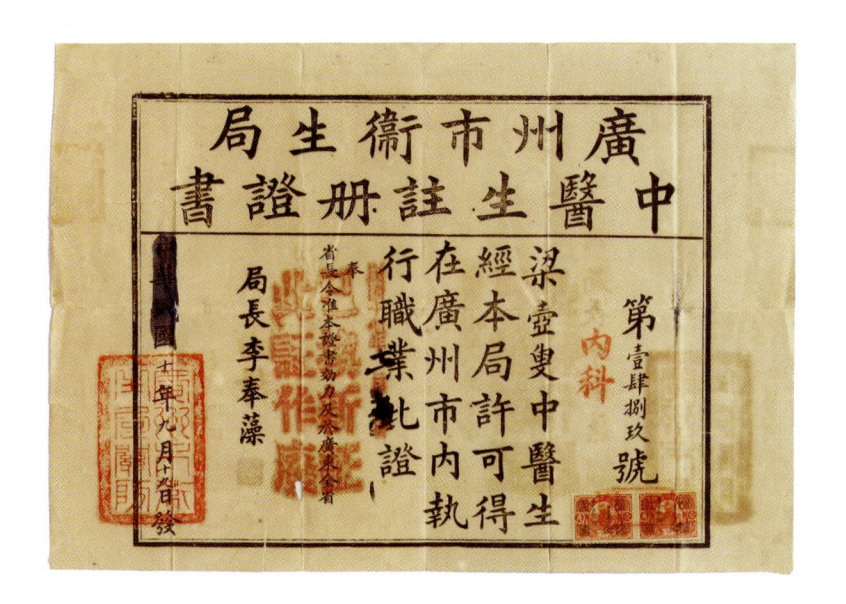

1921年广州市卫生局中医生注册证书

纵 24.8cm，横 18.0cm

梁乃昌 捐赠

1921年，广州市政厅卫生局颁布中医生和西医生注册章程，规定中西医生均要在卫生局注册，领有证书，始准行医。这是1921年9月19日，广州市卫生局颁给梁壶叟的中医生注册证书。

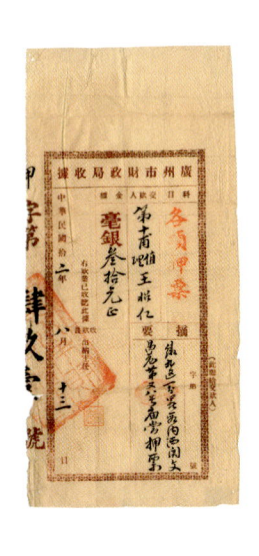

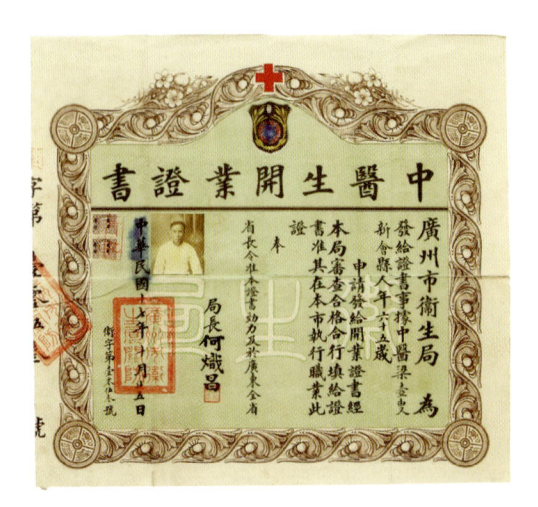

1923 年广州市财政局
发给王昭仁的收据（左）

纵 28.0cm，横 13.3cm
张智 捐赠

1928 年广州市卫生局
核发的中医生开业证书（右）

纵 39.0cm，横 42.5cm
梁乃昌 捐赠

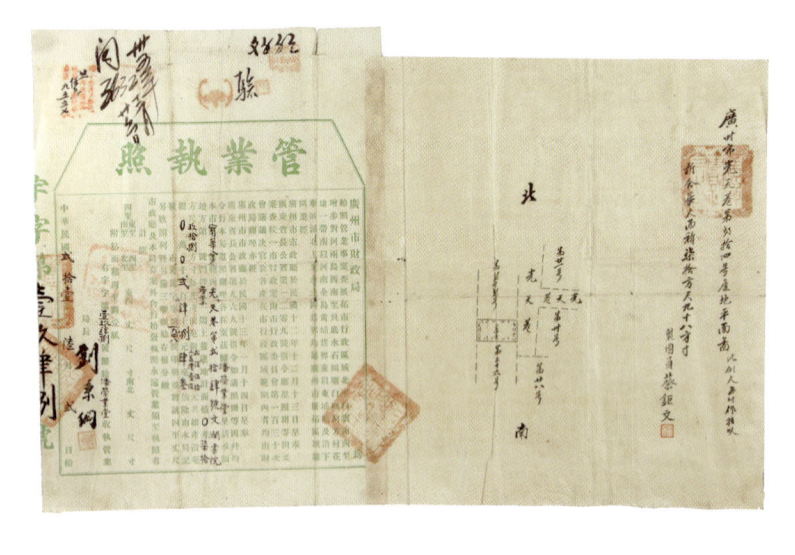

1932 年广州市财政局
发给潘荣业堂的营业执照

纵 41.8cm，横 65.0cm
张智 捐赠

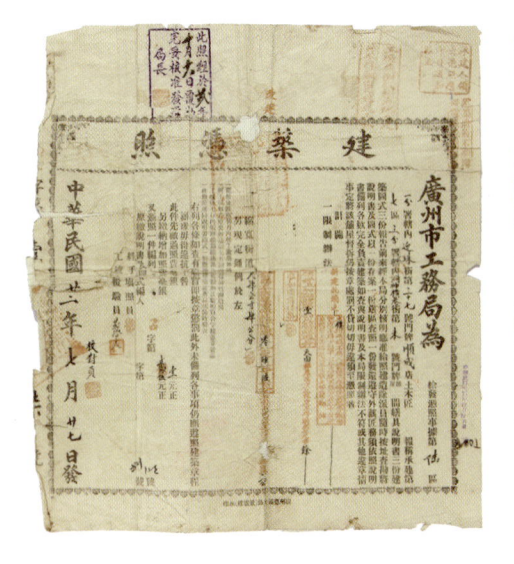

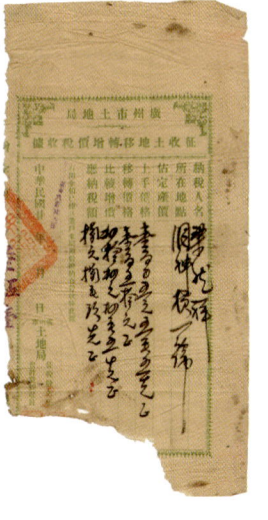

1933 年广州市工务局
发给顺成店的建筑凭照（左）

纵 39.8cm，横 36.0cm
张智 捐赠

1935 年广州市土地局征收
土地移转增价税收据（右）

纵 31.5cm，横 15.8cm
张智 捐赠

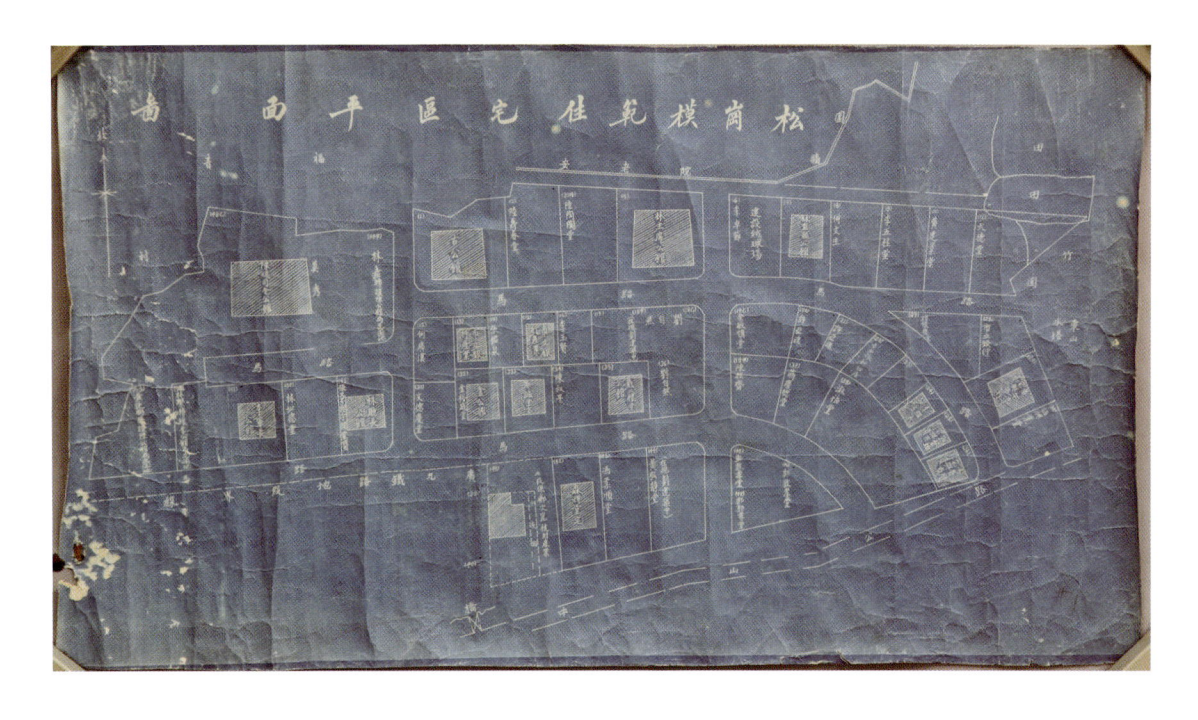

民国广州松岗模范住宅区平面图

纵 36.0cm，横 64.2cm
刘良栋 捐赠

1928年，广州市工务局局长程天固提出建设松岗模范住宅区。住宅区采用西方流行的"城市田园化"理念，吸引了一大批政府要员、华侨、商人和留学归国人员在此建房，形成了颇具特色的民国洋楼群。1932年5月9日，松岗住宅区更名为梅花村，至今沿用。

民国广州和记行绸缎礼服广告纸

纵 23.0cm，横 29.6cm
张智 捐赠

中山纪念堂是广州人民和海外华侨为了纪念孙中山而筹资兴建的纪念性建筑物，由我国著名建筑师吕彦直设计，1929年动工，1931年完成。这是民国印有中山纪念堂标志的广州和记行绸缎礼服广告纸。

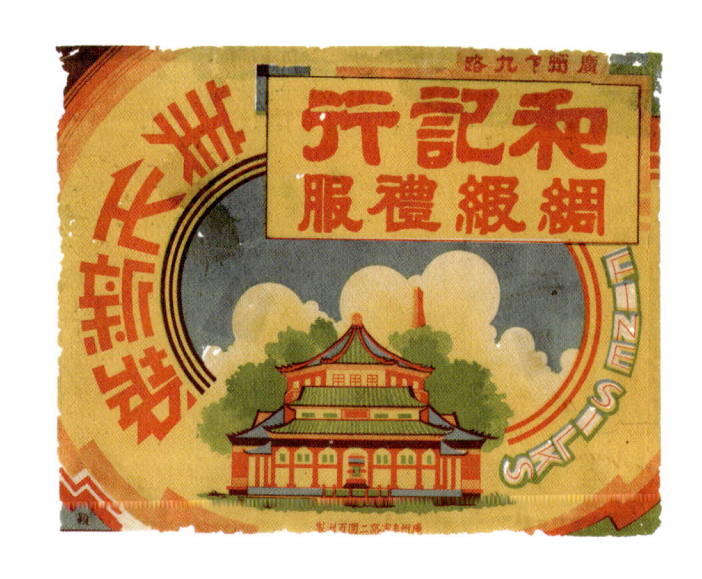

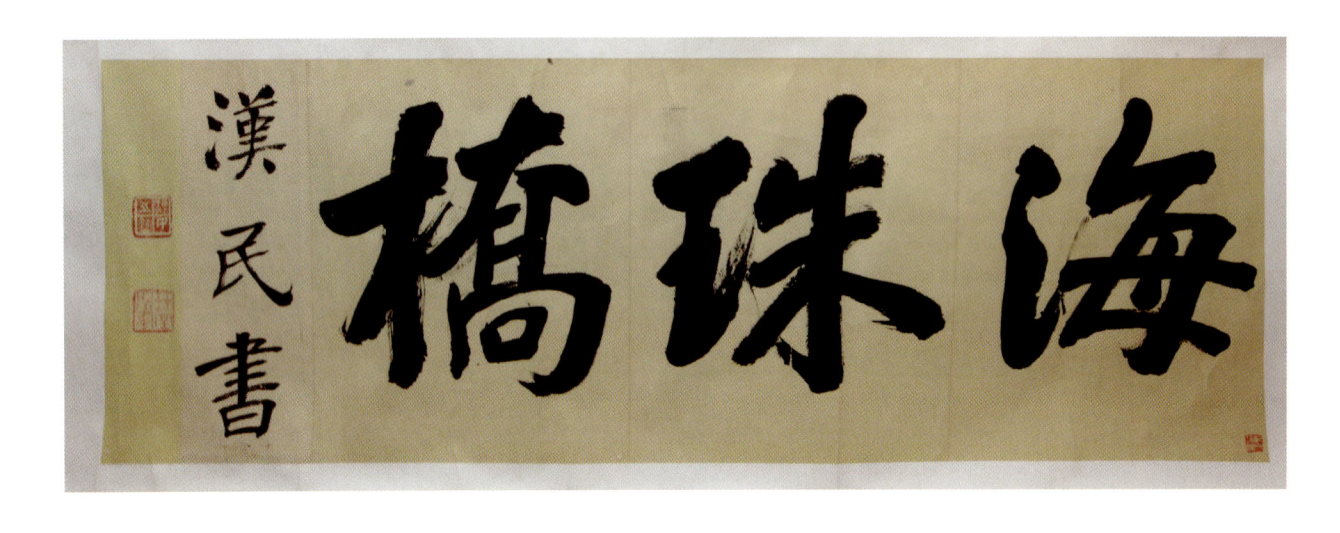

胡汉民行书"海珠桥"横幅

芯：50.0cm，横 149.1cm　　裱：57.8cm，横 214.0cm

刘恩华　捐赠

1933年2月15日，时任广州特别市市长刘纪文主持修建的第一座横跨珠江的铁桥建成开通，它结束了过去单靠渡船航行珠江两岸的历史。该桥落成之际，广州市政府请民国元老、著名书法家胡汉民为其题名"海珠桥"。胡汉民的手书原件则交由刘纪文保存，后由其女儿刘恩华珍藏。2013年，在海珠桥重修之际，刘恩华女士将这件珍贵文物无偿捐赠广州市政府，后转交孙中山大元帅府纪念馆珍藏。这为海珠桥重镶桥名提供了最可靠的原始依据。

1934年刘纪文与来宾在广州市政府合署办公大楼前合影

纵 32.0cm，横 52.3cm
刘良栋 捐赠

1934年10月10日，广州市政府合署办公大楼建成并投入使用，刘纪文亲自题写"广州市政府"五个大字。

1935年刘纪文与广州市政府职员合影

纵 30.0cm，横 23.5cm
刘良栋 捐赠

刘纪文（1890——1957），广东东莞人，字兆铭。1932年至1936年任广州市长，在广州地方建设方面颇多作为，对发展广州市内交通、航运和繁荣工商业成效显著。中山图书馆、海珠桥、广州市政府合署大楼等均为其任内落成。

广州市长刘纪文与外国友人在广州市政府合署大楼前合影

纵 24.2cm，横 30.4cm
刘良栋 捐赠

1936年李炳瑞著《新广州市》

纵 22.9cm，横 15.7cm，厚 3.1cm
刘良柱 捐赠

1936年出版的英文书《新广州市》，是研究20世纪30年代广州市政建设的重要史料。

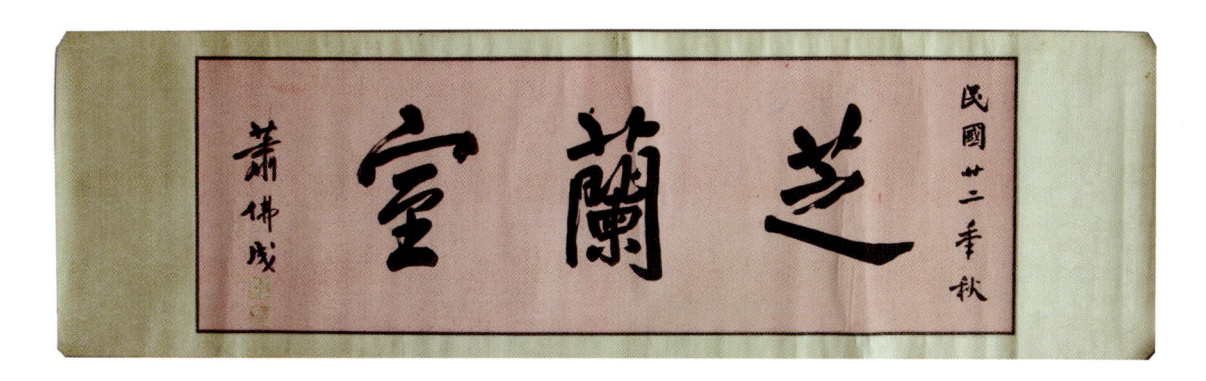

1933年萧佛成行书"芝兰室"横幅

芯：纵32.1cm，横101.0cm　裱：纵38.1cm，横135.5cm
刘良栋　捐赠

刘纪文担任广州市市长时，其官邸书房名为"芝兰室"。这是1933年秋，国民党中央监察委员萧佛成为刘纪文书房题"芝兰室"。

1936年刻寿山石"芝兰室主"及"刘纪文玺"印

纵2.0cm，横2.0cm，横5.0cm
刘良栋　捐赠

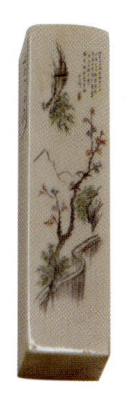

刘纪文藏彩绘象牙印材

纵2.2cm，横2.2cm，高9.0cm
刘良栋　捐赠

民国粉彩"芝兰室"款绣球花小碗

口径9cm，高4.4cm
刘良栋　捐赠

1947年邓光祖绘刘纪文墨彩瓷像碟

盘直径18.4cm，厚2.4cm，托直径10.7cm
刘良栋　捐赠

民国粉彩小杯

口径 6.3cm，高 3.4cm
刘良栋 捐赠

晚清广彩瓷茶壶

口径 7.7cm，座直径 8.2cm，高 13.5cm
刘良栋 捐赠

木雕花鸟人物龙纹四屏屏风

长 244.0cm，宽 61.0cm，高 210.0cm，厚 4.2cm
刘良栋 捐赠

屏风为刘纪文家人在广州梅花村居住时所用。

花梨木镶粉彩玉堂富贵瓷板圆几

几直径 49.8cm，高 64.0cm，瓷直径 35.0cm
刘良栋 捐赠

圆几为刘纪文家人在广州梅花村居住时所用。

1947年赵少昂画赠刘纪文花鸟斗方

纵 29.5cm，横 36.5cm
刘良柱 捐赠

1947年赵少昂画赠刘纪文妻许淑珍花鸟斗方

纵 29.3cm，横 36.5cm
刘良柱 捐赠

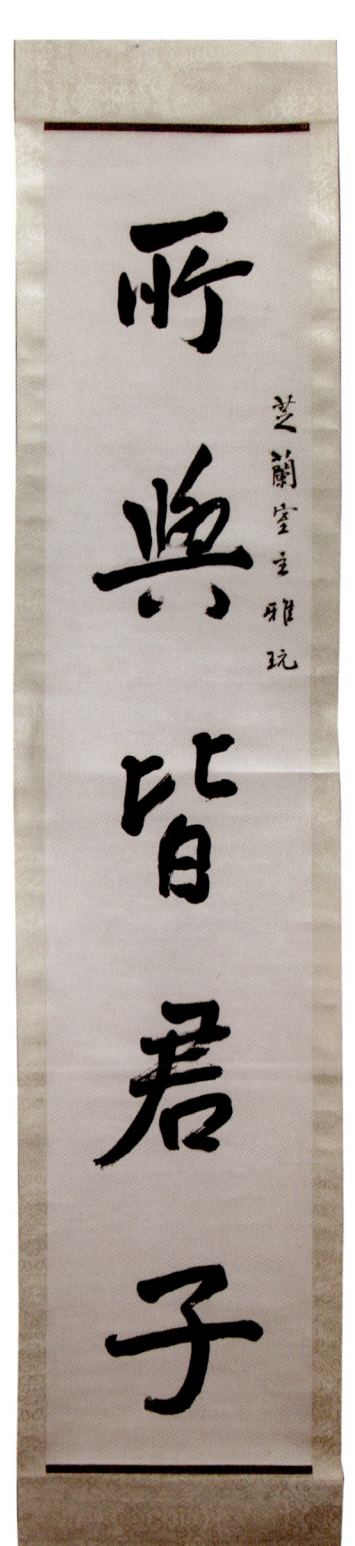

1933年萧佛成行书五言对联

芯：纵 120.7cm，横 23.7cm
裱：纵 156.0cm，横 29.0cm
刘良柱 捐赠

民国先施有限公司精制化妆香品广告纸

纵 19.6cm，横 34.0cm
张智 捐赠

民国初期，华侨在广州经营百货、服务业，为城市建设注入了活力。1914年，澳洲侨商马应彪在长堤大马路投资创办广州先施公司，是广州首家现代化百货公司。

1926年广州嘉南堂银业部支票（左）

纵 19.2cm，横 7.6cm
张智 捐赠

广州城市建设发展迅速，华侨功不可没。1919年，归侨集资成立了以储蓄和置业为主要业务的嘉南堂置业公司。

民国嘉华储蓄银行广州分行空白支票（右）

纵 29.8cm，横 8.8cm
张智 捐赠

1922年，嘉南堂和南货置业公司联合成立了嘉华储蓄银行，随后在广州西濠口投资建起嘉南堂南楼（今新华大酒店）、西楼（今新华书店）等大厦。

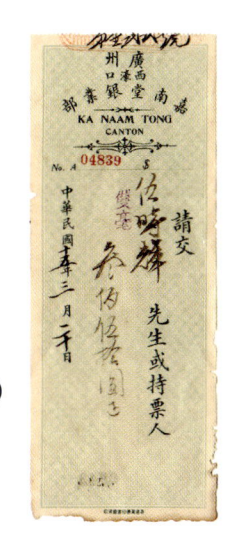

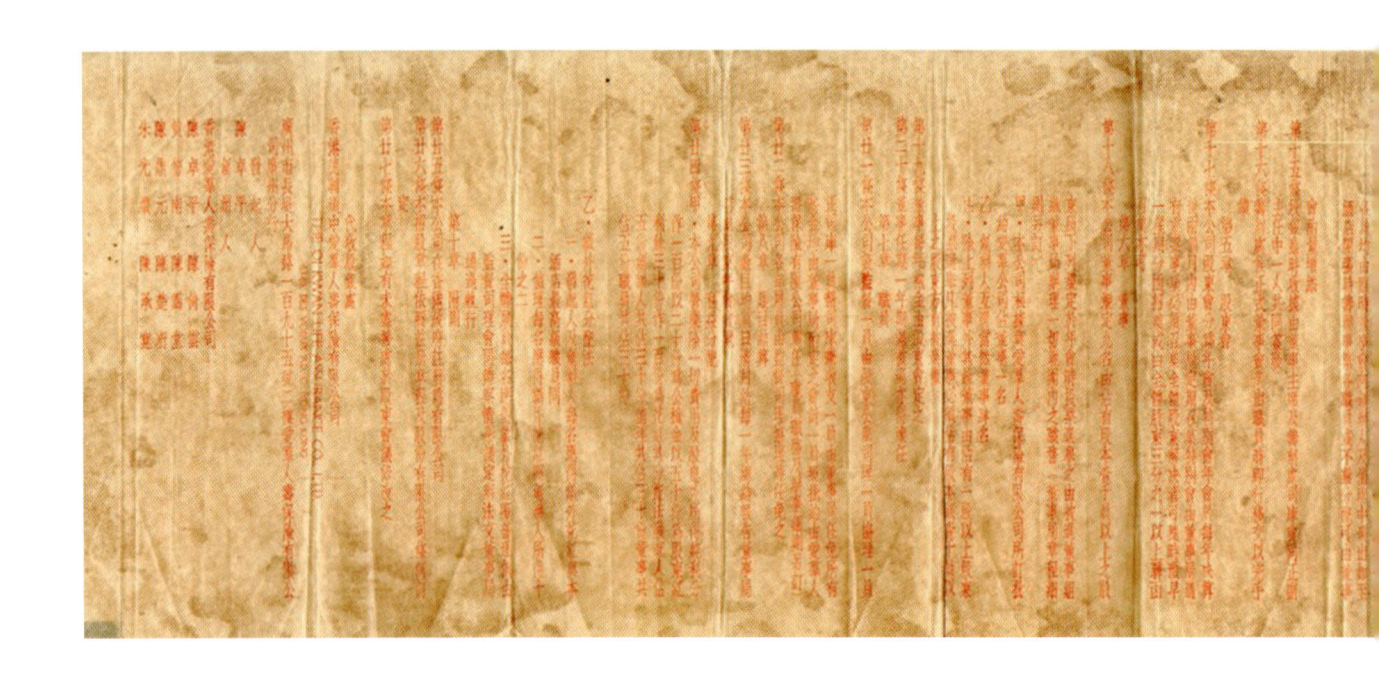

1938年广州中华戏院粤剧宣传单

纵 32.6cm，横 25.2cm
张智 捐赠

1932年海外华侨在西濠二马路投资建造电影院，取名为中华戏院，又称中华影院。

民国广东阿芳影相商标

纵 24.5cm，横 10.5cm
张智 捐赠

"阿芳"是由华人赖阿芳开设的一家照相馆。

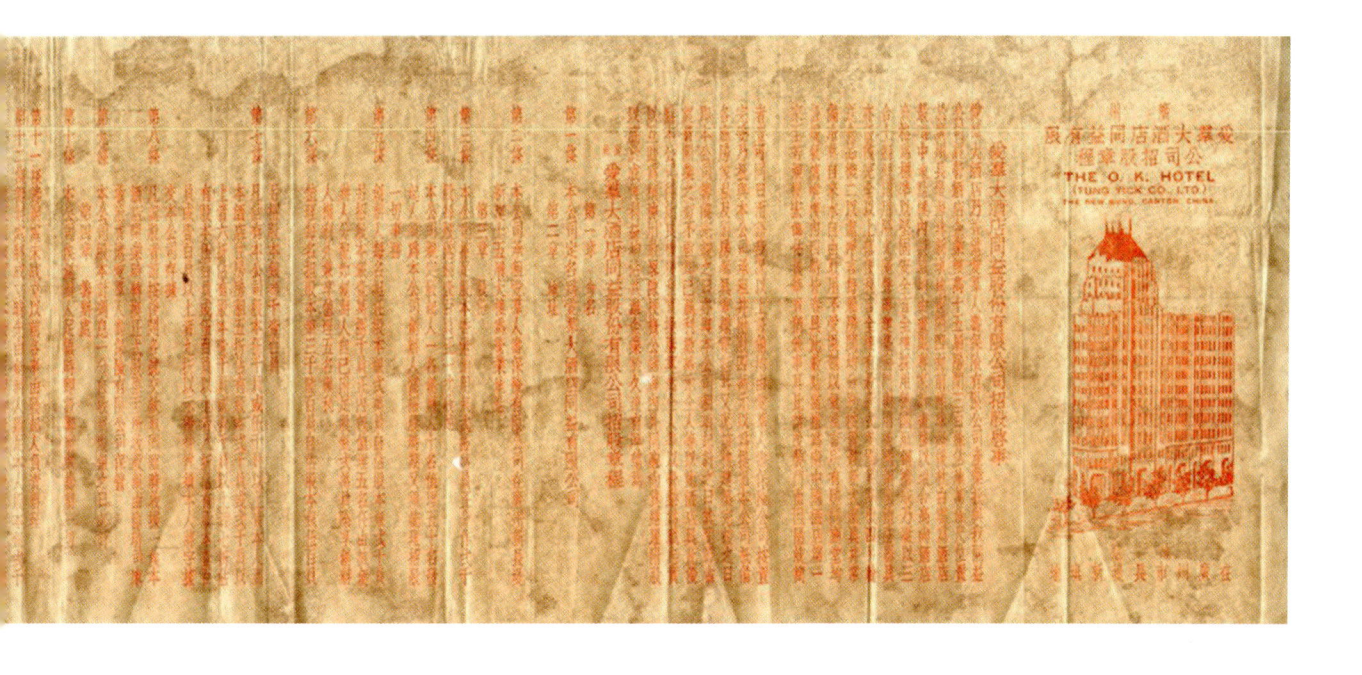

民国广州爱群大酒店同益有限公司招股章程

纵 23.0cm，横 108.0cm

张智　捐赠

爱群大酒店（爱群大厦）是广州第一幢钢框架结构的仿美国摩天式的高层建筑，是早年追随孙中山的同盟会会员陈卓平集海外华侨资本创办的香港爱群人寿保险有限公司的产业，1934 年动工兴建，1937 年建成。

1920年代陈铭枢着燕尾服全身立像

纵 22.0cm，横 13.5cm

陈小涟 捐赠

陈铭枢（1889—1965）广西合浦人，字真如。1929年任广东省政府主席，在任内的两年多里，他主张政治完全公开，按考试标准用人，并注重发展实业，推动了广东及广州城市的近代化建设的快速发展。

《十九路军淞沪殉国并历年死难将士公墓纪念碑文》拓片

纵 70.1cm，横 144.0cm

陈小涟 捐赠

《十九路军淞沪抗日阵亡将士纪念碑文》拓片

纵 71.8cm，横 137.7cm

陈小涟 捐赠

陈铭枢1933年所撰两幅碑文拓片，均歌颂了十九路军在淞沪抗战中的丰功伟绩。

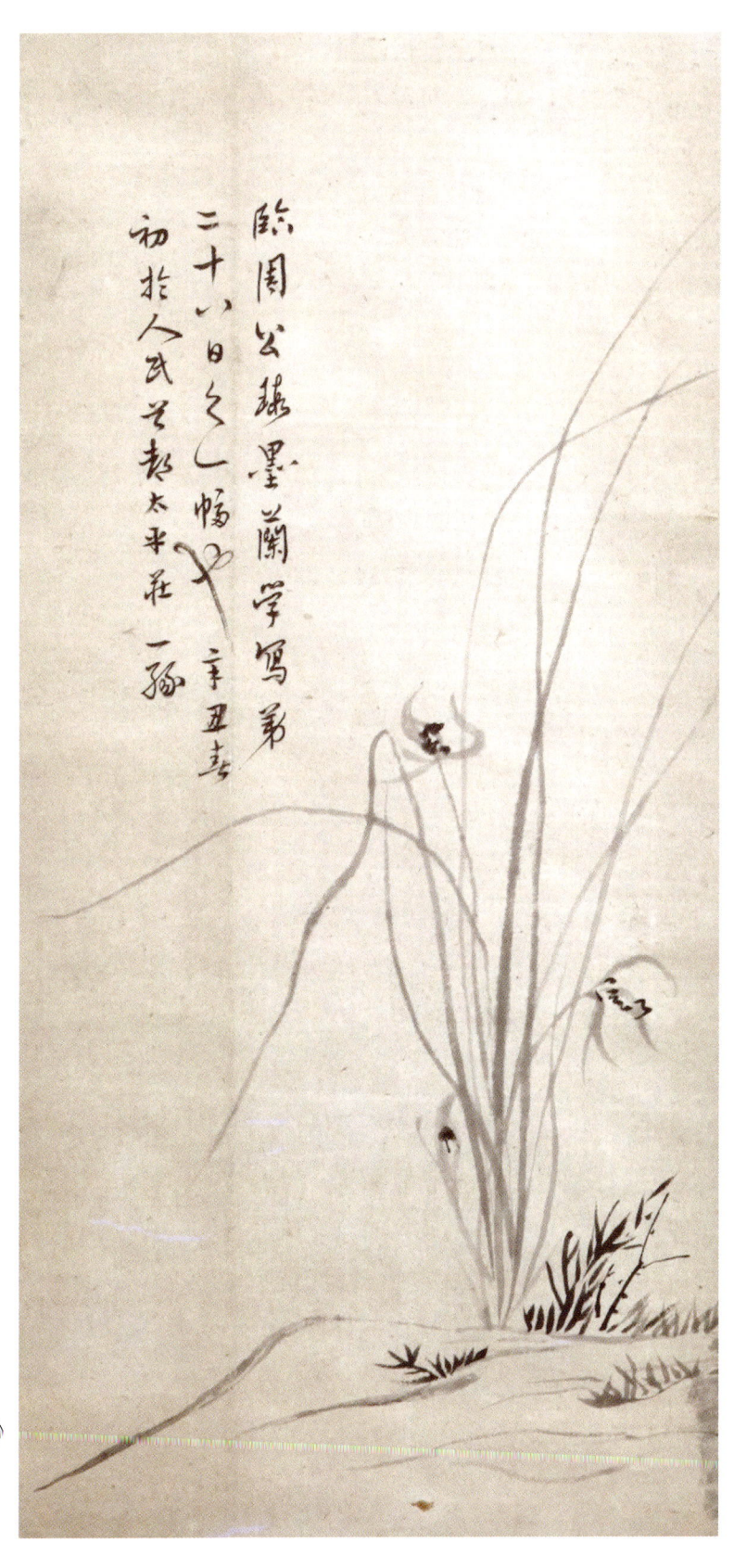

1961年春陈铭枢画《墨兰图》

纵73.5cm，横40.0cm
陈佛仔 陈佛新 捐赠

1930年发行铁道部收回广东粤汉铁路公债券

纵31.0cm，横27.0cm

刘建业 捐赠

20世纪30年代，随着市政建设的推进，广州市的道路系统规划愈加细致和复杂，城市的行政区域也日益扩大。兴筑多年的粤汉铁路也于1936年建成通车，大大便利了广州对外交流，促进了广州城市经济的发展。

1931年广东省银行发行的壹圆银毫券

纵8.0cm，横13.8cm

张伟民 捐赠

中央银行旧址位于广州沿江中路193号，最早是孙中山于1924年8月15日亲手创办的中央银行，在中国金融史上扮演重要的角色。1927年南京国民政府在上海建中央银行后，广州中央银行于1929年2月28日改组定名为广东中央银行，后又改组为广东省银行。

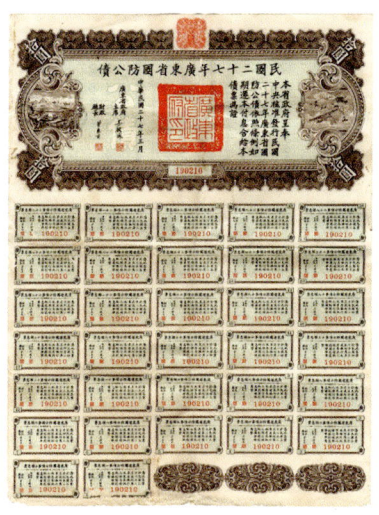

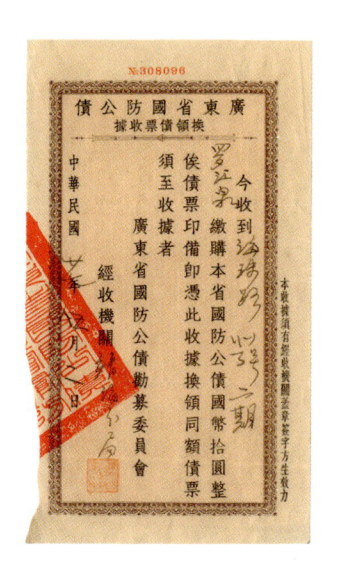

1938年广东省国防公债票

纵 34.7cm，横 26.5cm
张智 捐赠

抗战期间，国民政府滥发钞票，纸币贬值，财政拮据，先后发行各种公债票券。1938年3月，广东省政府呈奉中央核准发行"广东省国防公债"。

1938年广东省国防公债换领债票收据

纵 21.3cm，横 12.5cm
张智 捐赠

1949年广东省银行大洋票壹圆

纵 5.9cm，横 14.9cm
李穗梅 捐赠

1949年广东省银行大洋票伍圆

纵 6.1cm，横 14.8cm
李穗梅 捐赠

1949年广东省银行大洋票拾圆

纵 6.0cm，横 14.8cm
李穗梅 捐赠

1949年6月6日广东省银行发行的大洋票。1949年10月，广州解放，同时宣告大洋票禁止流通。
大洋票流通时间仅为4个月6天，成为民国历史上流通时间最短的一套纸币。

三

世情世风

广州是中外文化交汇之地。18世纪以来，随着中外贸易的持续开展，象征东方文明的广州社会风物深深地吸引着西方世界，许多极具西洋色彩的新事物也纷纷流入广州，成为广州社会生活的重要组成部分。

通草画创作于通脱木植物茎髓刨出的薄片上，颜色艳丽，立体感强。在没有光学摄影的年代，通草画作为当时中国的明信片，记录了珠三角地区的社会民情、自然风貌，成为中西文化沟通交流的重要桥梁之一。

清末山水题材通草画（海珠炮台、珠江沿岸风景）

纵 25.6cm，横 33.2cm
王恒 捐赠

清代广州花鸟船题材通草水彩画册

册纵 11.5cm，横 35.0cm

王恒 捐赠

三 世情世风

1. 这张图展示的是染上鸦片恶习的第一步，美女环绕，歌舞升平。

2. 反鸦片协会的成员们在派发宣传单，劝解人们不要吸食鸦片。

3. 他不听劝诫，还是跑去吸食鸦片，消遣度日。

4. 随着财力每况愈下，他请不起昂贵的头牌歌妓，只能雇地位次等、眼睛瞎了的歌女为自己助兴。

清代鸦片劝谕题材通草水彩画册

册：纵 48.5cm，横 27.0cm
画：纵 23.0cm，横 34.4cm
王恒 捐赠

明清时期，中国区域内已种植罂粟，主要用于药用。晚清中英贸易逆差拉大，东印度公司开始向中国大量贩卖作为毒品吸食的鸦片。鸦片的功用从药品变为毒品。洋画家们绘制了一批反映鸦片烟鬼堕落史的图画，又被称为"劝谕画"，主要为了向众人展示吸食鸦片的恶劣后果。为增加宣传效果，每幅配图后面还配有专门的说明词。

5. 为了筹钱买鸦片,他把房产都卖了,图中他正在签卖房契,旁边的那个家伙在煮鸦片。

6. 图中的老汉(他的父亲)正拿着棕榈手杖把他赶出房间,他的母亲则拿着藤条追着他打,都是为了让他不再抽鸦片。

7. 他的母亲、妻儿痛不欲生、嚎啕大哭,全都是因为他执迷不悟地抽鸦片,还交了帮损友。

8. 他的母亲用藤条把他拴住,他的父亲看到这种情景满心开怀,他的妻子砍断他的烟枪以此教育孩子。

三 世情世风

401

9. 知错能改，永远都不迟。他正在祈求反鸦片协会的成员给他一些药帮他治愈烟瘾。

10. 我们的"抽大烟英雄"已经穷困潦倒至极，他正试着从朋友那里筹钱，但其实他的朋友根本不在乎他。

11. 穷途末路的"鸦片大王"已经没饭吃，没鸦片可吸，他正在祈求女人们可怜可怜他，给他"抽抽"两口，如今的他只能睡在破草席上了。

12. 也许破草席对他都是恩赐，他不得不像一条虫一样蠕动在一块石头上，去舔食别人吸剩下的鸦片渣。即使是一条狗都能找到理由鄙视他。愿他的灵魂得到安息吧。

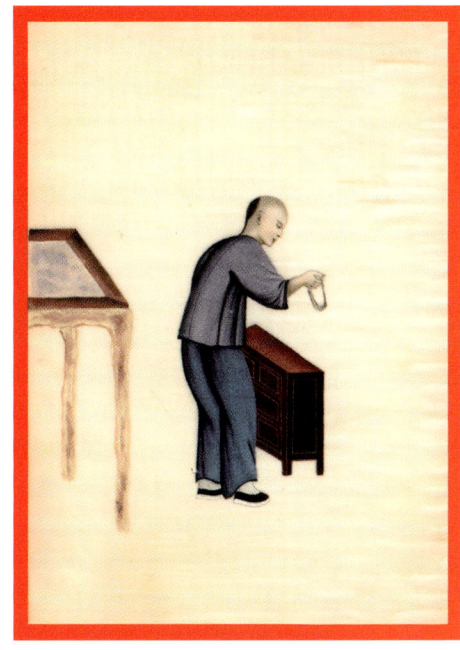

清代市井题材通草水彩画

纵 18.0cm，横 25.0cm
许雯 捐赠

三 世情世风

清代通草水彩画

纵 32.0—34.4cm　横 19.5—22.0cm
王恒　捐赠

通草画中出现了许多反映市井生活的内容。左图为广州市民常见的娱乐活动"赌牌九"，右图为女子弈棋。

清代广州各行各业纸本线描画

纵 26.2cm，横 30.0cm
王恒　捐赠

在外销画室中，画工们基本采用流水线的分工制度。线描画是洋画生产中的一个重点要素。依托线描画，分别在通草纸或纸本上作画，再经过上色，才完成了我们所看到的各种水彩画。

清代黑漆描银庭院人物纹折扇

纵 23.6cm，横 43.2cm
王恒 捐赠

外销扇扇面上也有反映中国风情的画作。这把清代 22 档扇，扇面通体双面描银，正反两面纹饰相同，构图饱满，画工细腻娴熟。

清末菩提叶水彩画册

菩提叶尺寸：纵 16.0-19.5cm，横 9.5-12.0cm
王恒 捐赠

菩提叶即是菩提树上的叶子。画工们将菩提叶浸泡后除掉薄壁组织，留下网状叶脉，涂上鱼胶，在上面画图，即成了菩提叶水彩画。

三 世情世风

刺绣在中国有着悠久的传统，妇女们通过手中的丝线，制成丰富多彩、琳琅满目的绣品。近代以来广东地区经济发达，有着优良的刺绣传统，其绣纹图案取材于社会生活中喜闻乐见的花卉、鸟兽、虫鱼等，"图必有意，意必吉祥"是其纹饰特点。

民国蓝缎地粤绣八仙图挂饰

纵 164.0cm，横 72.5cm

梁学培 余翠雁 捐赠

清末民初，广州有绣铺五六十家，多集中在状元坊、新胜街、下九路等地。出售的绣品构图饱满、繁而不乱、装饰性强、色彩鲜艳、富丽堂皇。

民国广州状元坊裕泰绣庄铁盒

纵 49.5cm，横 34.5cm，高 11.0cm

张智 捐赠

民国紫缎地绣鸾凤和鸣纹腰荷包

纵 14.3cm，横 37.0cm
梁学培 余翠雁 捐赠

民国黑缎地刺绣蝶恋花纹腰荷包

纵 14.0cm，横 30.5cm
梁学培 余翠雁 捐赠

民国紫缎地刺绣福寿纹腰荷包

纵 14.5cm，横 30.8cm
梁学培 余翠雁 捐赠

三 世情世风

云肩，也叫披肩，是从隋朝以后发展而成的一种衣饰，是妇女用来装饰肩膀和领部的一种女红艺术品。常用"四方四合"云纹装饰，并多以彩锦绣制而成。

民国黄色暗花缎地绣花卉纹云肩

纵 46.0cm，横 57.7cm

梁学培　余翠雁　捐赠

清末三层四合绣人物花卉蝙蝠云肩

纵 49.0cm，横 51.0cm

梁学培　余翠雁　捐赠

民国银"百家保锁"项链

纵 2.2cm，横 4.5cm，厚 1.1cm

清代麒麟送子银项圈

纵 24.2cm，横 18.3cm，厚 1.5cm

清代银麒麟送子银项链

纵 39.5cm，横 7.2cm，厚 2.75cm

清代"长命富贵"银项链

纵 43.0cm，横 7.0cm，厚 1.5cm

以上文物由梁学培 余翠雁 捐赠

民国红地女童上衣

纵 74.3cm，横 95.8cm

梁学培 余翠雁 捐赠

童服上的装饰图纹，包含着长辈求吉避凶的心愿，常常借景抒情，展示对小孩日后美好人生的期许。这件民国红地女童上衣，正面绣有"福"、"禄"、"寿"三星。

肚兜又称"兜肚"、"裹肚",是男女老少皆穿的保护胸腹避免受寒的贴身内衣。婴儿出生后,脐带脱落留下的肚脐眼容易着凉,需要用肚兜保护。

民国绿缎地绣石榴花卉纹肚兜

纵 41.0cm,横 49.0cm
梁学培 余翠雁 捐赠

三 世情世风

民国红布地贴绣榴开见子图肚兜

纵 38.5cm,横 43.0cm
梁学培 余翠雁 捐赠

民国红缎地绣花果纹肚兜

纵 39.3cm,横 36.0cm
梁学培 余翠雁 捐赠

民国小老虎童鞋

前掌宽 4.6cm，高 3.8cm，长 10.2cm
梁学培 余翠雁 捐赠

民国红缎地绣蝠寿荷纹童鞋

长 12.0cm，高 3.9cm
梁学培 余翠雁 捐赠

围涎是小儿围在胸前的服饰，防止唾液或食物弄脏衣服。通常为圆形片状，后部开口，造型各异。

民国彩缎地拼绣荷花形童围涎

纵 21.0cm，横 23.7cm
梁学培 余翠雁 捐赠

民国彩缎拼绣盛荷童围涎

直径 24.5cm
梁学培 余翠雁 捐赠

民国彩缎四瓣绣花果纹童围涎

直径 24.0cm
梁学培 余翠雁 捐赠

民国小老虎童围涎

纵 24.0cm，横 24.5cm
梁学培 余翠雁 捐赠

三 世情世风

香烟画片是烟厂为促进产品销售，随烟赠送给消费者的一种小画片，在广东、香港一带也称为"公仔纸"。20世纪上半叶，香烟画片从国外传入我国，被誉为"小中见大的百科全书"，是人们了解世界的一个窗口。

民国"浪漫的天空"香烟画片

纵 3.1cm，横 6.7cm
张智 捐赠

这套"浪漫的天空"香烟画片，为人们普及哈雷彗星、月球的形成、月亮圆缺、环状星云、土星、北斗七星、北极光、日冕等一系列天文知识。

三 世情世风

民国"古代文明"香烟画片

纵 3.6cm，横 6.8cm
张智 捐赠

世界各地的人文景观，通过烟画形式被人们所认知，小小的烟画成了人们了解世界的一个窗口。

民国大不列颠及爱尔兰帝国烟草有限公司动物香烟画片

纵 6.8cm，横 3.6cm

张智 捐赠

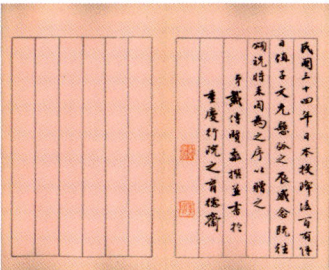

1945年戴季陶行书《宋子文先生五旬晋二寿序》

纵 26.5cm，横 378.5cm
冯英翰夫妇 捐赠

宋子文（1894-1971），海南文昌人，毕业于上海圣约翰大学，后赴美留学，获哈佛大学经济学硕士学位、哥伦比亚大学经济学博士学位。1923年经姐姐宋庆龄介绍，任孙中山英文秘书，不久出任中央银行副行长、两广盐务稽核所经理等职。历任南京国民政府财政部长、中央银行总裁、行政院副院长、全国经济委员会主席等职。

该文物是戴季陶（1890-1949）在1945年抗日战争胜利后，为庆祝宋子文52岁生日时所送。

三 世情世风

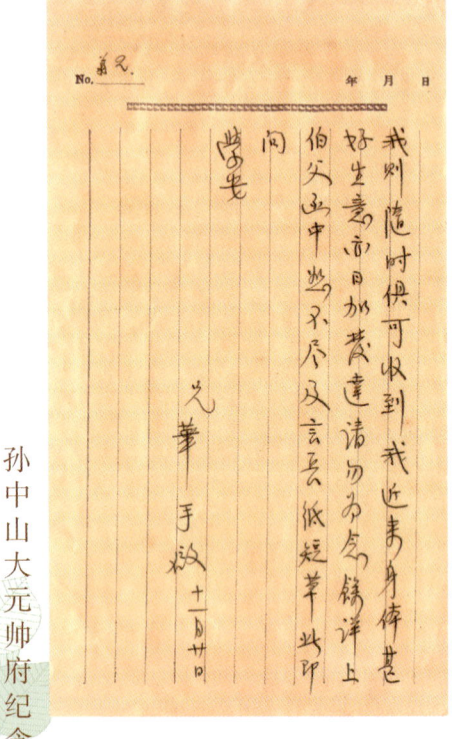

1930年11月20日李汉魂致吴菊芳函

纵20.9cm，横12.0cm

李浈 捐赠

李汉魂（1895-1987），字伯豪，号南华，广东吴川人，早年追随孙中山从事民主革命，曾供职于大本营警卫团和大本营下辖粤军第三师，参加过北伐战争和抗日战争，立下赫赫战功。在该信函中，李汉魂对夫人吴菊芳表示思念心切，邀请夫人及其父母来广州游玩，并承诺帮她实现求学深造。

1950年解放华中南纪念章

纵3.4cm，横3.6cm

梁梅英 捐赠

杭穉英绘上海汇明电筒电池制造厂虎牌手电筒、金猫牌干电池广告牌（左）

纵 78.6cm，横 26.8cm
王恒 捐赠

杭穉英绘启东烟草股份有限公司"哈德门"香烟广告牌（中）

纵 78.8cm，横 26.8cm
王恒 捐赠

杭穉英绘奉天太阳烟公司白马牌、足球牌香烟广告牌（右）

纵 77.4cm，横 26.9cm
王恒 捐赠

1926年广东各界妇女欢送国民革命军第十师师长陈铭枢率队北伐纪念摄影

纵 20.9cm，横 12.0cm
招思虹 捐赠

陈铭枢（1889—1965），字真如，广东合浦（今属广西）客家人，北伐将领，抗日名将，民革的创始人之一。
1925年8月，粤军第一师改编为国民革命军第四军，陈铭枢将军任第四军第十师师长，随后参加讨伐陈炯明的东征，底定东江。北伐时期，他率部参加西路北伐军，攻下汉口、武昌，为北伐胜利打开了通道，第四军也因此赢得"铁军"的光荣称号。

三 世情世风

林抗生作《孙中山与廖仲恺》木刻版画

纵76.4cm，横75.7cm
王玉珏 捐赠

林抗生作《孙中山在1924》木刻版画

纵53.0cm，横78.5cm
王玉珏 捐赠

林抗生（1938-2010），祖籍广东惠阳。1964年毕业于广州美术学院版画系。历任岭南美术出版社社长、广东美术馆馆长、广东省美术家协会副主席等。1992年创作版画《孙中山在1924》。1994年创作版画《孙中山与廖仲恺》。同年拓印了5幅版画。本馆所藏为1994年8月拓印的第3幅。2020年10月，林抗生的夫人、广东画院原院长王玉珏女士捐赠。

图书在版编目(CIP)数据

孙中山大元帅府纪念馆可移动文物普查编目／孙中山大元帅府纪念馆编.—上海：上海古籍出版社，2021.7

ISBN 978-7-5732-0028-0

Ⅰ.①孙… Ⅱ.①孙… Ⅲ.①孙中山(1866-1925)-纪念馆-文物-普查-编目 Ⅳ.①K870.1②G254.3

中国版本图书馆CIP数据核字(2021)第146865号

孙中山大元帅府纪念馆可移动文物普查编目

孙中山大元帅府纪念馆 编
程存洁 主编
上海古籍出版社出版发行
（上海瑞金二路272号 邮政编码200020）
(1) 网址：www.guji.com.cn
(2) E-mail：guji1@guji.com.cn
(3) 易文网网址：www.ewen.co
上海丽佳制版印刷有限公司印刷
开本889×1194 1/16 印张27 插页6 字数578,000
2021年9月第1版 2021年9月第1次印刷
ISBN 978-7-5732-0028-0
K·3024 定价：158.00元
如有质量问题，请与承印公司联系